国家社科基金
GUOJIA SHEKE JIJIN HOUQI ZIZHU XIANGMU
后期资助项目

国家社会科学基金后期资助项目（22FGLB093）

“沪深港通”制度下资本市场开放的微观经济效应研究

李沁洋 著

中国财经出版传媒集团
中国财政经济出版社
·北 京·

国家社科基金后期资助项目
出版说明

后期资助项目是国家社科基金设立的一类重要项目，旨在鼓励广大社科研究者潜心治学，支持基础研究多出优秀成果。它是经过严格评审，从接近完成的科研成果中遴选立项的。为扩大后期资助项目的影响，更好地推动学术发展，促进成果转化，全国哲学社会科学工作办公室按照“统一设计、统一标识、统一版式、形成系列”的总体要求，组织出版国家社科基金后期资助项目成果。

全国哲学社会科学工作办公室

前　言

当今世界，各国经济联系日益密切，经济全球化趋势加速发展。资本市场作为连接实体经济、金融、科技的重要枢纽，在这一进程中承载着重大使命。资本市场对外开放不仅是一国资本市场成熟发达的标志，也是推动金融体系现代化和经济长远健康发展的重要着力点。理论上，资本市场开放是指一国政府放松或取消资本流动限制，允许境外投资者自由买卖境内资本市场发行的股票等证券资产。大量研究发现，资本市场开放能为东道国引入大量境外资本和投资者，产生“活泉效应”和“鲶鱼效应”，激发资本市场活力，重塑投资者理念，促使资本市场逐步走向成熟，进而惠及实体经济，降低企业融资成本，促进投资繁荣和经济增长。但是，资本市场开放也会增强境内与境外市场的联动性，将国际金融风险传导至本国资本市场，加之外资的频繁跨境流动会放大市场波动，从而加剧资本市场风险。因此，学术界对于资本市场开放究竟如何影响一国经济发展和金融体系这一话题仍然存在争议。

改革开放是中国长期坚持的基本国策，资本市场开放则是其中重要的组成部分。1992 年，B 股市场的成立拉开了资本市场开放序幕，随后的 H 股、合格境外投资者（QFII）、人民币合格境外投资者（RQFII）等制度的实施加快了资本市场开放步伐。2014 年 11 月，中国证监会和香港证监会联合启动沪港股票市场交易互联互通机制（简称“沪港通”），允许香港等境外投资者直接交易部分沪市上市公司股票，标志着资本市场步入高水平双向开放新阶段。在沪港通平稳运行两年后，深港股票市场交易互联互通机制（简称“深港通”）也正式开通，进一步拓宽了境外投资者在 A 股市场的自由交易权限。自“沪深港通”实施以来，制度安排不断优化，交易规模和市场影响力持续提升，日益成为境外资本进入中国资本市场的最主要渠道，推动中国资本市场发生了巨大而深刻的变革。那么，“沪深港通”的实施会在微观层面产生哪些经济效应？其背后的影响机制和路径是怎样的？对上述问题的研究，有助于深化金融自由化的相关理论，并为进一步完善资本市场开放政策，推动资本市场高质量发展提供重要参考和启示。

本书由六篇共十四章组成，具体安排如下：

第一篇为绪论，包括第一章和第二章。第一章导论，基于现实和理论背景提出研究问题，提炼研究思路和研究方法，归纳主要创新和研究局限；第二章文献综述，主要从资本市场开放的经济后果、市场主体行为、股票定价效率、实体企业发展的相关研究四个维度进行梳理，并对上述文献进行评价。

第二篇为理论基础与现状背景，包括第三章和第四章。第三章概念界定与理论基础，首先对本书中涉及的资本市场开放、微观经济效应、沪深港通、市场主体行为、股票定价效率和实体企业发展共六个重要概念进行界定，然后基于金融自由化理论、信息不对称理论、信号传递理论、有效市场假说理论、委托代理理论和羊群效应理论，为实证检验提供理论支撑。第四章制度背景与现状分析，在回顾中国资本市场开放制度的变迁历史基础上深入考察外资持股现状特征。

第三篇基于市场参与主体行为的视角，研究资本市场开放的微观经济效应，包括第五章至第七章，分别从公司信息披露行为、机构投资者羊群行为、分析师跟踪和预测行为三个方面，探究“沪深港通”制度的实施是否引起市场参与主体行为变化。

第四篇基于股票定价效率的视角，探讨资本市场开放的微观经济效应，包括第八章至第十章，分别从股价同步性、股票流动性和股票错误定价维度探究“沪深港通”制度实施的政策效应及其作用机制。

第五篇基于实体企业发展的视角，考察资本市场开放的微观经济效应，包括第十一章至第十三章。由于资本市场的变化通常会传导至实体经济，因此该篇主要从企业融资约束、企业创新、企业价值三个层面，探究“沪深港通”制度对实体企业发展的影响及其作用路径。

第六篇为结论与启示，包括第十四章，主要梳理和总结本书的研究结论，并针对政府部门、上市公司、分析师、投资者分别提出可行适用的政策建议。

通过研究，本书得出如下结论：

第一，资本市场开放改善了市场参与主体行为。首先，“沪深港通”启动后，标的上市公司会改善其信息披露行为，提高其信息披露质量。其次，由于公司信息披露质量的提升，机构投资者对同一公司的信息获取更为准确，其交易行为更加趋同，即“伪羊群行为”变得更为明显，并且分析师的关注度和预测精准度也有所提升。

第二，资本市场开放有助于提升股票定价效率。“沪深港通”制度的实施能有效降低公司股价同步性，提升股票流动性，改善股票错误定价现象，即资本市场开放能提高股票市场效率。

第三，资本市场开放能促进实体企业发展。“沪深港通”制度通过改善市场参与主体行为和股票定价效率，进而作用于实体企业的经营发展，能缓解企业融资约束，促进企业创新，最终显著提升企业价值。

本书的研究结论对政府部门和资本市场参与主体均具有重大现实意义。第一，有助于政府部门深入了解资本市场开放的政策效果及传导机制，为进一步推动高水平资本市场开放，促进资本市场健康发展提供决策参考。第二，有利于上市公司、分析师、投资者等市场参与主体正确认识和把握中国资本市场开放的规律和特征，适应资本市场的新变化，实现自身能力和价值的提升。

本书的创新与贡献主要体现为以下两方面：第一，研究视角的拓展。本书拓展了资本市场开放经济后果的研究视角，从市场参与主体行为、股票市场反应以及实体企业发展三个维度展开全面而系统的研究。第二，研究内容的深化。本书构建了资本市场开放影响实体企业发展的理论框架，揭示了“沪深港通”产生不同政策效果的多层次作用路径与逻辑关系，深化了学术界关于“沪深港通”实施效果的相关研究。

本书的顺利完成，凝聚了研究团队全体成员的智慧与心血。特别感谢许年行老师在研究思路开拓、研究方向把握，以及关键思想凝练上所给予的战略性指导；感谢刘向强老师在理论框架搭建、核心观点探讨与深化过程中提供的建设性意见。同时，衷心感谢石玉阶、袁梦思、何丽萍、方琴、陈婷、何银莹、荀晓、周琴、何捷、李梦茹等团队成员在资料收集、数据分析和文稿校对等工作中的专业投入与高效协作，他们的付出是本书得以成稿的重要基石。最后感谢樊清玉编审团队在文稿润色、格式规范及出版流程中提供的专业支持与细致工作。谨向各位老师、同学及编辑同仁所展现的卓越智慧、专业精神与无私支持致以最诚挚的谢意！

作　者

2025 年 2 月

目　录

第一篇　绪论

第二篇　理论基础与现状背景

第三篇　资本市场开放与市场参与主体行为

第四篇　资本市场开放与股票定价效率

第六篇　结论与启示

第一篇　绪论

第一章　导论

第一节　研究背景与研究意义

一、研究背景

资本市场在金融运行中具有牵一发而动全身的作用，也是推动科技创新和实体经济转型升级的枢纽。经过数十年的发展，中国资本市场实现了突破式、跨越式的发展，取得了举世瞩目的成就，但仍然存在诸多弊端。例如，中国资本市场的开放程度较低，境外投资者对境内资本市场的投资渠道狭窄，导致发达资本市场的投资者无法将其成熟的投资理念和丰富的投资经验融入中国 A 股市场，阻碍了中国资本市场的国际化与高质量发展进程。资本市场开放是新兴资本市场转为成熟资本市场的必要举措，是金融体系改革和资本市场长期健康发展的重要推动力，也是经济持续增长的内生源泉（Torre，2007；陈运森和黄健峤，2019）。在经济全球化和区域一体化的大背景下，国际资本市场相互借鉴、相互融合的趋势愈发明显，促进中国资本市场深层次、高水平的对外开放制度创新势在必行。

2014 年 5 月 8 日，国务院办公厅发布了《关于进一步促进资本市场健康发展的若干意见》，作出扩大资本市场对外开放、发展多层次资本市场的重要决定，体现出党中央对资本市场发展的高度重视。2014 年 11 月 17 日，中国证券监督管理委员会正式宣布启动沪港股票市场交易互联互通机制（简称“沪港通”），允许在上海证券交易所和香港证券交易所开户的投资者通过当地证券公司买卖对方交易所上市的股票。在沪港通平稳运行两年后，深港股票市场交易互联互通机制（简称“深港通”）于 2016 年 12 月正式启动。截至 2023 年 12 月底，沪港通和深港通（后文合称“沪深港通”）累计净流入量已高达 1.8 万亿元，持股市值也从最初的 411 亿元增加至21435亿元①。总体而言，沪深港通是继QFII、RQFII、QDII等对外开放制度之后，中国跨境证券投资的最重大创新举措，扩展了境外投资者进入A股市场的渠道，引入了大量的境外资金和境外投资者，丰富了市场投资者结构，增强了中国资本市场的国际吸引力，成为中国资本市场迈向高水平开放新阶段的关键一步。

理论上，资本市场开放是指一国政府允许境外投资者进入本国市场买卖证券的决策（Henry，2000）。资本市场开放通过引入外资为市场注入更多增量资金并分散本地股东风险（Bae et al.，2006），从而降低企业的资本成本（Stulz，1999；Henry，2000），缓解企业融资约束（邓川和孙金金，2014），并刺激投资（Bekaert et al.，2003），促进经济增长（King and Levine，1993）。此外，资本市场开放引入的境外投资者往往是更加成熟的理性投资者（江振华等，2004），拥有更加专业的信息搜集能力和处理能力（Chen et al.，2013），有助于约束管理层的机会主义行为，进而提升投资效率（Chen et al.，2017；连立帅等，2019；陈运森和黄健峤，2019），提高企业研发投入和创新水平（马妍妍等，2019；Moshirian et al.，2021），让企业保持更高的增长率和更强的盈利能力（Mitton，2006）。然而，由于一国的经济发展、法制建设和金融监管等因素在不同时期会发生重大变化，开放一国资本市场需要多方面条件成熟（邓敏和蓝发钦，2013）。因此，资本市场开放是否能促进经济增长是分阶段的（林曙和叶海春，2014）。对部分发展中国家而言，资本市场开放并没有带来经济更快增长，反而会加剧金融市场波动（马勇等，2018），从而导致更高的风险（Stiglitz，2000），甚至加剧经济波动（Stiglitz，2000）、威胁经济增长。那么，作为新兴市场国家，中国的资本市场开放会产生怎样的微观经济效应？对上述问题的研究具有重大的理论价值和现实意义。

沪深港通制度的实施为回答上述问题提供了有利的外部条件和准自然实验。首先，沪深港通作为近年来中国资本市场开放的最重要制度创新，实现了内地沪深A股市场和香港资本市场的互联互通，不仅为内地资本市场带来了大量境外资金，还改变了市场投资者结构和投资者理念（潘慧峰等，2018），必然会对资本市场的微观参与主体产生重大影响。其次，由于沪深港通分别选取了568家上海证券交易所上市的公司和881家深圳证券交易所的上市公司供香港等境外投资者自由交易，而剩下的A股上市公司处于不可自由交易的状态。这一部分试点的特征为本书提供了天然的实

① 数据来源于Wind数据库。

验组和对照组，以构建多时点双重差分模型，从而更好地缓解以往相关研究中出现的内生性问题。因此，本书基于沪深港通制度，从市场参与主体行为、股票定价效率、实体企业发展三个维度系统探究资本市场开放的微观经济效应，以期深化金融自由化、制度经济学、信息经济学、行为金融学等相关理论研究，并为中国资本市场加快推进国际化进程，构建“双循环”新发展格局，最终实现高质量发展提供理论参考和经验启示。

二、研究意义

作为一项极具创新性的资本市场开放制度，沪深港通具有激发资本市场活力、改善资本市场信息环境、促进资本市场稳定发展以及推动资本市场国际化进程等积极作用。同样，对于这项崭新的资本市场开放制度，相关理论研究也在不断深化。基于此，本书着重探讨沪深港通制度实施产生的多方面微观经济效应，具有重要的理论意义和现实意义。

（一）理论意义

第一，系统构建了资本市场开放的经济效应的理论分析框架，深化了资本市场开放的理论研究。本书在金融自由化理论、信息不对称理论、信号传递理论、有效市场假说理论、委托代理理论和羊群效应理论的基础上，构建起资本市场开放对市场参与主体、股票市场反应以及实体企业发展的影响机理分析框架。该理论分析框架不仅可以诠释资本市场开放对多个市场参与主体的影响，而且有利于深刻理解资本市场开放的效应如何通过金融体系传导至实体经济的作用路径，为中国推进深层次高水平资本市场开放提供坚实的理论基础。

第二，全面评估了沪深港通这一资本市场开放制度的微观经济效应，为资本市场开放的经济效应相关研究提供了来自新兴市场国家的经验证据。目前基于沪深港通这一资本市场基础制度，研究中国资本市场开放经济后果的文献还不够全面。本书的研究内容包括上市公司信息披露行为、机构投资者行为、分析师行为、股价同步性、股票流动性、股票错误定价、企业融资约束、企业创新和企业价值等九个方面，为学术界理解沪深港通制度实施的微观效应提供了丰富的经验证据。本书从沪深港通这一制度变化出发，探讨资本市场开放的微观经济效应，拓展了资本市场开放经济后果的研究视角，同时本书也丰富了公司信息披露行为、机构投资者羊群行为、股价同步性、企业融资、企业创新等方面影响因素的文献。

第三，深入挖掘了沪深港通发挥作用的机理与路径，丰富了沪深港通政策效应的相关研究。沪深港通实现了内地资本市场与发达的香港资本市场互联互通，一方面有助于改善内地资本市场以个人投资者为主体的投资者结构，另一方面能促进内地资本市场金融基础制度的建设和发展。沪深港通开通后，最主要的传导路径有两方面：其一，更多来自成熟地区的境外投资者购买内地沪深港通标的公司股票，对内地标的公司的信息需求增加，促使其提高信息披露质量。其二，境外投资者参与权益性资产配置需求增加，随之带来的是公司全球关注度提升，分析师跟踪人数增加，同时发布的盈余预测研报数量增多，投资者决策依据更加丰富。因此，本书明晰了资本市场开放产生经济效应的作用机制，深化了资本市场开放的理论和经验研究。

（二）现实意义

本书利用沪深港通这一准自然实验，发现资本市场开放会在微观层面产生一系列积极的经济效应。资本市场开放不仅有助于规范资本市场参与主体的行为，还会改善股票定价效率以及促进实体企业发展。上述研究结论对政府部门、上市公司、中介机构和分析师、投资者都具有重大的现实意义。

第一，本书有助于政府部门及时有效地评估沪深港通制度的实施效果，并对政府部门未来进一步推动资本市场开放与改革提供决策参考。本书的结论一方面有利于政府部门在未来通过深化资本市场开放，有针对性地通过各种手段推动资本市场健康发展，比如，加强上市公司国际化信息披露的相关要求，同时鼓励上市公司自愿信息披露。另一方面有利于政府部门加深对资本市场开放的政策效果和影响路径的认识，为未来推进资本市场进一步开放以及制定相关政策提供经验借鉴，并及时完善和修正相关政策。总之，本书可为政府及监管部门进一步推动新一轮高水平资本市场开放提供经验借鉴，为完善内地资本市场的制度建设提供决策参考。

第二，本书的研究结论有利于上市公司深刻认识资本市场改革开放进程中的机遇和挑战，可为上市公司遵循市场规律提升自身质量提供经验借鉴。上市公司应当抓住中国新一轮资本市场高水平开放这一历史性机遇，积极寻求自身转变，促进公司在经济全球化背景下实现长远发展。已是沪股通或深股通的上市公司应该抓住机会，享受资本市场开放带来的好处，还未成为沪深港通标的公司的上市公司应该不断发展，提升公司价值，积极主动申请加入沪深港通标的范围。并且，上市公司应当重视信息披露质量的提高，以此吸引境外投资者进行投资，进而提高公司的股价市场表现，促进企业经营发展，增强上市公司在国内外的知名度和竞争力。

第三，本书可为证券分析师实现国际化发展、提高国际投资者服务水平提供有益启示。开放的资本市场会引入更多的境外投资者参与公司股票价格竞争，这对于券商等中介机构和分析师既是机遇，也是挑战。中介机构和分析师应及时了解沪深港通标的公司和境内外资本市场投资者的诉求，提高自身的专业服务能力，以适应A股市场和香港资本市场深度联通情况下两地市场在会计制度、法律等方面的差异，降低由于信息解读差异所带来的风险。另外，中介机构和分析师需要提升自身对信息的获取、挖掘、分析能力，充分发挥信息传导中介的作用，为投资者作出科学、合理的投资决策提供必要的参考。

第四，本书有利于投资者深入了解我国资本市场开放的规律和特征，为投资者进行理性投资决策提供更多的理论支撑。在资本市场对外开放的过程中，投资者需提升自身的专业分析能力，从而合理判断沪深港通标的公司价值，进一步减少盲目从众等非理性投资行为。另外，投资者在作决策时也不可盲目跟从分析师报告，投资者要增加对风险的认识，深入了解沪深港通两地不同的业务规则。未来，当政府及有关部门实施或修订资本市场对外开放相关政策时，投资者能够更好地预测公司股价变动，及时地调整投资策略，优化资源配置和有效防范或分散金融风险。

综上所述，无论从理论层面还是现实层面，本书的研究内容都具有重要的意义和价值。理论层面，有利于拓展资本市场开放经济后果的理论框架、研究视角与内容体系，提供基于发展中国家制度背景的实证证据；现实层面，不仅有利于政府部门完善资本市场开放基础制度建设，还有助于资本市场各参与主体更好地发挥各自的功能，在提升自身价值的同时，为中国资本市场的健康发展贡献更大的力量，共同促进中国资本市场实现高质量发展。

第二节 研究思路与研究目标

一、研究思路

本书遵循提出问题—构建理论框架—考察制度背景—实证检验效应—提出对策建议的思路展开研究，如图1-1所示。

首先，基于沪深港通制度背景和资本市场开放研究现状提出研究问题，总结和归纳研究思路、方法、创新与局限，并系统梳理了资本市场开放经济后果的相关文献。其次，本书对资本市场开放、微观经济效应、沪

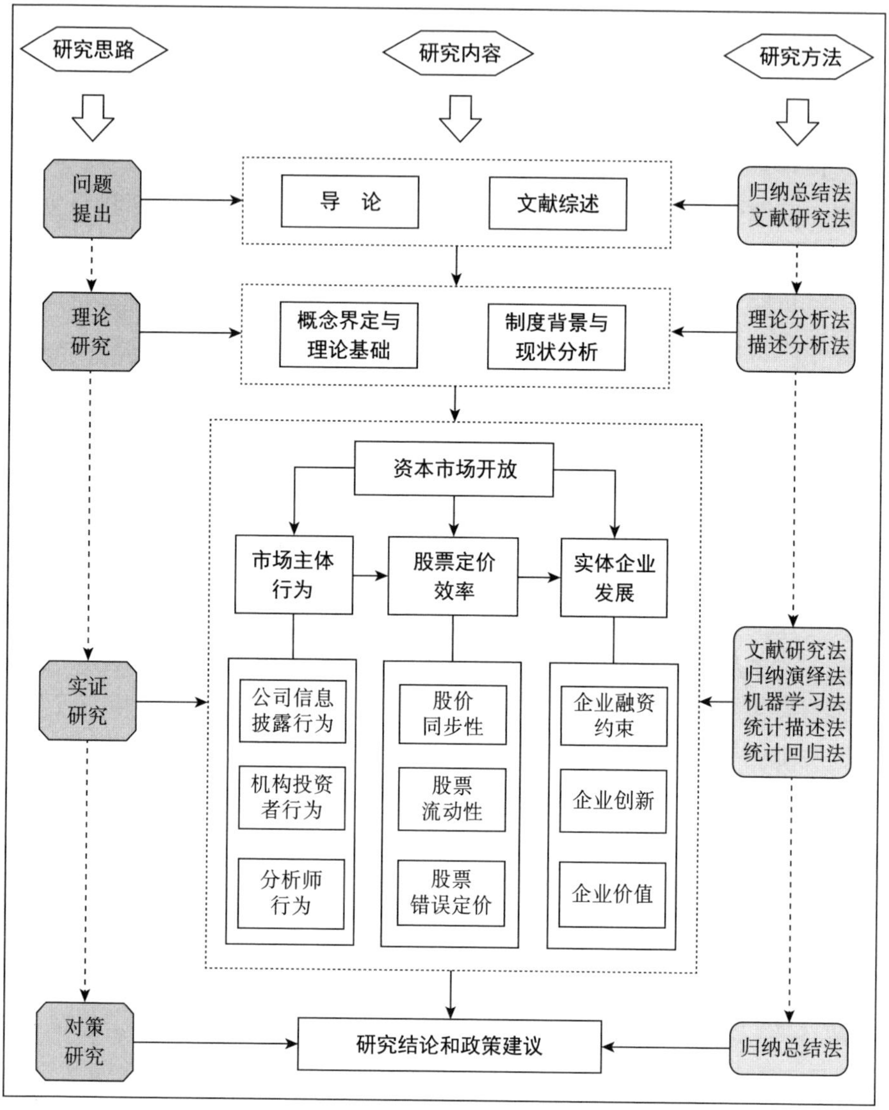

图1-1　研究思路

深港通、市场主体行为、股票定价效率和实体企业发展相关概念进行界定，以金融自由化理论、信息不对称理论、信号传递理论、有效市场假说理论、委托代理理论和羊群效应理论为基础建立理论分析框架，并深入考察中国资本市场开放的制度变迁历史和外资持股现状特点。再次，本书较为全面、系统地展开关于资本市场开放的微观经济效应的实证检验，从市场参与主体行为、股票定价效率、实体企业发展三个维度考察沪深港通实施的微观经济后果及其作用机制。其中，市场参与主体行为包括公司信息披露行为、机构投资者羊群行为、分析师关注和预测行为；股票定价效率包括股价同步性、股票流动性、股票错误定价；实体企业发展包括资本市场开放与企业融资约束、企业创新、企业价值。最后，本书对研究结论进行梳理和总结，并基于研究结论针对政府部门、上市公司、中介机构和分析师、投资者分别提出具有可行性、适用性的政策建议。

二、研究目标

本书基于沪深港通实施的制度背景，系统探讨资本市场开放的微观政策效应，不仅包括对上市公司、机构投资者和分析师三个市场参与主体行为的影响，还包括对股票定价效率和实体企业发展产生的效应。本书的总体研究目标是：利用沪深港通制度研究资本市场开放的经济效果，层层剖析沪深港通发挥作用的路径，补充并丰富国内外学术界关于资本市场开放、外资持股等领域的相关研究。具体研究目标主要有以下五点：

第一，明晰资本市场开放的经济后果，深化资本市场开放的相关理论。学术界对于资本市场开放是否能为一国经济体系带来正面影响这一问题存在争议，本书尝试利用中国的最新制度变化，借助沪深港通制度为资本市场开放相关研究提供的天然有利条件，缓解资本市场开放的有效识别问题。内生性问题是导致资本市场开放问题研究陷入困境的一大关键原因，本书基于多时点双重差分模型，利用沪深港通开通这一准自然实验，有效缓解了内生性问题，从而能够识别资本市场开放对各经济主体产生的实际效应。

第二，揭示沪深港通制度实施的政策效应。自 2014 年沪港通实施和 2016 年深港通实施以来，已有少数学者对其实施效果进行了初步研究，但其研究不具有全面性、系统性等特点，不仅缺乏系统研究沪港通、深港通等重要资本市场开放政策对市场参与主体的行为、股票定价效率以及实体企业发展的影响的文献，甚至鲜有从学术的视角对资本市场开放的经济后果展开大样本的实证研究，尤其是忽视了对资本市场开放所产生的实质性影响的考察。本书尝试从理论和实证层面探究资本市场开放的多种微观效应，对资本市场开放的政策效果进行全面、系统的研究。

第三，厘清资本市场开放发挥作用的传导路径。本书不仅要明晰中国资本市场开放产生的微观经济效应是积极的还是消极的，还要进一步揭示资本市场开放是如何影响资本市场参与主体、股票定价效率和实体企业发展的，以及各经济后果之间存在怎样的逻辑关系。因此，本书在实证研究中引入了信息披露质量、分析师关注度、股价信息含量、股票错误定价、企业融资约束、企业创新等多个中介变量，探究资本市场开放发挥微观效应的传导路径。

第四，明晰资本市场开放产生经济效应的差异性。对于纳入沪股通和深股通的标的公司，它们自身具有各种特质性差异，导致资本市场开放对它们产生了不同程度的影响。因此，本书按照一定的分组依据将标的公司进行分组研究，比如，分为国有企业和非国有企业、成长性高和成长性低的公司以及代理成本高和代理成本低的公司等，比较沪深港通对具有不同特征的市场主体发挥效果的差异性。

第五，为政府部门进一步推动中国资本市场开放提供决策参考，也为市场参与者在资本市场开放的背景下谋求发展提供有效建议。政府部门应当加强开放条件下的监管能力建设，深化与境外监管部门合作，加强与国际投资者沟通，为我国资本市场高水平开放构建良好的、可预期的国际环境。进一步，通过资本市场的制度型开放，把国际金融资源用于推动国内资本市场的高质量发展。市场参与者也可以根据资本市场开放导致的经济后果，调整自身发展策略，顺应时代发展趋势，享受资本市场开放的红利。本书可以为我国促进资本市场深层次高水平的对外开放提供丰富、有效及可行的建议。

第三节　研究内容与研究方法

一、研究内容

与上述研究思路一脉相承，本书在研究内容设计上，首先，提出研究问题，厘清研究思路和方法，归纳研究创新与局限，并梳理相关文献。其次，构建资本市场开放经济后果研究的理论分析框架，并结合中国资本市场开放的制度变迁历史和外资持股现状特点进行分析。再次，考察沪深港通这一资本市场开放制度在微观层面的政策效果。最后，针对中国资本市场开放产生的经济效应进行总结，并为中国推进资本市场进一步开放和促进资本市场稳定健康发展提出针对性建议。具体研究内容如下：

第一篇为绪论，包括第一章和第二章。第一章导论，基于现实和理论背景提出研究问题，提炼研究思路和研究方法，归纳主要创新和研究局限；第二章文献综述，主要梳理了资本市场开放经济后果的相关文献，包括资本市场开放与宏观经济增长、金融市场风险、股市信息效率、微观企业行为四个方面的内容。

第二篇为理论基础与现状背景，包括第三章和第四章。第三章概念界定与理论基础，界定了与本书研究相关的六个概念：资本市场开放、微观经济效应、沪深港通、市场主体行为、股票定价效率和实体企业发展，并介绍了与本书研究内容相关的六个理论：金融自由化理论、信息不对称理论、信号传递理论、有效市场假说理论、委托代理理论和羊群效应理论，奠定了实证检验的理论分析框架。第四章制度背景与现状分析，深入考察和分析了中国资本市场开放的制度变迁历史和外资持股现状特征，从现实层面探究了资本市场开放的影响。

第三篇基于市场参与主体行为的视角，研究资本市场开放的微观经济效应，包括第五章至第七章。其中，第五章为资本市场开放与公司信息披露行为，主要探究沪深港通对内地公司信息披露质量的影响；第六章为资本市场开放与机构投资者羊群行为，主要考察沪深港通对机构投资者羊群行为的影响；第七章为资本市场开放与证券分析师行为，主要探究沪深港通对分析师行为的影响。本篇主要研究的是资本市场开放对上市公司、机构投资者和分析师三类市场参与主体行为的影响，同时也补充了公司信息披露行为、机构投资者羊群行为和分析师行为的影响因素相关文献，有利于后续相关研究的开展与深入。

第四篇基于股票定价效率的视角，探讨资本市场开放的微观经济效应，包括第八章至第十章。其中，第八章为资本市场开放与股价同步性，主要考察沪深港通对公司股价同步性的影响；第九章为资本市场开放与股票流动性，主要探究沪深港通对公司股票流动性的影响；第十章为资本市场开放与股票错误定价，主要研究沪深港通对股票错误定价的影响。本篇主要研究的是资本市场开放给股票定价效率方面带来的影响，包括股价同步性、股票流动性和股票错误定价三个方面，同时也拓展了股价同步性、股票流动性和股票错误定价的影响因素相关研究。

第五篇基于实体企业发展的视角，考察资本市场开放的微观经济效应，包括第十一章至第十三章。其中，第十一章为资本市场开放与企业融资约束，主要考察沪深港通对企业融资约束的影响；第十二章为资本市场开放与企业创新，主要探究沪深港通对企业创新的影响；第十三章为资本市场开放与企业价值，主要考察沪深港通对企业价值的影响。本篇主要研究的是资本市场开放对实体企业发展产生的效应，包括企业融资约束、企业创新和企业价值三个方面，同时也丰富了企业融资约束、企业创新和企业价值的影响因素相关文献。

第六篇为结论与启示，包括第十四章。首先，对第三篇、第四篇和第五篇实证研究得出的结论进行了梳理，总结了中国资本市场开放制度变革，即沪深港通产生的微观经济效果，以及沪深港通对不同类型企业的影响差异性和影响机制。其次，以上述结论为基础，针对政府部门、上市公司、中介机构和分析师、投资者分别提出科学、有效和可行的建议，为未来中国资本市场继续推进改革和开放提供了科学依据，也为国外学者对资本市场开放的相关研究提供了中国经验。

二、研究方法

本书采用规范研究与实证研究相结合的研究方法，综合运用管理学、经济学、金融学和统计学等多学科知识，较为全面、系统地研究了沪深港通这一资本市场开放制度实施的经济效应。具体运用如下：

（一）文献研究法

本书基于资本市场开放、沪深港通和外资持股的理论成果进行梳理和总结，了解国内外该领域目前的研究方向和研究热点，挖掘相关研究的局限和空白之处，提出可能深入研究的方向，进一步表明本书在前期文献基础上进行的拓展研究及可能的创新，并根据相关文献进行文献综述，基于现有文献的理论基础提出本书的研究假设等。

（二）归纳演绎法

通过理论分析法对本书涉及的金融自由化理论、有效市场假说、信号传递理论等主要基础理论进行了简要的阐述与解释，且围绕相关基础理论分析资本市场开放对微观层面的影响机理，据此提出本书的研究假设。

（三）统计描述法

本书通过对沪深港通标的公司数量、沪深港通资金流向、沪深港通持股比例等方面的趋势和特征进行统计描述，从而初步了解沪深港通制度带来的市场变化。此外，还通过对样本的平均数、中位数、标准差等统计指标进行描述，以此说明研究样本是符合客观事实的。

（四）比较分析法

本书通过比较沪深港通开通前后，沪深港通标的公司和非沪深港通标的公司在信息披露、股票流动性、融资约束、市场价值等方面的差异，考察了沪深港通制度实施的政策效果。

（五）统计回归法

本书基于统计学和计量经济学的分析方法，采用大样本的上市公司数据对资本市场开放的影响进行了定量研究。沪深港通为本书提供了天然的准自然实验场景，因而本书采用多时点双重差分模型来检验资本市场开放的政策效果，缓解了以往该研究领域面临的内生性问题。另外，本书还采用了安慰剂检验、双重差分固定效应模型、倾向得分匹配等计量分析方法。

第四节　研究创新与研究局限

一、研究创新

本书的研究创新体现在以下两个方面：

第一，本书从市场参与主体行为、股票市场反应与实体企业发展三个维度全面而系统地探究了沪深港通制度实施的微观效应，拓展了中国资本市场开放经济后果的研究视角。现有文献对于沪深港通这一资本市场开放微观经济效应的实证研究不够系统全面，因此，本书依次从市场参与主体行为、股票市场反应与实体企业发展三个重要视角展开理论分析和实证检验。针对资本市场开放对市场参与主体的影响，本书分别从上市公司信息披露行为、机构投资者羊群行为以及分析师关注和预测行为这三个视角切入。对于资本市场开放对股票定价效率的影响，本书从股价同步性、股票流动性和股票错误定价这三个维度进行考察；针对资本市场开放的实体企业发展效应，本书从企业融资约束、企业创新和企业价值这三个视角切入。上述研究较为全面地考察了沪深港通制度实施的市场效应以及经济后果，将宏观的制度政策与微观主体的行为和表现相结合，为沪深港通制度实施的微观经济效果相关研究提供了新的视角，为国际学术界明晰资本市场开放的经济后果研究提供了中国经验，并为中国资本市场进一步实现对外开放提供了理论支撑。

第二，本书创新地构建了“制度变化—行为变化—资本市场变化—实体经济变化”的理论逻辑框架，从而揭示了资本市场开放作用于实体企业发展的多层次影响路径和逻辑关系，深化了学术界关于沪深港通实施效果的相关研究。现有文献对于资本市场开放对实体企业产生影响的作用路径还有待深入考察，本书研究发现，首先，沪深港通通过提升上市公司信息披露质量，进而加剧机构投资者的羊群行为和提高分析师关注度与预测精确度；其次，沪深港通对市场参与者行为的影响进一步反映到资本市场股票的定价效率和风险上；最后，市场参与主体行为和股票定价效率的改善，会更进一步缓解企业融资约束；而公司治理水平、公司股价特质信息的增加以及融资约束的缓解又会促进企业创新；公司治理结构的改善与创新水平的提升，最终导致企业价值增加。上述理论框架厘清了沪深港通产生的不同微观经济效应之间的逻辑关系，深化了资本市场开放的研究内容。

二、研究局限

本书较为系统地考察了沪深港通这一资本市场开放重大创新举措产生的多种微观政策效果，为学术界继续深入研究资本市场开放的经济后果提供了坚实的理论支撑，也为实务界未来进一步推进资本市场开放提供了丰富的经验证据。但由于时间和精力有限，本书在进行资本市场开放经济后果的研究时，还存在研究对象不够全面、研究内容不够深入、研究方法有待创新等问题，具体而言，存在以下三方面的局限：

第一，资本市场开放制度的研究对象不够全面。现阶段，中国资本市场对外开放的水平不断提高、形式不断创新。除了2014年和2016年分别实施的属于“投资者”跨境形式的沪港通和深港通，还于2019年6月17日正式启动了上海证券交易所与伦敦证券交易所互联互通机制（简称“沪伦通”），属于“产品跨境”形式。沪伦通作为连接中国和英国资本市场的特殊“桥梁”，进一步扩大了资本市场对外开放的程度，加快了资本市场国际化进程。但本书的研究样本时间截止到2020年12月31日，与沪伦通的启动时间相差仅一年半左右，无法较好地体现沪伦通的政策效果，若将沪伦通纳入研究范围，可能导致研究结果出现偏差。未来在进行资本市场开放相关研究时，可将沪伦通也作为研究对象，全面体现资本市场开放的政策效果。

第二，沪深港通对香港股市的影响研究有限。沪深港通将上海、深圳和香港资本市场连接起来，对沪股通、深股通和港股通都会产生重大影响。由于时间、精力和篇幅的限制，本书主要研究了沪深港通对A股市场的影响，对香港市场（港股通）的研究较少，仅涉及股价同步性方面内容。沪深港通实现了内地与香港资本市场的深度融合，内地资本市场会受到香港等境外资金流动的影响，香港资本市场也很可能会受到境内资本流动的冲击。因此，探究沪深港通对境内外资本市场的影响，有助于未来政府部门在制定相关政策时，可以从双方的共同利益出发，实现境内外资本市场的良好发展。

第三，研究方法有待创新。由于现有关于资本市场开放中沪深港通制度实施效应的研究大多采用了双重差分模型，并且该模型也是学术界检验政策实施效果的主流方法，因此本书也参考已有文献的做法，选取双重差分模型作为实证研究中主检验的模型。但是，科技革命的浪潮推动了研究范式的变革，未来可考虑采用其他更加创新的方法研究沪深港通实施的微观效应。

第二章 文献综述

资本市场开放的经济后果研究一直受到众多国内外学者的关注，同时也为许多发展中国家实施资本市场开放政策提供了一些思路。本章在对资本市场开放的经济效应相关研究、市场参与者行为的相关研究、股票定价效率的相关研究以及实体企业发展的相关研究四个方面的国内外文献进行梳理和回顾的基础上，更加清晰地把握当前相关领域的研究现状，为本书后续研究提供启示和思路。

第一节 资本市场开放与金融市场风险的相关研究

现有文献对资本市场开放与金融风险相关的研究大多聚焦于股票市场风险相关的话题，并且主要是由股票价格波动而引起的市场风险，由于多数学者研究的角度不同，所得出的研究结论也不统一。主要有以下两种相反的结论（见表2-1）：

表2-1 资本市场开放与金融市场风险相关研究的主要内容及国内外代表文献

研究主题	研究内容	国内外代表文献
金融市场风险	降低股市风险	国内：杨竹清等，2013；刘海飞等，2018；钟凯等，2018；郭阳生等，2018；许从宝等，2016；李沁洋和许年行，2019 国外：Han et al.，2015；James et al.，2010；Umutlu et al.，2010；Kassimatis et al.，2002；Chan et al.，2017；Mitton，2006
	增加股市风险	国内：纪彰波和臧日宏，2019；许香存等，2016 国外：Chang，2010；Bley and Saad，2011

（一）资本市场开放降低了股市风险

从多数学者的研究结果来看，资本市场开放能够降低股市风险。其中，Kassimatis（2002）以阿根廷、印度和巴基斯坦等六个国家为样本，探究发展中国家金融自由化对其股市的影响，结果显示，在自由化政策实施过后，股市波动性显著减少。Mitton（2006）的研究结果表明，外资的进入为当地股市提供了额外的融资方式，从而可以冲减一些风险。James等（2010）以印度尼西亚为例来研究金融自由化与股市波动的关系，发现股市向外国投资者开放后，波动性显著下降，股市风险有所降低。Umutlu等（2010）通过将总波动性分解为全球波动性、特质波动性和本地波动性来研究金融自由化对总波动性的影响，发现总波动性与金融自由化程度呈负相关，且在中小型的新型市场这一现象更为明显。此外，国内学者也发现境外机构投资者持股能起到改善股票市场信息环境，从而间接降低股市风险的作用（杨竹清和刘少波，2013）。而且，外国机构投资者在进入市场后，能够利用有效的工具和策略降低波动率，缓解过度交易的现象，从而稳定资本市场（Han et al.，2015）。Chan等（2017）通过研究上海证券交易所市场开放期间风险分担和其他因素在股价重估中的作用，发现风险分担是外国投资者有资格购买的股票价格重估的重要机制。不仅如此，国内学者还发现在沪港通制度实施之后，两市逐渐融合，增强了国内资本市场与国际资本市场的互动性，提升了公司的信息透明度，改善了企业信息环境（郭阳生等，2018），从而降低了股价异质性波动（钟凯等，2018；许从宝等，2016），进而提高了国内股票市场的稳定性（刘海飞等，2018），有利于股市健康稳定发展。

（二）资本市场开放加剧了股市风险

部分研究结果表明资本市场开放会加剧股市风险。Chang（2010）通过研究新兴股票市场中QFII的羊群效应，发现QFII增加特定行业的权重时，交易商也同样增加，这种羊群效应极有可能会破坏市场稳定，加剧股市风险。Bley和Saad（2011）评估了资本账户开放对海湾合作委员会市场中个股回报波动的影响，发现国际资本参与本地交易对企业特质波动性没有影响，但对总波动性的影响越来越大。另外，少数国内学者在考察沪港通制度的开启对股市风险的影响时，发现沪港通的实施会加剧股市风险。许香存等（2016）认为，虽然沪港通的实施有利于将一些更有价值理念的外国投资者引入国内市场，但这可能也会同时引起国内投资者的过度反应和引入国际风险进入A股市场，从而导致价格波动性增加，使市场风险加大。尤其对一些信息披露环境较差的公司而言，沪港通制度的实施只会加剧这些公司股票的崩盘风险，进而提高了股市风险（纪彰波和臧日宏，2019）。

基于股市风险和效率的视角，大多数学者发现资本市场开放能通过提高信息透明度，降低股市风险，提高股市信息效率；少数学者则持相反意见，他们认为资本市场开放会引入国际风险，从而提高股市风险，并且发现资本市场开放可能会使证券市场的资金流动不一样，导致股市信息效率降低；另一部分学者则认为，资本市场开放并不能提高市场信息效率，因为其市场在股市自由化之前就已经达到有效了。

第二节　资本市场开放与股市信息效率的相关研究

资本市场开放不仅会影响股市风险，还会对股市信息效率产生影响。因而金融自由化和资本市场开放对股市信息效率影响的研究也引起多数国内外学者的关注。股市信息效率是指股票价格能否迅速反映当前所有的信息并实现合理定价的效率。大多学者认为资本市场开放能够提升股市信息效率，但对于这一结论仍然存在一定争议，主要的研究结论如下（见表2－2）。

表2－2　资本市场开放与股市信息效率相关研究的主要内容及国内外代表文献

研究主题	研究内容	国内外代表文献
股市信息效率	提升了股市信息效率	国内：钟覃琳等，2018；鲜京宸等，2019；杨秋平等，2021；刘贝贝等，2021 国外：Mateus and Hoang，2021；Li et al.，2020；Kacperczyk et al.，2021；Kacperczyk et al.，2018；Rejeb and Boughrara，2013；Gul et al.，2010；He and Shen，2014；Bae et al.，2012；Han and Singal，2000
	降低了股市信息效率	国内：董秀良等，2018；吕大永和万孝园，2017
	对股市信息效率的影响不显著	国外：Chow et al.，2016；Kawakatsu et al.，1999；Lagoarde－Segot et al.，2008；Lim et al.，2011

（一）资本市场开放有利于提升股市信息效率

众多学者发现，资本市场开放通过引入善于处理市场信息的境外机构投资者进入本地股票市场进行投资（Kacperczyk et al.，2018），加快全球性信息的传播速度，促使信息扩散到股票价格当中，进而提升股市信息效率（Bae et al.，2012）。Han 和 Singal（2000）认为，一些国外新兴市场在加入外国机构投资者之后，增加了公司特定信息对股票价格的资本化，减少了股价同步性（Gul et al.，2010），增加了股票价格信息含量（刘贝贝等，2021），提高了股市信息效率（He and Shen，2014；Li et al.，2020），也进一步降低了发生金融危机的可能性（Rejeb and Boughrara，2013）。Kacperczyk 等（2021）通过利用公司层面的国际数据研究外国机构投资者对价格效率的影响，发现通过资本市场开放引入外国机构投资者取代了信息含量较少的国内散户投资者，增加了股价信息含量，提高了价格效率。Mateus 和 Hoang（2021）在考察越南这个逐步放松资本管制的前沿市场时，观察到外国投资者确实在提高市场效率方面发挥了作用，可促使市场变得更为有效。此外，以沪港通和深港通制度实施为代表的资本市场开放在一定程度上也提高了股市信息效率。鲜京宸等（2019）认为资本市场开放有助于提升信息的收受和吸收程度、提高股价信息含量（钟覃琳和陆正飞，2018），以及增加信息透明度和管理层自愿披露频率（Li et al.，2020），从而进一步降低股价同步性（杨秋平等，2021），提高股市信息效率（Li et al.，2020）。

（二）资本市场开放降低了股市信息效率

资本市场开放会降低股市信息效率，这是由于在资本市场开放后，可能会使股票市场的资金外流，导致本国股票市场的流动性降低，进而降低定价效率，降低本国股市信息效率（董秀良等，2018）。吕大永和万孝园（2017）通过探讨沪港通制度对两地股市股票价格信息含量的影响，发现双边资金流动带来的影响不一致，导致沪港通的推出降低了沪股通标的股票的信息含量，降低了沪市信息效率。董秀良等（2018）的研究发现，沪港通实施后，内地股市资金出现持续、大量的净流出状况，降低了内地股票市场的流动性，使国内沪市资本市场效率并没有显著的提升，反而有所下降。

（三）资本市场开放对股市信息效率的影响不显著

另一些学者对资本市场开放与股市信息效率的关系有不同的看法。Kawakatsu 等（1999）发现金融自由化对新兴股票市场信息效率的影响不显著，其原因主要在于在金融自由化之前，市场就已经有效了，所以自由化其实并没有提高新兴市场的效率。Lagoarde－Segot 等（2008）在检验新兴的中东北非股票市场的自由化与信息效率之间的关系时，也得出经济自由化对信息效率的影响并不显著。Lim 等（2011）在研究 23 个发展中国家的贸易开放度与股票市场信息效率的联系时，发现金融开放度与信息效率之间不存在显著关联。Chow 等（2016）利用拉丁美洲国家的股票数据对股市自由化和其效率之间的关系进行研究，发现金融自由化并没有提高其股市效率。

第三节　资本市场开放与微观企业行为的相关研究

宏观经济的变化是所有微观企业主体变化的总和，在资本市场开放与宏观经济增长研究结论不一致的情况下，相关研究试图从微观企业行为的视角来探讨资本市场开放对一国经济的影响。已有文献主要从公司治理、公司信息披露、企业避税、企业融资、企业投资、企业创新、企业生产效率等方面展开实证检验。具体研究进展如下。

（一）资本市场开放与公司治理

公司治理是企业发展的基础，通过资本市场开放对公司治理的影响研究发现，资本市场开放对公司治理水平具有促进作用。Kim 等（2010）通过分析韩国外国投资者与公司治理之间的关系，发现外国股权与公司治理存在正相关关系。Aggarwal 等（2011）在检验公司治理与机构投资者之间作用机制的过程中，也发现境外机构投资者与公司治理水平呈正相关，即外资机构的参与能够提升公司的内部治理水平。Huang 等（2021）也认为资本市场开放的相关政策会通过公司治理机制来降低企业面临的诉讼风险。同样，国内众多学者的研究结果也表明，资本市场开放通过引入外资股东，不仅改善了公司内部治理，还有效抑制了企业投机套利和“脱实向虚”的动机（孙志红等，2021）。并且，外资股东的引入还优化了企业的股权结构，降低了大股东掏空程度（孙泽宇等，2020），提高了上市公司的治理质量（马亚明等，2021）。此外，以沪深港通制度为代表的资本市场开放政策对高管在职消费也能发挥外部治理作用，该制度能显著降低管理层的超额在职消费水平（赵东等，2020），减少管理层过度在职消费的现象（孙泽宇等，2021）。

（二）资本市场开放与公司信息披露

公司的信息披露情况不仅是投资者对上市公司价值的判断标准，也是投资者进行投资决策的重要依据。现有研究发现资本市场开放对公司信息披露质量的改善具有促进作用。Ertuna 和 Tükel（2013）在研究外国机构投资者与伊斯坦布尔证券交易所上市公司披露绩效之间的关系时，发现外国机构投资者与企业的自愿信息披露呈正相关关系。并且，通过资本市场开放引入外国机构投资者还可以强化企业的外部监督作用，改善企业自愿性信息披露行为（Tsang et al.，2019），提升上市公司的信息透明度，降低公司的诉讼风险（Xiong et al.，2021），进一步提升高治理水平公司的信息披露质量（李春涛等，2018）。此外，部分国内学者指出以沪港通和深港通制度为代表的资本市场开放能够改善企业信息环境，提升标的公司的信息披露质量（何瑛和李塽爽，2021），提高企业自愿性信息披露意愿和精度（唐建新等，2021），尤其对于一些股价信息含量低的企业，其改善信息披露质量的效果更为显著（阮睿等，2021）。

（三）资本市场开放与企业避税

多数研究结果表明资本市场开放能够抑制企业避税。Jiang 等（2020）在研究以沪深港通制度为代表的资本市场开放对企业避税的影响时，发现资本市场开放可以减少企业的避税现象。支晓强等（2021）基于沪港通这一准自然实验研究发现，资本市场开放除了有助于提高公司治理水平，还有利于改善公司信息质量，增加避税成本，从而减少企业的避税行为。不仅如此，齐保垒等（2021）在考察资本市场开放对企业避税行为影响的过程中，发现资本市场开放通过提升公司信息透明度等途径显著抑制了企业的避税行为，并且资本市场开放还能够缓解上市公司的融资约束，增强企业外部监督，削弱企业避税的动机和能力（王勇等，2022），从而达到抑制企业避税行为的作用（吴珊等，2022）。

（四）资本市场开放与企业融资

大部分学者通过实证研究均发现资本市场开放有助于企业融资。Laeven（2003）在探究金融自由化与企业融资约束的关系过程中，认为自由化对不同规模的企业的影响不同，小企业在自由化进程之初受到财政约束，但之后便得到了缓解；而大企业在自由化之前融资约束就较低，反而随着自由化的进行变得更高。Koo 等（2005）通过检验金融自由化对韩国投资的影响，也发现金融自由化导致融资约束显著缓解，改善了企业的外部融资情况。Ghosh（2006）在利用印度公司的数据研究金融自由化对企业融资约束的影响时，也得到了相同的结论，即金融自由化缓解了融资约束，提高了企业获得外部融资的机会，并且这种缓解作用在小型公司中更为显著。Gupta 和 Yuan（2009）通过研究自由化对行业增长的影响发现，在股市开放后，企业的融资约束情况得到缓解，行业的投资与平均市值都在增加。此外，国内学者研究发现，在沪港通制度实施之后，企业外部监督力量得到提升，公司信息质量和信息透明度得到改善，这不仅降低了企业的代理成本，还进一步缓解了企业的融资约束（杨胜刚等，2020；陶晓慧等，2021；周率等，2021）。同时，有学者认为资本市场开放显著降低了标的企业的债务融资成本，不仅有助于促进企业债券融资（黄国良等，2021；唐逸舟等，2020），还可以提高企业尤其是小规模企业的股权融资和债权融资积极性，显著增加两种融资方式的融资规模（肖涵和刘芳，2019）。另外，深港通制度的实施能够通过提升股价信息含量和信息披露质量缓解民营企业融资约束（王兵等，2021）。

（五）资本市场开放与企业投资

大多数文献的研究结论表明资本市场开放有利于促进企业投资。Henry（2000）认为，股票市场的自由化导致了市场投资繁荣，促使投资平均增速上升。Bena 等（2017）发现通过资本市场开放引入境外机构投资者，不仅为国内引进了大量国外资金，降低了企业资本成本，还增加了有形、无形等资本的长期投资。国内学者发现，在资本市场开放的情况下，境外机构投资者能够有效地发挥治理作用，能够通过信息和公司治理等渠道来促进企业投资效率的提升（庄明明等，2021）。还有学者基于沪港通开通这一准自然实验，发现该机制的实施通过提高企业信息质量和分析师预测准确度这两个渠道，不仅提升了标的企业投资效率，还显著抑制了企业的非效率投资和投资不足的行为（陈运森和黄健峤，2019；王秀丽等，2019）。此外，沪深港通开通还能通过提高标的股票的流动性（刘程等，2019），增加股价信息含量和非财务信息定价能力（连力帅等，2019），改善了企业的投资效率。对于那些存在投资不足的标的企业，沪港通的开通缓解了融资摩擦，有助于弥补投资不足，提高投资效率（于博等，2021）。

（六）资本市场开放与企业创新

众多国内外学者在探究资本市场开放与企业创新之间的关系时，均发现资本市场开放有利于企业创新。Luong 等（2017）认为，在资本市场开放后，外国机构投资者主要通过主动监督、为有相关需求的企业管理者提供创新失败保险这两种途径来促进企业创新。Moshirian 等（2021）在研究股市自由化对技术创新的影响时，发现股市自由化主要是通过放松资金约束、加强中外投资者风险分担的方式来促进创新。另外，部分国内外学者发现，作为资本市场开放的主要措施之一，沪深港通制度的实施成功向国内引进了国外的投资理念和新型技术，不仅有助于增强企业创新意愿和能力（孙泽宇等，2021），提高企业的创新投入水平（刘洋等，2021；罗宏等，2020），还有助于增加标的企业的专利产出（Xinnan，2021），提升企业的创新绩效（齐荻等，2020）和创新效率（Xiang et al.，2020），达到促进企业和实体经济创新发展的目的（朱琳等，2020）。同时，沪港通开通还能优化企业投资者结构，吸引更多金融分析师的关注，帮助企业提高定价效率，缓解企业财务约束，提高企业的创新能力（Wang，2021）。

（七）资本市场开放与企业生产效率

在企业全要素生产率方面，多数学者认为资本市场开放能够提高企业的全要素生产率。戴鹏毅等（2021）在考察资本市场开放是如何影响企业全要素生产率时，发现资本市场开放能够增加股价的特质信息含量，提升企业信息披露质量，最终作用于企业全要素生产率的提升。任灿灿等（2021）利用沪深港通这一外生冲击，检验资本市场开放对企业全要素生产率的影响，发现资本市场开放通过提高股价信息含量，不仅降低了企业的资源获取成本，还改善了企业的资源使用效率，有效提高了企业的全要素生产率。马妍妍等（2021）也指出，资本市场开放可以通过改善企业的信息披露机制，有效解决出口企业的信息不对称问题，提升出口企业的全要素生产率。

纵观现有文献，学术界关于资本市场对外开放的经济效应研究在宏观和微观层面都形成了丰富的研究成果，具体如表 2 – 3 所示，主要观点和结论如下：

表 2 – 3　资本市场开放与微观企业行为相关研究的主要内容及国内外代表文献

研究主题	研究内容	国内外代表文献
微观企业行为	公司治理	国内：孙志红等，2021；孙泽宇等，2020；马亚明等，2021；孙泽宇等，2021；赵东等，2020 国外：Aggarwal et al.，2011；Kim et al.，2010；Huang et al.，2021
	信息披露	国内：何瑛等，2021；阮睿等，2021；唐建新等，2021；李春涛等，2018 国外：Ertuna and Tükel，2013；Tsang et al.，2019；Xiong et al.，2021
	企业避税	国内：齐保垒等，2021；支晓强等，2021；吴珊等，2022；王勇等，2022 国外：Jiang et al.，2020
	企业融资	国内：杨胜刚等，2020；唐逸舟等，2020；周率等，2021；陶晓慧等，2021；王兵等，2021；黄国良等，2021；肖涵等，2019 国外：Gupta and Yuan，2009；Laeven，2003；Ghosh，2006；Koo et al.，2005
	企业投资	国内：陈运森等，2019；连力帅等，2019；王秀丽等，2019；刘程等，2019；庄明明等，2021；于博等，2021 国外：Bena et al.，2017；Henry，2000
	企业创新	国内：刘洋等，2021；孙泽宇等，2021；罗宏等，2020；齐荻等，2020；朱琳等，2020 国外：Xinnan，2021；Xiang et al.，2020；Wang，2021；Moshirian et al.，2021；Luong et al.，2017
	企业生产效率	国内：戴鹏毅等，2021；马妍妍等，2021；任灿灿等，2021

基于微观企业行为的视角，国内外学者的研究内容主要侧重于资本市场开放对公司治理、高管在职消费、企业诉讼风险、公司信息披露、企业避税、企业投资、企业融资等方面的影响。并且多数学者的研究结果均显示，资本市场开放对企业方面产生了积极影响，能通过改善公司治理水平、提高信息质量、减少融资约束，提高投资效率等途径提升企业绩效。

综上所述，现有文献仍然存在以下不足之处：(1) 学术界对于资本市场开放是否为一国经济带来正面效应这一问题的研究结论尚未达成一致意见；(2) 现有文献对于沪深港通这一资本市场开放制度实施的微观经济效应的实证研究不够全面深入；(3) 资本市场开放影响实体企业发展的传导路径有待进一步厘清。因此，本书基于沪深港通实施的制度背景，检验资本市场开放的微观经济效应，并且基于制度—参与主体行为—资本市场表现—企业发展的逻辑，深入探究资本市场开放影响实体企业发展的传导路径，为金融市场支持实体经济发展提供重要的理论和经验借鉴。

第二篇　理论基础与现状背景

第三章　概念界定与理论基础

本章首先对本书涉及的主要相关概念进行界定，以确定本书的研究范围。其次，通过系统梳理金融自由化理论、有效市场假说理论、信息不对称理论、委托代理理论、信号传递理论及羊群效应理论等经济学理论，为本书后续章节提出研究假设奠定理论基础。最后，结合相关理论，对本书各个章节之间的逻辑关系进行梳理，构建本书的理论逻辑框架。

第一节　概念界定

一、资本市场开放

资本市场，从广义上来讲，是指期限在一年以上所有资金融通活动的总和，主要包括股票市场、中长期债券市场、外汇市场、衍生工具市场和各种以金融机构为中介的中长期信贷市场（马险峰，1997）。从狭义上来说，资本市场通常被认为是以直接融资为特征的证券市场，即股票市场和中长期债券市场。本书主要采用狭义的资本市场概念，即以直接融资为特征的股票市场。

资本市场开放主要分为服务性开放和投资性开放。其中，资本市场的服务性开放属于服务贸易范畴，是指资本市场上金融服务业的对外开放，即外国资本市场中介机构在本国资本市场上从事各种证券投融资服务，比如，一些外资证券商、境外投资银行、资产管理公司等外国资本市场中介机构可直接在本国资本市场从事股票、债券的承销服务等证券投融资服务。同样，本国资本市场的中介机构也可以在其他国家的资本市场上为其提供证券投融资服务（宋斌，2005）。资本市场金融服务业的开放将资本市场服务在全球得到充分的配置，促使实力雄厚的国际金融机构进入新兴市场，直接推动了发展中国家金融主体的多元化和完善了金融市场体系

（王苏生等，2007）。

资本市场的投资性开放，则属于资本流动的范畴，是指在资本账户自由化后，资金可以自由地在国内和国际资本市场上流动。从资金流向的角度来说，投资性开放又可分为融资的开放和投资的开放，融资的开放是指本国的居民可以在国际资本市场上融资，同时外国居民也能在本国资本市场上融资。投资的开放则是允许本国居民可以在国际资本市场上投资股票、债券等，同时也允许外国居民在本国的资本市场投资股票、债券等。结合已有文献，本书所指的资本市场开放，是指以直接融资为特征的股票市场的投资性开放。

二、微观经济效应

本书中，微观经济效应主要包括对微观层面的企业、证券分析师、机构投资者三个主体的经济效应。

企业是最主要微观经济主体，本书中对企业产生的微观经济效应主要包括企业信息披露行为、企业股票流动性、企业股价同步性、企业错误定价、企业融资、企业创新、企业价值这几个方面。

证券分析师是资本市场中另一个重要的微观主体，发挥着信息传递与治理功能，本书着重考察资本市场开放对分析师关注和预测行为产生的经济效应。

机构投资者也是资本市场中的重要微观参与主体，是与个人投资者相对的一个概念。机构投资者包括企业法人、政府及其机构、金融机构（基金公司、证券公司、商业银行、保险公司），本书中主要关注对机构投资者羊群行为产生的微观经济效应。

三、沪深港通

沪深港通是沪港通和深港通的合称。其中，沪港通是中国证监会和中国香港证监会于 2014 年推出的上海和香港股票市场交易的互联互通机制。该机制允许上海和香港两地的机构和个人投资者均可以买卖对方交易所标的范围内的股票，成功连接了上海股票市场和香港股票市场。根据投资者的投资方向，沪港通又分为沪股通和港股通两部分，沪股通是指香港的投资者通过委托香港经纪商，经由香港联合交易所设立的证券交易服务公司，向上海证券交易所进行申报，买卖规定范围内沪市股票（陈运森等，2019）。港股通则是指上海的投资者委托内地的证券公司，经由上海证券交易所设立的证券交易服务公司，向香港交易所进行申报，买卖规定范围内的港市股票。

在沪港通平稳运行两年后，深港通也于 2016 年 12 月正式由中国证监会启动。深港通是指允许深圳和香港两地的投资者通过当地的证券公司买卖规定范围内的对方交易所上市的股票。同样，深港通也分为深股通和港股通。沪深港通的实施开启了中国资本市场高水平的双向开放，加快了资本市场开放的进程。

对于沪深港通制度实施的衡量，由于沪港通和深港通规定了在沪深港通机制下交易的股票范围，使资本市场上同时存在标的公司股票和非标的公司股票。因此，多数学者均选用一个沪深港通虚拟变量来定义沪深港通制度的开启，即若沪深港通开启且企业被纳入沪深港通标的，取值为 1，否则为 0（孙泽宇等，2021；孙晶慧等，2022；喻彪等，2022）。本书也采用这种衡量方法，通过构建时间虚拟变量和沪深港通虚拟变量的交互项衡量沪深港通的实施。时间虚拟变量衡量沪深港通是否实施，沪深港通虚拟变量衡量上市公司是否纳入沪深港通标的。

四、市场主体行为

从资本市场的主体结构来看，市场主体是由资本市场上的上市公司、投资者、中介机构以及监管机构这四类主要参与者构成的（史代敏，2002）。本书所涉及的市场主体行为具体是指上市公司、机构投资者和分析师三类市场参与主体的行为。

其中，上市公司行为具体是指上市公司信息披露行为。上市公司信息披露是指上市公司在资本市场上发行和流通证券的过程中，将与证券有关的一切信息按照规范的标准公开给投资者，并为其提供证券投资参考的行为（淮建军等，2010）。机构投资者行为是指以法人身份在资本市场上进行投资交易的法人机构在投资决策的过程中，共同具备的投资行为模式（黄革等，2011）。本书所指的机构投资者行为，主要是指机构投资者跟随其他投资者在同一时间内同方向买进或卖出股票的羊群行为。证券分析师是指通过收集市场上的信息对证券市场未来的走势进行研究、分析和预测，并向投资者出具投资报告的证券专业人士。分析师作为资本市场上重要的信息中介，通过向市场参与者提供有价值的信息，为其提供投资决策依据（Bushman et al.，2004）。分析师行为具体来说分为三大类，即分析师关注度、分析师预测准确度以及分析师分歧度。其中，分析师关注度是指分析师对上市公司进行跟踪分析的人数。分析师预测准确度是通过分析师对上市公司盈余预测的数据与真实数据的偏差来反映的。分析师分歧度则是指多个分析师对同一家公司进行盈余预测时存在预测差异。本书所指的分析师行为是分析师关注和预测行为，即分析师关注度、分析师预测准确度和分析师分歧度。

五、股票定价效率

目前，关于股票定价效率的研究话题虽然很多，但是对于“股票定价效率”的定义却并不唯一，主要是指股票在市场上的总体变化趋势，比如股票收益率变化、股票波动率变化等。本书所指的股票定价效率具体包括股价同步性、股票流动性及股票错误定价。

其中，对于股价同步性的定义，最早源于国外学者的研究。Roll（1984）发现市场、行业和公司的特质信息会显著影响股价波动。在此基础上，Morck 等（2000）正式提出股价同步性的概念，认为股价同步性是指单个股票价格变动与市场和行业平均价格变动之间的关联性，通常也称为股票价格的“同涨共跌”现象。同时，Morck 等（2000）还首次提出用资本资产定价模型的拟合系数（R^2）衡量股价同步性，R^2 越大，表示个股价格的变动与市场变动之间的关联性越高，股价同步性也越高。

对于股票流动性的概念，不同的学者持有不同的观点。Keynes（1936）最先提出流动性的概念，认为流动性反映了人们持有资产的态度和意愿，是“市场未来价格的波动性”。此后，Kyle（1985）和 Harris（1990）又分别提出了三维理论和四维理论，进一步完善了流动性的概念。目前国内外学者普遍采用 Harris（1990）的四维理论研究流动性。四维指的是宽度（Width）、深度（Depth）、及时性（Immediacy）和弹性（Resiliency）四个流动性特性。其中，宽度是指股票成交价格与有效价格的偏离程度，通常买卖价差越小，流动性越好。深度是指在一个特定的股票价格下能达到的最大交易量，一般来说，成交量越大，市场深度越深，股票流动性越好。及时性是指股票交易双方的交易完成速度，即交易效率，效率越高，流动性越好。弹性是指股票价格恢复到均衡价格的时间，时间越短，市场弹性越好，流动性也越强。总的来说，股票流动性是指投资者以最小成本、最快交易速度和最小价格波动完成股票交易的难易程度。

关于股票错误定价的概念，目前的研究领域并没有给出准确的定义。在传统金融领域中，Fama（1970）认为，在一个有效的资本市场上，所有信息均反映在股票价格之中，股票价格能准确地反映其内在价值。但由于市场会受到各种因素的影响，现实中的资本市场往往并不是那么有效，就会出现股票价格偏离内在价值的异象。Farhi 等（2004）在研究中将股票市场价格偏离内在价值的那部分定义为股票错误定价。股票市场价格偏离内在价值的程度越大，股票错误定价的程度就越高（陆蓉等，2017）。

六、实体企业发展

实体经济的高质量发展是实现我国经济高质量发展的关键，而实体企业发展又是提高实体经济发展质量的核心。本书所指的实体企业发展具体涵盖企业融资约束、企业创新和企业价值三方面的内容。

关于企业融资的研究最早源于 Modigliani 和 Miller（1958）的 MM 理论，他们认为在一个交易费用和成本为零且信息充分的理想状态下，企业无论选择内部融资还是外部融资所花费的资金成本都是无差别的。但是现实中的资本市场并不那么理想，企业会存在一些代理问题和信息不对称问题等，从而导致选择内部融资和外部融资还是有所差别的。Myers 和 Majluf（1984）首次从信息不对称视角对企业的融资行为进行研究，并提出了优序融资理论。优序融资理论认为企业和投资者之间存在信息不对称，企业比投资者掌握更多关于企业价值的信息，从而导致企业取得外部融资的资金成本提高，所以企业会优先选择内部融资。在此基础上，Fazzari 和 Athey（1987）正式提出了融资约束的概念，即由于资本市场的不完善，导致内外部融资之间存在资金成本的差异，企业获取外部融资的难度增加，从而难以获得充足的项目资金，产生融资约束。

创新是企业发展的前提，是企业高质量发展的重要动力。企业创新的概念最早是由美国经济学家 Schumpeter 于 1912 年提出的，他指出企业创新其实是生产要素的重新组合。具体来说，创新是指通过将原来的生产要素和生产条件以及生产流程进行改造并创造出新方法、新产品和开拓新市场的活动，包括产品创新、技术创新、市场创新、资源配置创新以及制度创新。在此基础上，Rostow（1960）首次提出了技术创新，进一步拓展了创新的概念。此后，Enos（1962）对技术创新进行了研究，并正式提出技术创新是技术发明、资本投入、人力资源、市场等选择后的结果。后来多数学者将技术创新定义为企业以最大化公司价值为目标，充分利用自身的技术和优质资源开发新的技术和产品，并不断提高企业自身实力和市场地位的活动。

关于企业价值的概念，最初来自国外的研究。1906 年，美国经济学家 Fisher 提出的资本价值理论中首次将资本价值定义为未来现金流量折现后的现值。此后，Modigliani 和 Miller（1963）基于资本结构的视角分析，认为企业价值是市场价值，包含债权价值和股权价值。Myers（1984）基于对资金时间价值的考虑，指出企业价值应该包含现有资产的价值和未来收益的折现价值。Copeland（1994）则认为企业价值是企业内在价值，即公司未来现金收益的现值减去优先股的股权价值和债务的债权价值后的剩余价值。

第二节　理论基础

一、金融自由化理论

二十世纪六七十年代，政府对金融市场过度干预的现象较为普遍，尤其是在发展中国家，政府对利率、准备金以及信贷分配数量等方面均有要求和限制。于是，此现象便引起了众多学者的关注。1973 年，美国经济学家 McKinnon 和 Shaw 经过对此类现象的深入研究后，将它称为“金融抑制”，为降低金融抑制对经济发展产生的负面影响，他们分别在《经济发展中的货币与资本》和《经济发展中的金融深化》两本著作中提出了金融自由化理论。他们一致认为金融抑制，比如政府对利率的管制，会造成储蓄下降，资金来源减少，导致有利可图的项目无法获取资金，从而导致经济发展速度下降等诸多问题，因此他们倡导发展中国家应实行金融自由化。

金融自由化理论又称为金融深化理论，其核心观点是通过实行金融自由化，放宽政府对金融市场的干预，让市场决定信贷价格和分配，从而发挥金融对经济增长的促进作用。具体来说，金融自由化理论主要是倡导对金融市场和资本账户的开放，其中，金融市场开放是指让政府放松对金融市场在利率和汇率等方面的管制，资本账户的开放则是放宽对资本流动的限制。

后来，多数国内外学者在金融自由化理论的基础上经过一系列模型与理论研究，也发现金融自由化有利于经济发展。其中，Kapur（1976）和 Mathieson（1979）提出的投资规模理论认为在经济已较为开放的背景下，若银行的存款利率上升，储蓄会增加，从而银行的存款量增加，银行信贷规模也会增大，进而也能够增加投资总量。Galbis（1977）利用投资效率模型发现金融自由化也能增加投资，促进经济增长。Pagano（1993）以稳定的金融状态为研究背景提出“AK”模型，同样发现若取消利率管制，实行金融自由化，可以提高储蓄和投资水平，进而还能提高银行效率和资源配置效率，促进经济增长。

但自20世纪80年代开始，一些发展中国家的金融自由化实践并非那么成功，其中拉美、亚洲等多个国家均在金融自由化的过程中爆发了严重的金融危机，对经济造成了沉重打击。在这一背景下，部分学者通过实证研究得出，若一国从金融抑制突然转变为金融自由化，会加剧金融不稳定，增大发生金融危机的概率，从而使一些国内外学者不得不对金融自由化理论产生质疑。因此McKinnon在1993年通过完善和修改金融自由化理论后，又提出了金融控制论。他认为发展中国家若想要金融自由化实践成功需要对金融自由化改革采取渐进式的方式。后来，又有部分学者针对多个国家金融自由化失败的问题，提出了金融自由化排序理论。其中，McKinnon（1997）指出发展中国家的金融自由化改革应按照一定的次序来进行，首先需要稳定国内财政，保证国内宏观经济稳定，再进行国内金融体系自由化，最后才启动资本账户自由化，取消对资本流动的限制。Edwards（2002）也认为应先稳定国内宏观经济，再进行金融改革。

二、有效市场假说理论

Fama（1970）在多位经济学家的研究基础上深化后才正式提出了有效市场假说。首先，Osberne（1959）以Brown（1827）所提出的布朗运动为研究视角，提出了随机漫步理论，并指出股票价格的变化具有随机漫步的特点，投资者无法根据历史价格来预测未来时期的股票价格，随机漫步理论为有效市场假说理论的提出奠定了基础。此后，Fama（1965）第一次提出了有效市场的概念，他认为所有可获得的信息已完全反映在股价中的市场即为有效市场。随后，Roberts（1967）又对强式与弱式的有效市场进行了区分，此分类法便成为了Fama的经典分类法。

Fama（1970）的有效市场假说理论认为，证券市场的信息可以分为过去信息、公开信息以及内幕信息，并根据市场股价包含的不同信息将有效市场假说理论分为三种形式，即弱式有效市场假说、半强式有效市场假说和强式有效市场假说。在弱式有效市场中，股价已充分包含所有的过去信息，此时使用技术分析法来预测股价的变动是无效的；在半强式有效市场中，股价不仅包含了所有过去的信息，还包括所有与公司运营相关的公开信息，此时基本面分析是无效的；而在强式有效市场中，所有信息均已反映在股价中，包括一些内幕信息，在此市场上，理性投资者只能获得与风险相匹配的收益，而不可能获得超额收益。

任何一个理论都是基于一系列的假设之上，有效市场假说也是如此。Sheilfer（2000）指出有效市场假说的假设条件有三个：其一是有效市场的投资者均能理性且合理地估计金融资产的价值；其二是虽然市场上存在非理性投资者，但他们的非理性投资行为可以相互抵销掉；其三是市场上理性套利者的存在能够抵销非理性投资者的交易行为对股票价格产生的负面影响。但实际上，多个国家资本市场上的投资者并非完全理性，不能完全满足这三个假设条件，因此其市场也不能达到完全有效。

有效市场假说是传统金融学中的重要基础理论，在金融投资方面的应用十分广泛。它的核心意义在于说明信息传递在市场中的重要性，加强上市公司的信息披露，提高公司信息透明度是提高市场有效性的关键。

三、信息不对称理论

信息不对称问题最初是在 20 世纪 70 年代，由美国经济学家 Akerlof 在研究美国二手车市场交易行为时发现的。Akerlof（1970）通过对旧车市场上信息不对称现象的深入研究，发表了著名的《柠檬市场》，正式提出了信息不对称理论。后来，信息不对称现象又分别被 Spence 和 Stiglitz 在劳动力市场和保险市场中发现，相应提出了信号传递理论和信息甄别模型，进而更加完善了信息不对称理论的相关研究。

首先，Akerlof（1970）是以二手车交易为研究切入点，将二手车中的坏车称为“柠檬”，同时假设了一个柠檬市场模型。通过模型研究，他发现在二手车的交易过程中，车主与买家之间存在信息不对称，即一般二手车车主比想要买二手车的买方更了解二手车质量的真实情况。卖方为了获取更多利润，就会通过将负面信息隐藏的方式优先将质量较差的车推销出去，但买方限于时间较短，对二手车的质量情况尚不清楚，从而就会造成信息不对称现象出现。二手车市场上的信息不对称又会进一步引发逆向选择问题，这主要是由于在二手车的交易过程中，买卖双方掌握的信息含量不同，买方一般对二手车的质量情况不太清楚。所以当质量较好的车和较差的车同时在二手车交易市场上以同样的价格出售时，买方无法辨别其中哪些是好车或坏车，因此买方只愿意以低价来购买二手车，以此来避免因以高价买到坏车从而给自己带来损失。但卖方又会因为买方只愿为购买二手车付低价的行为不愿出售质量好的车，从而造成只有坏车存在于二手车市场中，而高质量的好车却被逐出了二手车交易市场。这也称为“柠檬市场”理论。此外，他还注意到坏车淘汰好车的逆向选择问题同格雷欣法则中的“劣币驱逐良币”有相似之处，但在汽车模型中，较差的汽车开始主导二手车市场的过程是由信息不对称造成的。

此后，多数学者开始在 Akerlof 的研究基础上从各个不同市场领域中分析信息不对称问题。1973 年，美国经济学家 Spence 在劳动力市场中发现招聘单位与应聘者之间存在信息不对称的情况，提出了信号传递理论。他认为招聘单位对应聘者的真实生产能力不清楚，但应聘者可以将自己的教育背景情况作为一种信号，传递给招聘单位，进而可以解决劳动力市场的信息不对称问题。

1976 年，美国经济学家 Stiglitz 首次将信息不对称理论引入对保险市场的研究中，并提出利用信号甄别模型来解决信息不对称引发的逆向选择问题。他认为保险市场中投保人与保险公司之间的信息不对称问题更为突出。其中投保人相对保险公司来说，更清楚自己的投保目的，是信息优势方，而投保公司处于信息劣势方，二者之间的信息不对称会使投保人有可能因买了保险而作出一些不合理的行为，但投保公司又必须为投保人的不合理行为承担风险，从而便会发生逆向选择问题。

Stiglitz（1976）具体以车险为例，并指出一些投保人在购买了车险后便减少了对车的保养，导致事故发生率提高，保险公司会支付较高的赔付率，此类投保人客户的风险就较大；但也有少部分投保人仍然会比较注意对车的保养和管理，事故发生率较低，保险公司对此类风险较低的投保人的理赔率较低。然而，保险公司并不完全清楚每个投保人的情况，就会存在信息不对称。所以，保险公司为了避免支付较高的赔付率，采取依据市场上平均的事故发生率的方式来测算保险费率。但这种做法又会造成对车保养较好、事故发生率低的投保人因为较高的保险费率不购买保险，从而导致风险较小的投保人由于不愿购买保险而被逐出保险市场，致使保险市场上的投保人均为高风险的客户，进而保险公司不得不再次提高保险费率，但这又进一步减少了投保人数。针对此类问题，Stiglitz（1976）提出了信号甄别模型，即通过让投保人自己选择投保方式所传递出的信息来甄别判断投保人的风险大小。其中投保方式一般包括两种，其一是高自赔率加上低保险费用的投保方式，其二是低自赔率加上高保险费用的投保方式。利用这种方式，保险公司可以更清楚地知道投保人的风险大小，进而解决其逆向选择问题。

由此看来，信息不对称理论的核心内容是指市场主体因为拥有信息含量的不同而被分为两类，即拥有信息较多的市场主体与拥有信息较少的市场主体。通常拥有信息较多的市场主体会利用自己知道的更多信息来谋取更多的利益，而拥有信息较少的市场主体则会尽力从拥有信息较多的一方获取信息，以减少因缺少信息造成的利益损失。信息不对称还容易引发逆向选择和道德风险问题，逆向选择是交易之前发生的因交易一方缺乏对交易另一方的了解，导致其在交易中难以作出决策，从而使市场效率低下的问题；而道德风险是在交易完成之后产生的风险，是交易一方作了一些交易另一方难以监督的交易活动时所增加的风险。信息不对称问题会导致交易过程中的诸多不确定性，使人们为了减少这种不确定性而花费一定的成本。

信息不对称理论的意义在于指出在市场经济中信息尤为重要，只有通过及时传递信息，才能提高市场效率；同时也表明若要达到信息对称，还需要发挥政府在市场中的监督和管理作用，从而使信息更加快速而高效地传递，进而能有效发挥市场机制。

四、委托代理理论

委托代理理论是由美国经济学家 Berle 和 Means 在 20 世纪 30 年代所出版的《现代公司与私有财产》中首次提出的。他们指出公司所有者同时经营管理公司的做法可能会不利于企业发展，于是主张将企业的经营管理权从企业所有者手中分离，企业所有者仅保留剩余索取权。但此时的委托代理理论还未完全形成，到了 20 世纪 70 年代，经济学家们纷纷开始研究企业内部的代理问题，这才更进一步完善和发展了委托代理理论。

1976 年，委托代理理论的代表人物 Jensen 和 Meckling 指出，在股权高度分散化的公司中，股东与管理者之间的委托代理关系实质上也是一种典型的契约关系。当股东作为公司所有者与企业管理者签订将部分决策权给予管理者并委托管理者代为管理企业各项事务的契约时，委托代理关系便产生了。虽然通过委托代理的方式有利于企业更好地经营发展，但这同时也会引发一些代理问题，在委托人与代理人的这层契约关系中，委托人实际上是信息劣势者，代理人是信息优势者，因此管理者就可能会作出一些损害股东利益的事。而且当管理者与股东的目标不一致时，即股东更在乎的是他们投入的资本能否尽快实现增值，而企业经营者的目标是追求自身效益最大化，如在职消费、增加闲暇时间等，更容易引起管理者与股东之间的利益冲突，产生代理问题。

Jensen 和 Meckling（1976）认为代理成本是为了解决代理问题而支付的成本，并指出股权激励方式有利于降低代理成本。他们发现通过股权激励的方式让管理者也能享受和股东一样的剩余索取权利，使管理者与股东的目标一致，便能有效地降低委托代理冲突。此外，Shleifer 和 Vishny（1997）指出监管也是降低代理成本的重要方式，通常，股东通过召开股东大会对企业管理者进行管理监督。但在股权结构高度分散的公司中，中小股东较多且持股比例低，中小股东认为他们的决策对公司的影响不大，从而产生“搭便车”的心理，不参加股东大会，使公司的股权约束力相对弱化，导致对管理层的监管不力，发生股东与管理层之间的第一类代理问题。但若让大股东参与监督管理层，可能会缓解此类代理问题，这主要是因为大股东有足够的能力和权力去保护自身的利益，从而可以减少因众多中小股东的搭便车行为对管理层监管不力而造成的损失。

可高持股比例的大股东参与，又会使公司股权结构过于集中，企业权力主要集中在控股股东手中，这又会导致控股股东与中小股东之间代理问题的发生，也称为第二类代理问题。控股股东主要通过影响公司决策来为自己谋取利益，进而间接损害了中小股东的利益。此后，学者们开始将委托代理的核心转向研究控股股东与中小股东之间的代理问题。1973 年，美国经济学家 Hirschman 首次提出“隧道效应”的概念，并指出大股东以“隧道”的方式剥夺中小股东的利益。Shleifer 和 Vishny（1997）通过调查研究发现，大股东私自利用权力来为自己谋取额外的利益，对中小股东利益造成了极大的损害。同时 Johnson 等（2000）也发现控股股东与中小股东之间存在代理问题，并以“Tunneling”（利益输送）来形容控股股东利用隐蔽的方式从上市公司中获取私利，进而损害中小股东的行为。利益输送通常分为支持行为和掏空行为，支持行为是指控股股东为企业引进优质的资源，掏空行为则是指大股东通过关联交易、资产转让等方式将企业的利润转移给自己。在股权相对集中、一股独大的企业中，大股东主要通过掏空行为来进行利益输送，为自己谋取私利。

综上所述，委托代理理论的核心意义在于如何解决委托人与代理人之间的代理问题，应采取哪种最优的方式来减少公司所有者与企业高管之间的利益冲突，使二者的目标趋于一致，从而更有利于企业长远发展。

五、信号传递理论

西方学者在信息不对称理论的基础上进一步研究后，提出了信号传递理论。1973 年，Spence 在《劳动力市场的信号传递》一文中通过劳动力市场模型分析劳动力市场上雇主和雇员之间的信息不对称问题时，首次提出信号的概念和信号传递理论。他认为雇主和雇员之间存在信息不对称，雇主不清楚雇员的生产能力，但雇主能通过雇员带有的“信号”，如教育水平等来判断其生产能力。他的劳动力市场模型主要将教育水平作为一个信号，通过求职者教育水平的高低来进一步分析其生产能力的情况，通常情况下，教育水平高的求职者其能力相对较高，因为若求职者的能力较低也无法在短时间内获取高的教育水平，因此教育背景是一种可靠的信号。而且把应聘者自己的教育背景当作一种信号传递给招聘单位，可以把低能力的求职者和高能力的求职者区分开，既能够解决劳动力市场上的信息不对称问题，也降低了招聘单位为获取招聘者信息所花费的额外费用。

此后，多数西方学者开始将信号传递理论应用于不同领域，其中在财务方面的应用主要是 Ross（1977）提出的 Ross 模型，该模型指出企业经理人可以通过改变公司资本结构来向外界投资者传递信息。这是因为企业内部管理者更加了解公司的真实情况，而外部投资者则不知道，他们只能通过公司的公告来判断公司的价值，投资者往往把企业负债水平作为信号。通常投资者认为企业负债率越高，企业的发展前景越好，其质量也越高；而若企业质量较低，就无法采用高负债的资本结构。

Bachataya（1979）提出了一个与 Ross 模型相似的股利信号模型，他首次指出公告股利可向市场传递信息。投资者通过分析股利的分配情况来判断公司的经营状况，若公司支付的股利稳定，就可能有较好的经营水平，但有些高速发展的企业，虽然其企业价值很高，但它却有较低的股利支付率，由此也可以看出股利信号模型的缺陷所在。

总的来说，多数学者认为公司一般通过公告财务信息来向投资者传递公司的内部消息，其中多数企业会选择宣告股利和调整资本结构的方式，企业经理人与投资者之间的信号传递的确能有效地解决市场上的信息不对称问题。

六、羊群效应理论

20 世纪 80 年代，金融市场上出现了各种异象，如股权溢价之谜、反应过度、羊群行为等，这种异象的存在使有效市场假说等传统金融学理论受到了严峻挑战。因此，多数学者开始利用心理学等知识来解释这种异象，从而推动了行为金融学的发展。行为金融学是心理学与金融学相交叉的边缘学科，Kahneman 和 Smith 都是在这个学科领域作出重大贡献的代表人物，他们在 2002 年提出的行为金融学的相关理论，促进了这个领域的进一步发展。

在各种金融异象中，羊群行为是众多经济学家研究行为金融学的重要方向。羊群行为也称为从众心理，最初是指动物（牛、羊等）成群移动、觅食的现象。后来这个概念也被广泛应用到不同的领域中，其中，金融市场上的羊群行为是指投资者跟随其他投资者的投资策略进行投资，而放弃依据自己所掌握的信息采取投资策略的行为。但羊群行为也分真伪，其中，真羊群行为是指有限理性的投资者盲目跟从其他投资者进行投资的行为，而当投资者处于相同的市场信息环境下所作出的相同投资决策的行为被称为伪羊群行为。真羊群行为会加剧股票市场风险，破坏市场稳定，并且当真羊群行为的人数达到一定规模时，羊群效应也就产生了，因此真羊群行为通常备受经济学家的关注。

Keynes 是最早发现羊群效应的经济学家，他在《就业、利息和货币通论》一文中首次将股票市场上的投资行为比喻为选美比赛，只要评选者的评选结果与其他评选者的结果接近，便能够获奖，因此评委们一般不会选择自己认为的最美者，而是通过推测选择大多数人认为的最美者，最终是为了选出这个比赛的获胜者，而不是最美者。之后，随着行为金融领域的发展，更多的学者开始关注羊群行为，并通过理论模型研究其产生的原因，发现羊群效应产生的原因主要来自以下四个方面：

（一）声誉因素

Scharfstein 和 Stein（1990）认为声誉是引起羊群效应的主要原因之一，他们通过研究基金经理人的投资决策行为，发现了羊群行为。由于投资者一般通过基金经理的历史业绩来选择投资，因此基金经理会比较看重自己的业绩。所以当一些基金经理人的能力不足时，他为了避免因自己投资失误导致业绩下滑，声誉受损，就可能会模仿其他基金经理人的投资行为，甚至有可能与其他基金经理相互沟通采取相似的投资决策，即使这个投资决策使基金经理亏损，但大多数基金经理的业绩相差不大，也不会使其声誉受到过多损害，因此便出现了羊群行为。

（二）薪酬因素

Maug 和 Naik（1996）指出，在基金经理的业绩与薪酬挂钩的情况下，薪酬是造成羊群行为的主要原因。当基金经理的业绩与薪酬相关，且低于市场平均业绩时，基金经理选择自己的投资策略，可能就会面临业绩下滑的风险，为了避免业绩下滑，导致薪酬减少和离职风险的增加，他们就会选择跟随其他基金经理的投资策略，便可以获得与市场的平均业绩相差不大的结果，从而也产生了羊群效应。

（三）信息不完全

当投资者处于信息不完全且效率较低的市场环境中时，极易产生羊群效应。信息不完全使投资者掌握的有效信息不充分，导致他们难以在市场上进行投资决策，因此他们一般就会根据其他投资者的投资行为获取额外信息，并跟从他们的选择进行投资，从而可降低信息成本。Banerjee（1992）基于理论模型也发现，投资者因为市场信息不完全而选择跟随其他投资者进行投资的行为，加剧了羊群效应。同时投资者对自己获取的信息质量没有信心，也会选择放弃自己的信息而选择模仿他人的投资决策，也为羊群效应的形成创造了条件。

（四）个人投资者素质

资本市场上的个人投资者居多，他们会因为自身的学识水平、投资经验等因素对自己的投资决策产生怀疑，便可能会跟从机构投资者进行投资，从而这也为形成羊群效应创造了条件。

除了通过理论研究羊群效应之外，学者们也利用模型来实证检验分析了股市中的羊群效应，其中，Lakonishok 等（1992）就通过建立模型发现在相同的时间段内，部分投资者采取了与其他投资者相同的股票投资策略，验证了羊群效应的存在。此后，大量学者开始通过使用不同的实证模型及方法来检验羊群行为，Christie 和 Huang（1995）使用 CSSD 法检验美国股市收益率的波动期间是否存在羊群效应，发现在股市波动期间羊群效应不明显存在。Chang 等（2000）对 CSSD 法进行了改进，提出了 CSAD 法，并将其用于检验日本、韩国等股市中的羊群行为，发现其股票市场中均有羊群行为，而且韩国等股票市场中的羊群效应尤为显著。Tan 等（2008）在检验中国 A 股市场和 B 股市场的羊群行为时，发现两个市场中均存在羊群效应。

综上所述，羊群效应现象在资本市场中较为普遍。多数中小投资者盲目跟从机构投资者的投资行为，不仅加剧了市场波动，导致市场不稳定，同时也会降低资本市场效率，对金融市场的发展造成严重的影响。

第三节　理论框架

本书构建了“制度变化—参与主体行为变化—资本市场效应—实体经

济效应”的理论逻辑框架。本书的主要研究内容包括资本市场开放对市场主体行为的影响、资本市场开放对股票定价效率的影响以及资本市场开放对实体企业发展的影响。上述三部分内容呈现出层层递进的理论逻辑关系。

理论上，在对市场制度变革的响应中，市场参与者的行为转变是首要且关键的。具体而言，沪深港通制度的实施，首先，本书从理论上预期将对市场主体行为产生显著影响。上市公司作为市场的核心参与者，面对境外投资者的信息需求及其对吸引外资的内在动机，将致力于优化其信息披露机制，从而提升信息披露的透明度与质量。这一改进不仅满足了投资者的信息获取需求，也为上市公司自身在资本市场上的竞争力提供了有力支撑。进一步，机构投资者在此过程中将获得更为丰富和精准的市场信息，这将促使其交易行为更加理性和高效。此外，证券分析师对沪深港通标的公司的关注度将显著增加，他们将从上市公司提升的信息披露质量中获益，进而降低其盈利预测的偏差和分歧度，提高市场预测的准确性。

其次，基于有效市场假说，由于市场中的信息能快速反映到股价中，并且股票价格的涨跌是市场中的投资者买卖行为所形成的直接结果。因此，市场参与者行为的转变将直接反映在公司的股票定价效率上。具体来说，随着投资者在交易决策中融入更多信息，股票定价的效率将得到显著提升，这将表现为股价的同步性增强和流动性提高，同时减少股票的错误定价现象。

最后，资本市场的核心职能在于支持实体经济的发展。公司在资本市场上的表现将进一步影响其实体企业融资和投资，从而对企业价值产生深远影响。具体而言，股票定价效率的提升，将有助于公司更有效地进行股权融资，降低定向增发的折价幅度，从而为公司带来更多资金，缓解融资约束。这不仅为企业的创新活动提供了长期稳定的资金来源，而且有助于提升公司的整体价值。本书的理论逻辑框架如图 3 – 1 所示。

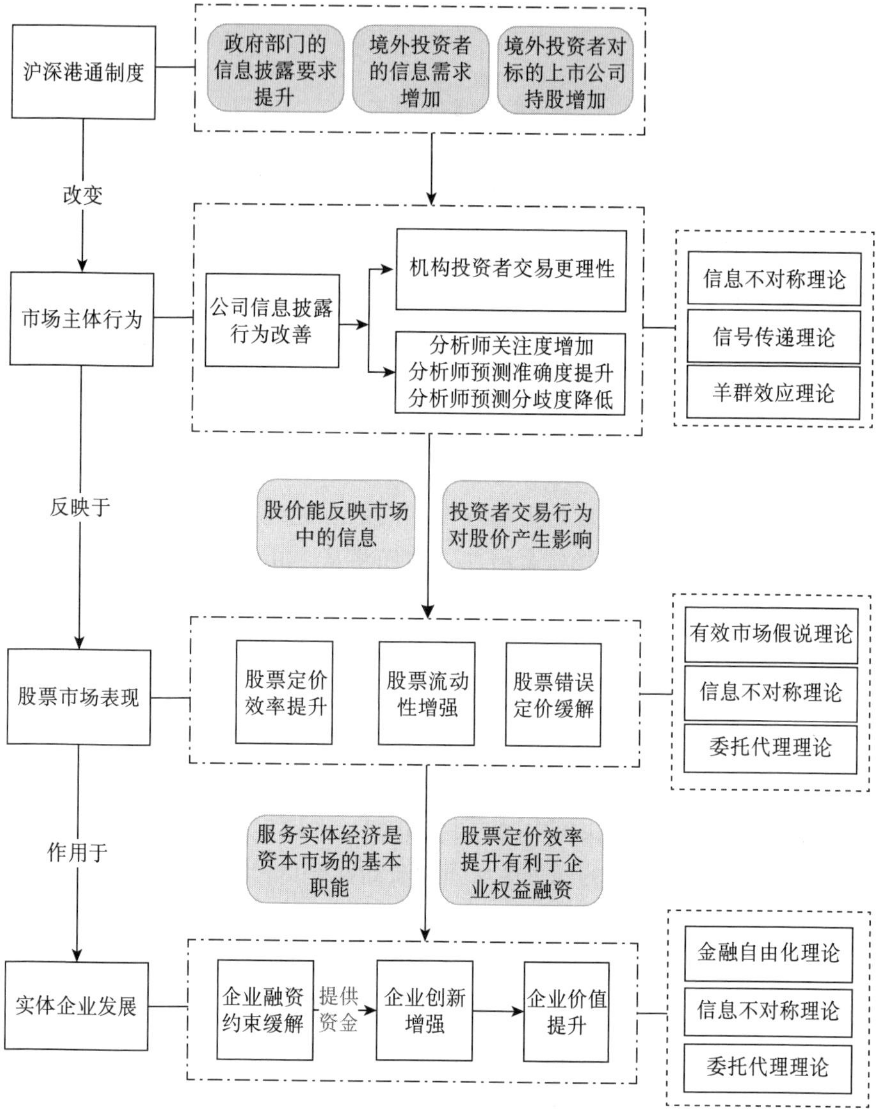

图 3－1　本书的理论逻辑框架

第四章　制度背景与现状分析

从1978年党的十一届三中全会开始，中国便走上了改革开放的道路。改革是对内改革，开放即是对外开放，主要是加快经济方面的开放，其中资本市场开放是加快中国经济发展的关键一步，也是扩大中国金融对外开放的重要内容。为加快资本市场开放进程，中国证监会及其他相关政府部门相继推出多项制度。至今，中国证监会推出了B股、H股，合格境外机构投资者（QFII、RQFII）制度，沪港通、深港通等互联互通机制，作为中国资本市场的主要开放制度。本章将对目前主要的开放制度及其运行现状进行简要介绍与分析，以明确目前中国资本市场开放的状况与特征。

第一节　中国资本市场开放制度背景

不同于一些西方发达国家的资本市场，中国资本市场起步较晚，资本市场开放始于1992年，采取渐进式的开放模式，以一些重大资本市场开放制度的实施为标志，大致可分为三个阶段，即初级阶段、过渡阶段和高水平阶段。

一、资本市场初步开放阶段

1992—2001年是中国资本市场初步开放的阶段，其中，B股市场的设立和H股的发行是这一阶段的两个制度基础。

（一）B股设立

1992年2月21日，B股正式在中国证券交易所推出，这是中国资本市场对外开放的第一步。B股是在上海证券交易所和深圳证券交易所上市交易，以人民币为面值并用外币认购和买卖的外资股。B股市场设立的初衷是为国内企业寻求外资，以求在人民币不能自由兑换、外资不能进入A

股市场的情况下，达到既从国外筹集资金，又避免外资对处于起步阶段的国内证券市场造成冲击的目的。B股市场在设立之初迎来的首只股票是上海电真空，之后陆续有更多的股票在B股市场交易。虽然B股市场设立给国内企业融资带来了便利，但B股与A股市场完全分割，仍然未能打开较为封闭的A股市场。

B股是中国资本市场开放的第一步，为国内资本市场引进外资发挥了巨大作用，对资本市场开放具有深远影响。自从B股市场设立之后，其流通市值从1993年的179亿元增长至2007年的2538亿元，十几年间增加了2359亿元，提高了14.18倍，达到了历史最高值。但是，在2007年以后，随着中国合格境外机构投资者（QFII）等多项创新制度陆续推出，B股市场逐渐暴露出市场规模小、投资范围狭窄、市场分割显著等诸多问题，B股渐渐被QFII等多项开放制度取代。2008年，B股市场的股票流通市值开始出现大幅下降，甚至2015年之后，B股市场流通市值开始呈现出逐年下降的趋势。截至2021年年末，B股流通市值已下降至1301亿元。可见，当前B股市场的流通状况已不如创立之初，流动性逐渐萎缩。

（二）H股发行

1993年7月，中国证监会允许内地企业在香港证券市场通过发行H股来上市，青岛啤酒是第一家在香港上市的国有企业，之后有更多的国企陆续在香港证券市场上市。H股也称国企股，是指注册地在内地，而上市地在香港的企业所发行的股票，它可供境外机构投资者认购和交易。H股的发行促使境外资本顺利进入国内企业，进一步推动了资本市场的开放和发展。

二、资本市场过渡性开放阶段

虽然B股、H股为境外投资者投资中国内地企业提供了途径，但A股市场对境外投资者的开放程度远远不够，境外投资者投资境内资本市场的渠道较为匮乏。为进一步推动中国资本市场开放，中国证监会在2002—2013年间推出合格境外机构投资者（QFII）、合格境内机构投资者（QDII）和人民币合格境外机构投资者（RQFII）制度，作为资本市场过渡性开放阶段的主要制度创新。

（一）合格境外机构投资者（QFII）

2002年12月，中国证监会和中国人民银行联合发布了《合格境外机构投资者境内证券投资管理暂行办法》，标志着QFII制度的正式形成。

QFII（Qualified Foreign Institutional Investors）即合格的境外机构投资者，该制度允许境外机构投资者将外汇资金兑换为人民币，并将其投资于国内A股市场获取收益。QFII制度为境外机构投资者投资中国A股市场股票提供了机会，弥补了B股市场的不足。

2003年5月，中国证券市场正式迎来了第一批合格境外机构投资者，是由中国证监会批准的瑞士银行，并在同年7月首次向QFII提供了40亿美元的投资额度。随后，为了大力推进中国资本市场开放进程和满足境外投资者的需求，证监会在2003年8月—2019年1月，总共调整了5次QFII的投资额度，从2003年的40亿美元提升至2019年的3000亿美元。在5次QFII的投资额度调整中，有3次小规模的额度调整和2次大规模的额度调整，其中，3次小规模的额度调整集中在2003—2012年，QFII投资额度由2003年的40亿美元上调至2012年的800亿美元；2次大规模的额度上调则主要集中在2012年之后，从800亿美元调整至1500亿美元，直到2019年1月再次将额度提升至3000亿美元，甚至在2019年9月10日，国家外汇管理局通过对《合格境外机构投资者境内证券投资外汇管理规定》进行修订后，直接取消了QFII的投资额度限制和对单家QFII投资额度的备案和审批。QFII投资额度的不断增加，进一步推动了中国资本市场开放进程。

（二）合格境内机构投资者（QDII）

为了使国内投资者能配置境外资产，中国证监会于2007年6月18日发布了《合格境内机构投资者境外证券投资管理试行办法》，QDII制度开始正式运行。QDII允许国内投资者将资金投资于国外资本市场并获取收益。但QFII和QDII的投资额度都是有限的，它们只能在国家外汇管理局所批准的额度范围内进行投资。尽管如此，这一举措也有利于中国国际竞争力的提高以及人民币国际化进程的加快。

（三）人民币合格境外机构投资者（RQFII）

在B股、QFII制度的实施过程中，境外机构投资者购买国内资本市场的股票时需要将外汇资金兑换成人民币，为了使其能直接使用人民币进行投资，又出台了人民币合格境外机构投资者（RQFII）制度。RQFII（RMB Qualified Foreign Institutional Investors）是指人民币合格境外机构投资者，该制度允许境外机构投资者用额度批准范围内的人民币直接投资境内的股票市场。RQFII制度为境外的人民币持有者提供了投资渠道，同时加快了人民币国际化进程，促进了国内资本市场发展，也更加完善了QFII制度。

RQFII 制度于 2011 年 12 月推出，首先在香港地区进行起步金额为 200 亿元的试点。随后，为推进中国资本市场开放进程，中国证监会联合中央人民银行及国家外汇管理局多次发布公告对 RQFII 的投资额度以及试点地区作出调整。其中，首先，在 2012—2013 年 RQFII 的投资额度有 1 次小规模和 1 次大规模的额度调整，2012 年 12 月时的投资总额度已经达到了 2700 亿元，相较于 2011 年的起步金额 200 亿元来说，增加了 2500 亿元，之后几年里也曾多次上调投资额度，甚至在 2019 年直接取消了 QFII 投资额度限制。其次，是在 2015 年 12 月对 RQFII 试点地区的扩大。2019 年，国家外汇管理局再次对 RQFII 进行修改，不再限制 RQFII 的试点国家和地区。目前对 RQFII 的扩大开放不仅仅在于投资额度限制的取消，还表现在投资产品的扩充上。2020 年 10 月，证监会发布公告，批准人民币合格境外机构投资者可以投资金融衍生产品，并于 2021 年 11 月开始执行。这一步开放又激起了大批境外投资者的投资欲望和兴趣，再一次加快了金融开放的脚步。

三、资本市场高水平开放阶段

自党的十八届三中全会提出要扩大金融业对外开放以来，国务院发布了《关于进一步促进资本市场健康发展的若干意见》等文件，指出要加强与香港、澳门特别行政区的监督合作。为了贯彻落实党中央的决定，加快资本市场开放的进程，中国证监会联合香港证监会等在 2014 年后分别推出沪港通、深港通、债券通和沪伦通等股票市场和债券市场互联互通交易机制，进一步推进了内地资本市场与香港资本市场以及国外资本市场的双向开放。

（一）沪港通制度确立

沪港通由中国证监会在 2014 年 4 月 10 日正式批复开展互联互通机制试点，并于 2014 年 11 月 17 日正式启动。沪港通允许上海和香港两地的投资者通过当地的证券公司买卖规定范围内对方交易所上市的股票，初步实现了资本市场的双向开放。沪港通包括沪股通和港股通两部分，其中，沪股通和港股通在试点初期都有交易股票范围的限制，沪股通股票范围主要包括上证 180 指数和上证 380 指数成份股以及上海证券交易所上市的 A + H股公司股票，共计 568 只；港股通股票主要包括恒生综合大型股指数和恒生综合中型股指数成份股以及同时在上交所和联交所上市的 A + H 股公司股票，共计 268 只。而且，上海证券交易所也对沪股通和港股通的交易额度有规定，沪股通的总额度为 3000 亿元人民币，每日额度为 130

亿元人民币；而港股通总额度为2500亿元人民币，每日额度为105亿元人民币，沪股通的额度稍大于港股通额度。此外，沪股通对境外投资者的投资资格没有限制，但参与港股通交易的投资者仅限于机构投资者及证券账户和资金账户余额合计不低于人民币50万元的个人投资者。试点期间，沪港通的运行情况较为平稳，因此在2016年深港通开通之际，便取消了沪港通的总额度，仅保留每日额度；并且在随后两年，中国证监会同香港证券及期货事务监察委员会又联合发布公告，将沪港通的每日额度扩大了四倍。

（二）深港通制度开通

在沪港通平稳运行两年后，中国证监会又于2016年12月5日正式启动了深港股票市场互联互通机制（以下简称“深港通”）。深港通允许深圳和香港两地的投资者通过当地的证券公司买卖规定范围内的对方交易所上市的股票。深港通也分为两部分，即深股通和港股通，其中，试点初期深股通的股票范围是市值60亿元人民币及以上的深证成份指数和深证中小创新指数的成份股，以及深圳证券交易所上市的A+H股公司股票，共计881只；港股通的股票范围是恒生综合大型股指数的成份股、恒生综合中型股指数的成份股、市值50亿元港币及以上的恒生综合小型股指数的成份股，以及香港联合交易所上市的A+H股公司股票，共计420只。但深港通在投资额度上的安排有所改变，深港通不再设置总额度，每日额度同沪港通的设置额度一致，深股通每日额度130亿元人民币，深港通下的港股通每日额度105亿元人民币，但每日额度可随沪深港通具体的运行情况进行调整。因此，在2018年4月11日，中国证监会也将深港通的每日额度扩大了四倍，即深股通的每日额度调整至520亿元人民币；港股通的每日额度调整至420亿元人民币。为更进一步完善沪深港通互联互通机制，沪深港三个交易所在2020年11月27日已同意将科创板股票纳入沪深港通的股票范围中。

（三）债券通制度实施

在沪港和深港股票市场互联互通交易机制开通后，中国又设计推出了债券市场的互联互通交易机制。2017年7月3日，中国人民银行发布内地与香港债券市场互联互通合作（简称“债券通”）上线试运行，即境外投资者经由债券通投资于内地银行间债券市场的机制安排。初期主要开通北向通，日后再开通南向通，优先满足境外投资者投资国内债券的需求，为实现双向开放积累经验，再慢慢推进国内投资者投资境外债券。2021年9月15日，中国人民银行发布关于南向通的《联合公告》，并在同年的9月24日正式开始运行南向通。债券通是中国债券市场对外开放的一项创新举措，它的开通不仅为境外投资者提供了一条直接投资中国债券的捷径，增加了投资渠道，也有利于中国债券市场的发展。此外，在沪深港通实施后，债券通的推出更进一步加强了内地与香港之间的合作，并且对金融市场开放以及巩固香港的国际金融中心地位有重要意义。

（四）沪伦通制度设立

2018年10月12日，证监会正式发布《关于上海证券交易所与伦敦证券交易所互联互通存托凭证业务的监管规定（试行）》，自公布之日起施行。2018年12月14日，沪伦通首先在上海启动，于2019年6月17日正式在英国伦敦运行。沪伦通不同于沪深港通制度，首次实现了产品的跨境交易。沪伦通允许上海和伦敦两地的上市公司发行存托凭证（DR）并在对方交易市场上市交易，初步实现了上海与伦敦两地资本市场的互联互通。沪伦通是继沪港通、深港通、债券通后，中国资本市场双向开放持续推进的又一项重大举措，进一步加快了中国资本市场的国际化进程。沪伦通创新了资本市场开放的新模式，是对沪港通制度的进一步完善和改进。这一机制的推出不仅解决了两地交易所跨时跨区的交易问题，也为境内投资者提供了一种新的投资品种。此外，沪伦通的推出对中国资本市场扩大双向开放具有积极意义，它为中国企业和投资者的投融资活动提供了便利，内地企业可以在境外资本市场进行融资，境内投资者在内地就可以投资境外产品，有利于促进中英之间的金融交易和合作。

中国资本市场开放的制度变迁如表4－1所示。

表4－1　　　中国资本市场开放的制度变迁史

开放阶段	制度安排	启动时间	开放事项
初步开放阶段（1992—2001年）	B股	1992年2月	1992年2月21日，B股正式在中国证券交易所上推出，B股市场迎来的第一只股票是上海电真空，这是中国资本市场对外开放的第一步
	H股	1993年7月	1993年7月，在中国证监会允许内地企业在香港证券市场通过发行H股上市后，青岛啤酒成为首家在香港证券市场上市的企业，此后便掀起了国内企业发行H股上市的高潮

续表

开放阶段	制度安排	启动时间	开放事项
过渡性开放阶段（2002—2013年）	合格境外机构投资者（QFII）	2002年12月	2002年12月，中国证监会和中国人民银行联合发布了《合格境外机构投资者境内证券投资管理暂行办法》，标志着QFII制度正式形成 2003年5月，瑞士银行成为第一批由中国证监会批准的合格境外投资机构投资者
			2004年，国务院发布《关于推进资本市场改革开放和稳定发展的若干意见》，鼓励符合条件的境外机构参股证券公司和基金管理公司，继续试行QFII制度
			2005年8月—2019年1月，中国证监会、中国人民银行同国家外汇管理局共调整了4次QFII投资额度，从2005年的100亿美元提升至2019年的3000亿美元
			2019年9月10日，国家外汇管理局对《合格境外机构投资者境内证券投资外汇管理规定》进行了修订，直接取消了QFII的投资额度限制和对单家QFII投资额度的备案和审批
	合格境内机构投资者（QDII）	2007年6月	2007年6月18日，中国证监会发布了《合格境内机构投资者境外证券投资管理试行办法》，QDII制度开始正式运行
	人民币境外合格机构投资者（RQFII）	2011年8月	2011年12月，人民币合格境外机构投资者（RQFII）制度正式启动，起步金额为200亿元
			2012年4月3日，中国证监会、中国人民银行和国家外汇管理局决定增加人民币合格境外机构投资者（RQFII）投资额度500亿元
			2012年12月，证监会再次将RQFII的投资额度提升2000亿元，总额度达到了2700亿元
			2015年12月，中国人民银行同意扩大RQFII的试点地区，投资额度为500亿元人民币
			2019年9月10日，国家外汇管理局对《合格境外机构投资者境内证券投资外汇管理规定》进行了修订，其中主要是取消了RQFII的投资额度限制，也不再限制RQFII试点的国家和地区
			2020年10月15日，证监会发布了《关于合格境外机构投资者和人民币合格境外机构投资者参与金融衍生品交易的公告》，允许合格境外机构投资者投资三种金融衍生产品，并于2021年11月1日开始执行

续表

开放阶段	制度安排	启动时间	开放事项
高水平开放阶段（2014 年至今）	沪港通	2014 年 11 月	2014 年，国务院发布《关于进一步促进资本市场健康发展的若干意见》，指出要加强与香港、澳门特别行政区的监督合作
			沪港通由中国证监会在 2014 年 4 月 10 日正式批复开展互联互通机制试点
			2014 年 9 月 26 日，上海证券交易所发布《上海证券交易所沪港通试点办法》，明确了对沪港通试点初期实行交易额度、交易股票范围以及投资者资格的限制
			2016 年 8 月 16 日，中国证监会、香港证监会发布《联合公告》，取消沪深港通的总额度限制，但每日额度不变
			2018 年 4 月 11 日，中国证监会同香港证券及期货事务监察委员会发布有关同意扩大每日额度的《联合公告》，将沪深港通的每日额度提升 4 倍左右
	深港通	2016 年 12 月	2016 年 8 月 16 日，国务院批准《深港通实施方案》，中国证监会、香港证监会发布《联合公告》，在同年的 12 月 5 日，正式开通深港通，取消沪深港通的总额度限制，但每日额度不变
			2018 年 4 月 11 日，中国证监会同香港证券及期货事务监察委员会发布有关同意扩大每日额度的《联合公告》，将沪深港通的每日额度提升 4 倍左右
			2020 年 11 月 27 日，沪、深、港三个交易所同意将科创板股票纳入沪深港通的股票范围中
	债券通	2017 年 7 月	2017 年 7 月 3 日，中国人民银行发布内地与香港债券市场互联互通合作上线试运行，初期主要开通“北向通”
			2021 年 9 月 15 日，中国人民银行发布关于南向通的《联合公告》，并在同年的 9 月 24 日正式开始运行“南向通”
	沪伦通	2018 年 12 月	2015 年 9 月举行的第七次中英财经经济对话中首次提出中英双方要共同推进金融市场基础设施建设合作
			2018 年 10 月 12 日，证监会正式发布《关于上海证券交易所与伦敦证券交易所互联互通存托凭证业务的监管规定（试行）》，同年的 12 月 14 日，沪伦通计划首先在上海启动
			2019 年 6 月 17 日，沪伦通正式在英国伦敦启动

第二节　沪深港通制度运行的现状特征

沪深港通是近年来中国资本市场开放的一项重要创新举措，2014 年沪港通的开通打开了资本市场高水平双向开放的大门，2016 年深港通的启动则进一步推动了资本市场双向开放的进程。就目前沪深港通的运行现状分析发现，在沪深港通开通后，沪深港通标的公司数量不断增加；资金净流入量呈现不断增加的趋势，沪深港通的资金流入状况较好；持股市值不断增长；平均持股比例也不断上升。由此可见，沪深港通制度目前的运行状况较好，内地资本市场和香港资本市场的双向开放正在平稳地进行中。沪深港通的开通不仅吸引了境外投资者进入内地资本市场进行投资，为 A 股市场带来大量持续不断的境外资金，而且也为内地投资者投资香港股票提供了途径，有效加深了两地资本市场的合作，对推动中国资本市场高水平双向开放发挥了巨大作用。为深入了解沪深港通制度的运行现状特征，本节从沪深港通标的公司变化情况、沪深港通资金净流入情况、沪深港通持股市值变化趋势、沪深港通持股行业分布四个方面进行分类考察。

一、沪深港通标的公司变化情况

沪深港通弥补了合格境外机构投资者（QFII）制度中仅限于境外机构投资者对 A 股市场投资的缺陷，满足了个人投资者投资国内股票市场的需求，自开通以来便深受境外投资者的欢迎。但由于初期所交易的股票范围和数量都有限定，暂不能满足投资者的投资需求。因此，香港交易所对标的公司进行了多次调整。

首先，表 4－2 列示了沪港通标的公司的变化情况（沪港通标的分为沪股通和港股通标的）。其中，2014—2021 年，沪股通标的公司（可供香港联交所开户的境外投资者自由交易的沪市上市公司）数量一直维持在 570 家左右，港股通标的公司（可供上海证券交易所开户的境内投资者自由交易的港交所上市公司）数量则呈现出较为明显的增长趋势。沪股通标的公司在沪港通开通时的数量为 568 家，经过 6 次大规模调整和数次小规模调整后，在 2021 年年底增加到 588 家；港股通的标的公司首次调入 268 家，经历了 4 次大规模的调整和数次小规模调整后，2021 年年底增加至 376 家，较开通时增加了 108 家。

表 4－2　　沪港通标的公司变化情况　　单位：家

调整日期	沪股通				港股通（沪）			
	加入	移除	净变化	标的公司	加入	移除	净变化	标的公司
2014/11/17	568	0	568	568	268	0	268	268
2014/12	28	－27	1	569	5	0	5	273
2015/1—2015/6	36	－36	0	569	21	－8	13	286
2015/7—2015/12	34	－34	0	569	18	－8	10	296
2016/1—2016/6	31	－33	－2	567	25	－4	21	317
2016/7—2016/12	37	－30	7	574	21	－22	－1	316
2017/1—2017/6	45	－47	－2	572	9	－15	－6	310
2017/7—2017/12	43	－41	2	574	15	－14	1	311
2018/1—2018/6	46	－45	1	575	18	－12	6	317
2018/7—2018/12	43	－45	－2	573	20	－14	6	323
2019/1—2019/6	44	－41	3	576	17	－14	3	326
2019/7—2019/12	41	－41	0	576	13	－11	2	328
2020/1—2020/6	32	－35	－3	573	7	－17	－10	318
2020/7—2020/12	35	－37	－2	571	24	－17	7	325
2021/1—2021/6	49	－36	13	584	59	－16	43	368
2021/7—2021/12	49	－45	4	588	18	－10	8	376
总数	1161	－573	588	588	558	－182	376	376

数据来源：国泰安数据库。

其次，表 4－3 列示了深港通标的公司变化情况。其中，2016—2021 年，深股通标的公司数量基本维持在 880 家左右，港股通标的公司数量则呈现出较为明显的增长趋势。深股通标的公司在深港通开通时的数量为 881 家，经历了 3 次大规模的调整和数次小规模的调整后，在 2021 年年底增加至 895 家；港股通标的公司首次调入 418 家，经历了 3 次大规模调整和数次小规模调整后，2021 年年底增加至 528 家，较 2016 年开通时增加了 110 家。

表 4－3　　深港通标的公司变化情况　　单位：家

调整日期	深股通				港股通（深）			
	加入	移除	净变化	标的公司	加入	移除	净变化	标的公司
2016/12/5	881	0	881	881	420	－2	418	418
2017/1—2017/6	77	－56	21	902	27	－27	0	418
2017/7—2017/12	83	－40	43	945	44	－17	27	445

续表

调整日期	深股通				港股通（深）			
	加入	移除	净变化	标的公司	加入	移除	净变化	标的公司
2018/1—2018/6	60	-105	-45	900	35	-17	18	463
2018/7—2018/12	61	-98	-37	863	43	-27	16	479
2019/1—2019/6	100	-276	-176	687	28	-25	3	482
2019/7—2019/12	77	-54	23	710	28	-34	-6	476
2020/1—2020/6	127	-37	90	800	24	-25	-1	475
2020/7—2020/12	126	-39	87	887	45	-22	23	498
2021/1—2021/6	68	-104	-36	851	43	-17	26	524
2021/7—2021/12	86	-42	44	895	22	-18	4	528
总数	1746	-851	895	895	759	-231	528	528

数据来源：国泰安数据库。

最后，沪深港通整体的标的公司变化情况如表 4-4 所示。总体而言，沪深港通标的公司总体数量一直稳步增长。在深港通开通之后，2017 年年底沪深股通的标的公司数量猛增，从 568 家增加到 1519 家。此后，经过 3 次大规模的调整和数次小规模的调整，2021 年年底沪深股通标的公司数量增加至 1483 家。港股通标的公司在沪港通开通时的数量为 268 家，深港通开通之后，在 2017 年年底增加至 756 家。此后，经历了 5 次大规模的加入和数次小规模的移除调整，标的公司数量从 2014 年开通时的 268 家增加至 2021 年的 904 家，总共增加了 636 家。沪深港通标的公司数量的增加，无疑会更进一步促进内地资本市场与香港资本市场之间的合作。

表 4-4　　沪深港通标的公司变化情况　　单位：家

调整日期	沪深股通				港股通（沪深）			
	加入	移除	净变化	标的公司	加入	移除	净变化	标的公司
2014/11/17	568	0	568	568	268	0	268	268
2014/12	28	-27	1	569	5	0	5	273
2015/1—2015/6	36	-36	0	569	21	-8	13	286
2015/7—2015/12	34	-34	0	569	18	-8	10	296
2016/1—2016/6	31	-33	-2	567	25	-4	21	317
2016/7—2016/12	918	-30	888	1455	441	-24	417	734
2017/1—2017/6	122	-103	19	1474	36	-42	-6	728
2017/7—2017/12	126	-81	45	1519	59	-31	28	756

续表

调整日期	沪深股通				港股通（沪深）			
	加入	移除	净变化	标的公司	加入	移除	净变化	标的公司
2018/1—2018/6	106	-150	-44	1475	53	-29	24	780
2018/7—2018/12	104	-143	-39	1436	63	-41	22	802
2019/1—2019/6	144	-317	-173	1236	45	-39	6	808
2019/7—2019/12	118	-95	23	1286	41	-45	-4	804
2020/1—2020/6	159	-72	87	1373	31	-42	-11	793
2020/7—2020/12	161	-76	85	1458	69	-39	30	823
2021/1—2021/6	117	-140	-23	1435	102	-33	69	892
2021/7—2021/12	135	-87	48	1483	40	-28	12	904
总数	2907	-1424	1483	1483	1317	-413	904	904

数据来源：国泰安数据库。

二、沪深港通资金净流入情况

首先，沪港通的资金净流入情况如图 4－1 所示。总体而言，沪股通的资金净流入量一直保持稳步增加，港股通的资金净流入量大致上也呈现出增长的趋势。其中，在沪港通开通 2 年后，2016 年沪股通的资金净流入量便首次突破 1000 亿元。但 2017 年，境外资金通过沪股通流入内地资本市场的金额为 798.29 亿元，相比于 2016 年有所下降。此后，中国证监会联合香港证监会发布公告，决定取消沪港通的资金总额度限制，沪股通的资金净流入量增速加快。2018 年，境外资金通过沪股通流入内地资本市场的金额达到 2079.62 亿元，同比增长 1.6 倍。截至 2021 年年底，沪股通的资金净流入量达到历史最高值，高达 5342.92 亿元，较 2015 年的 818.65 亿元增加了 4524.27 亿元，6 年间增长了 5.53 倍；比 2018 年的 2079.62 亿元增加了 3263.3 亿元，3 年间增长了 1.57 倍。港股通在 2014 年开通后，港股通的资金净流入量从 2014 年的 122.77 亿元增长到 2015 年的 1345.78 亿元，增长了 9.96 倍。这说明，沪深港通开通后，沪市投资者纷纷通过港股通投资香港资本市场的股票，大量沪市场内资金不断流往香港股市，港股通资金净流入量出现爆发式增长。2017 年，港股通的资金净流入量达到 3063.68 亿元，首次突破 3000 亿元。2018 年，中国证监会同意将沪港通的每日额度提升 4 倍，港股通每日额度由 105 亿元调整到 420 亿元。此后，港股通资金净流入量保持较快速度增长。2020 年，港股通的资金净流入量达到6年来的最大值，高达4659.17亿元。截至2021年年底，港股通的资金净流入量达到3052.48亿元，较2015年的1345.78亿元，增加了1706.7亿元，6年间增长了1.27倍。可见，沪港通的实施效果显著，有效促进了资金在沪港两地自由流动，有利于资本市场双向开放顺利进行。

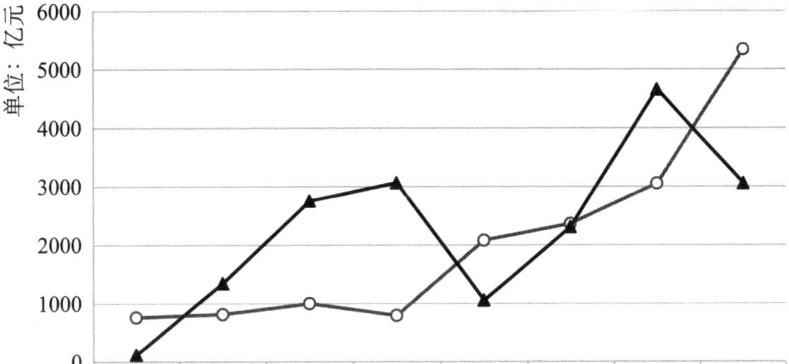

	2014年	2015年	2016年	2017年	2018年	2019年	2020年	2021年
沪股通	764.1	818.65	1000.22	798.29	2079.62	2362.53	3053.53	5342.92
港股通（沪）	122.77	1345.78	2753.1	3063.68	1057.02	2306.6	4659.17	3052.48

数据来源：东方财富网。

图4-1　2014—2021年沪港通的资金净流入

其次，图4-2列示了深港通的资金净流入变化情况。总体而言，深港通自2016年启动之后，深股通和港股通的资金净流入量均保持稳步增加。其中，2016—2021年，在深港通最初开通的两年内，深股通的资金净流入量有所波动。2017年，境外资金通过深股通流入国内资本市场的金额达到1504.36亿元，首次突破了1500亿元。但2018年，深股通资金净流入量出现小幅度减少，净流入量为1297.4亿元，同2017年相比减少了202.96亿元。2018年，中国证监会决定将深港通的每日额度扩大4倍，深股通每日额度从130亿元提高到520亿元，提升了境外投资者参与A股市场交易的便利度。此后，深股通资金净流入量呈现逐年递增的趋势。2019年，深股通资金净流入量达到2662.64亿元，同2018年相比增长了1.05倍。截至2021年年底，深股通资金净流入量达到开通以来的最高值，为6463.88亿元，较2017年的1504.36亿元增加了4959.52亿元，增长了3.3倍。港股通在2016年启动之后，大量深市内地资金流入香港资本市场，港股通资金净流入量逐年递增。2017年，港股通资金净流入量达到1395.2亿元，首次突破1000亿元。截至2021年年底，港股通资金净流入量达到5100.55亿元，较2017年增加了3705.35亿元。可见，深港通的开通不仅为中国内地市场带来了大量持续不断的境外资金，还为香港资本市场注入了深市场内资金，增加了香港资本市场的活力，有效地促进了深市和港市的资金流动，增强了两地资本市场的互联互通。

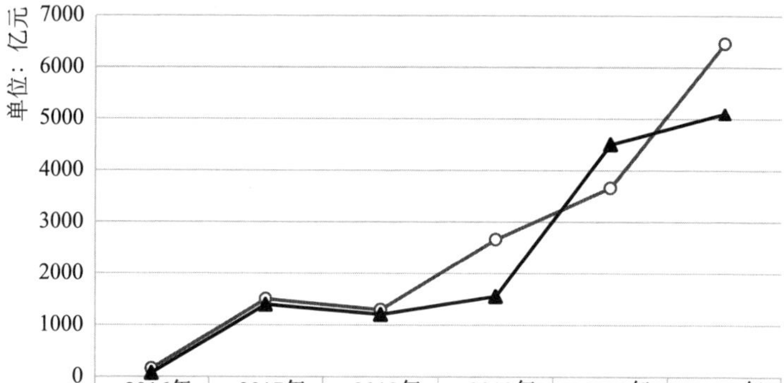

	2016年	2017年	2018年	2019年	2020年	2021年
—○—深股通	160.43	1504.36	1297.4	2662.64	3663.22	6463.88
—▲—港股通（深）	72.44	1395.2	1203.32	1555.85	4503.68	5100.55

数据来源：东方财富网。

图4-2　2016—2021年深港通的资金净流入

最后，沪深港通整体的资金净流入变化情况如图4-3所示。总体而言，沪深股通和沪深两市港股通的资金净流入量大致上均呈现不断增长的趋势。其中，2014—2021年，沪深股通的资金净流入量逐年增加，且增长速度持续加快。2015年，沪深股通资金净流入量达到818.65亿元；2016年，沪深股通资金净流入量达到1160.65亿元，同比增长42%。截至2021年年底，沪股通和深股通的资金净流入量合计达到11806.8亿元，同2015年相比增加了10988.15亿元。为国内A股市场带来了大量的境外资金。2014—2021年，沪市港股通和深市港股通的资金净流入量有所波动，但整体也呈现出增长的趋势。其中，2017年沪深两市港股通的资金净流入量达到4458.88亿元，首次突破4000亿元。但2018年的港股通资金净流入量却出现一定程度减少，资金净流入量减少至2260.34亿元，同2017年相比减少了2198.54亿元。但此后，随着港股通每日额度的扩大，港股通资金净流入量也逐年增加。截至2021年年底，沪市港股通和深市港股通的资金净流入量合计达到8153.03亿元，较2015年的1345.78亿元，增加了6807.25亿元，增长了5.06倍。由此可以看出，香港资本市场也同样引进了大量内地资金。

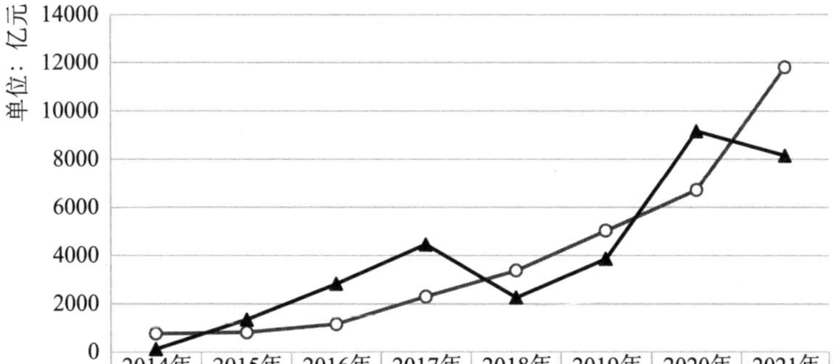

	2014年	2015年	2016年	2017年	2018年	2019年	2020年	2021年
沪深股通	764.1	818.65	1160.65	2302.65	3377.02	5025.17	6716.75	11806.8
港股通（沪深）	122.77	1345.78	2825.54	4458.88	2260.34	3862.45	9162.85	8153.03

数据来源：东方财富网。

图 4 -3　2014—2021 年沪深港通的资金净流入

三、沪深港通持股市值变化趋势

首先，沪股通的持股市值变化情况如图 4 -4 所示。总体而言，自沪港通制度实施以来，沪股通的持股市值一直保持稳步增长。其中，在沪港通机制启动一年之后，沪股通市值便开始增加，2015 年的持股市值达到了 1030 亿元，较 2014 年增长了 1.5 倍。

数据来源：国泰安数据库，本章下同。

图 4 -4　2014—2021 年沪股通的持股市值①

① 沪港通持股市值是通过将香港中央结算有限公司每年所持有的沪港通标的公司的股票数量乘以标的公司股票的年末价格计算出持股市值，再将每一年内香港中央结算有限公司所持有的沪港通标的公司的股票市值加总统计得出。

此后，沪股通持股市值的增长速度并未减慢，2017 年的持股市值首次突破 2000 亿元，达到了 2280 亿元，同上一年相比增长了 94.87%。2017 年之后，沪股通持股市值呈现直线上涨的趋势，2019 年，沪股通持股市值达到 5520 亿元，同比增长 58%。2020 年，沪股通持股市值增长至 8330 亿元，同比增长 51%。截至 2021 年年底，沪股通持股市值增长至 11600 亿元，首次突破 10000 亿元，较 2014 年的 411 亿元增加了 11189 亿元，增长了 27.2 倍。

其次，深股通的持股市值变化情况如图 4－5 所示。总体而言，自深港通启动以来，深股通持股市值呈现出不断增长的趋势。其中，2016—2021 年，深股通持股市值逐年递增，且增长速度持续加快。2017 年，深股通持股市值达到 1490 亿元，同 2016 年深港通开通之初的仅 54.5 亿元相比增加了 1435.5 亿元。2018 年，深股通持股市值增长至 2340 亿元，首次突破 2000 亿元。此后，深港通总体运行趋于稳定，深股通持股市值也开始稳步增长。2019 年，深股通的持股市值已增长至 4640 亿元，同比增长 98%。2020 年，深股通持股市值达到 8010 亿元，较 2019 年的 4640 亿元，增加了 3370 亿元，同比增长 72%。截至 2021 年年末，深股通的持股市值达到开通以来的最高值，为 12500 亿元，较 2017 年的 1490 亿元增长了 7.39 倍。

图 4－5　2016—2021 年深股通的持股市值

最后，沪深股通整体的持股市值变化情况如图 4－6 所示，总体而言，自沪深港通制度实施以来，沪深股通的持股市值不断增长。其中，在沪港通开通两年内，沪深股通持股市值增长速度较为缓慢，但在深港通启动之后，沪深股通持股市值整体呈现出直线上涨的趋势。2017 年，沪深股通的持股市值达到 3770 亿元，同 2016 年相比增加 2545.5 亿元；

2019 年，沪股通和深股通的持股市值合计达到 10160 亿元，首次突破 10000 亿元。截至 2021 年年底，沪深股通持股市值增长至 24100 亿元，较 2014 年的 411 亿元增加了 23689 亿元，相较于制度实施之初增长了 58 倍。

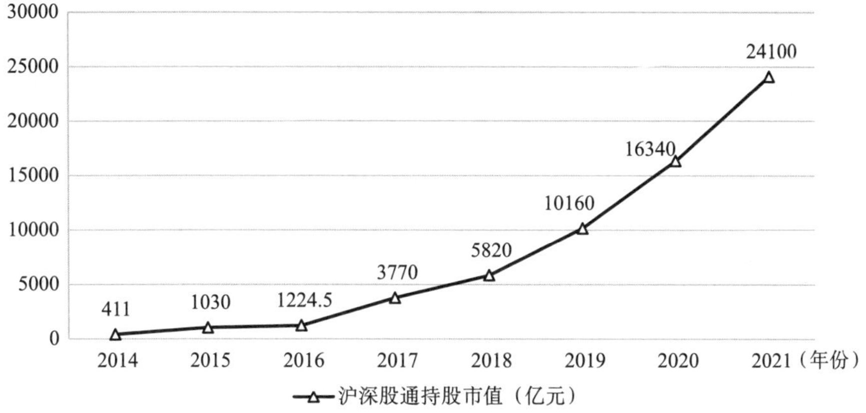

图 4 –6　2014—2021 年沪深股通的持股市值

四、沪深港通持股行业分布

沪深港通持股行业分布情况如图 4 –7 所示。总体而言，2014—2021 年，境外投资者偏好持有中国制造产业和服务产业的公司股票。其中，制造业、住宿和餐饮业以及社会工作等行业的沪深港通平均持股比例较高。制造业的沪深港通平均持股比例达到 1. 37%，住宿和餐饮业、科学研究和技术服务业的平均持股比例均在 1. 7% 左右，属于服务业中的卫生和社会工作的平均持股比例则高达 3% 以上。此外，其余行业的沪深港通平均持股比例也不低，大多均在 1% 上下浮动。而且境外投资者一般偏好持有行业中的蓝筹股、高市值股票以及龙头企业的股票。

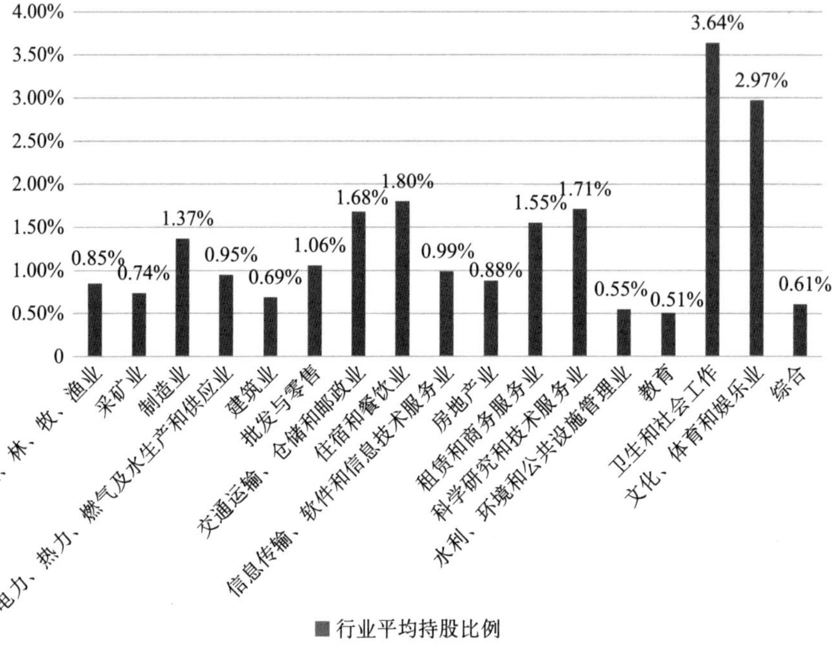

图 4－7　2014—2021 年沪深港通持股行业分布①

① 沪深港通的行业持股比例是按照国民经济行业类别将 2014—2021 年香港中央结算有限公司所持有的沪深港通标的公司持股数量加总，再分别除以 2014—2021 年同一行业中公司股份之和统计得出。

第三篇　资本市场开放与市场参与主体行为

第五章　资本市场开放与公司信息披露行为

第一节　引言

上市公司信息披露是公众公司与投资者进行全面沟通的桥梁，是投资者判断上市公司是否值得投资的重要依据。现有研究表明，信息披露质量的提高，将会吸引更多机构和分析师，减轻信息不对称程度，增强股票的流动性，企业面临的融资成本越低。由此可见，改善公司信息披露行为，提高信息披露质量是维持中国资本市场稳定，促进中国资本市场健康发展的基础。

沪深港通作为中国资本市场开放的试点项目，对完善中国资本市场具有重要的意义。相关文献表明，资本市场开放可以提高股价信息含量（钟覃琳和陆正飞，2018）、公司投资效率（陈运森和黄建峤，2019）、企业审计质量（Deng et al.，2022）、降低高管在职消费水平（孙泽宇和齐保垒，2021）等。沪深港通制度的设立会对资本市场的参与主体产生影响。中国证监会等监管机构鼓励上市公司提高信息披露质量，上市公司作为市场中重要的信息供给者，很可能针对新制度中的信息披露要求作出响应，也可能为了吸引境外投资者主动完善其信息披露的内容和质量。例如，沪深港通开通以后，中国最为著名的白酒上市公司贵州茅台酒股份有限公司（600519）在年报中增加了英文版本，以满足国际投资者的需求，并提供了关于公司治理、环境保护和社会责任的详细信息；作为全球最大的建筑公司之一，中国建筑股份有限公司（601668）在年报中增加了对重大项目和海外业务的详细描述，以及对公司治理和风险管理的深入分析。基于以上分析，本章从上市公司信息披露行为的视角探究沪深港通这一资本市场开放制度对市场参与者行为的影响。

本章以沪市上市公司2008—2020年和深市上市公司2012—2020年的数据为研究样本，采用多时点双重差分模型，考察沪港通、深港通对内地公司信息披露行为的影响。此外，本章用 *KV* 指数和应计盈余管理来度量公司信息披露质量。实证结果显示，资本市场开放会显著提高公司的信息披露质量。在进行更换回归模型、改变样本量等稳健性检验后，上述结论仍然成立。异质性检验发现，资本市场开放对企业信息披露质量的影响在非国有企业、两职合一、成长性较高、两权分离度较高的公司中更显著。

本章可能存在的边际贡献有：(1) 本章从资本市场开放制度建设的视角出发，研究沪深港通对公司信息披露质量的影响，丰富了信息披露质量相关研究。现有文献主要研究了公司信息披露政策法规对信息披露质量的影响，较少有文献研究沪深港通制度对公司信息披露质量的影响。因此，本章为如何提升公司信息披露质量提供了一个新的视角。(2) 本章为进一步实施资本市场开放相关政策提供了理论依据和启示。虽然国内外与资本市场开放相关的文献较多，但中国的资本市场和政治经济制度背景特殊，国外的开放经验不一定适用于中国市场，并且中国正在积极进行资本市场开放制度建设，沪深港通正是其中最为重要的创新项目。因此，我们将对这两个试点项目进行更详细的研究，为中国进一步扩大资本市场开放提供理论支撑和经验依据。

第二节　理论分析与假设提出

由 Spence (1973) 提出的信号传递理论可知，信号是指可观察且可改变的属性，市场发出的信号会对市场参与者行为产生影响。沪深港通标的公司具有规模大、在行业中有代表性、股票流动性强等信号特征，沪深港通允许香港投资者通过当地证券公司或经纪商买卖沪深两市标的公司股票，即境外机构投资者可以直接对中国 A 股市场中的部分公司进行投资，这些信号必然会影响境内外机构投资者的投资行为。Badrinath 等 (1996) 和 Pinnuck (2004) 研究发现，机构投资者更愿意对规模大、流动性强、上市时间长的股票进行投资。总体来看，机构投资者对规模大的公司进行持股的偏好更强 (Bennett et al., 2003)。与非标的公司相比，境内外机构投资者对标的公司股票的持股偏好更强，标的公司更能吸引境内外机构投资者投资。而机构投资者持股比例越高，机构投资者对公司的监督作用越强，公司外部治理环境越好，公司的信息披露质量越可能上升；境外机构投资者持股比例越高，公司信息披露质量越高 (李春涛等, 2018)。综上所述，沪深港通实施发出的信号会吸引境内外机构投资者，加强沪深两市标的公司的外部治理效应，从而使标的公司的信息披露质量提升。

沪深港通中与信息披露相关的规则指出，沪深港通公司应当履行信息披露义务，确保信息披露的真实、准确、完整、及时和公平，而这些要求可能对标的公司信息披露产生影响。DiMaggio 和 Powell（1983）以及 Meyer 和 Rowan（1977）提出的组织制度理论中指出，外部环境中的制度会约束组织的结构和行为。现有研究表明制度的确会对公司的行为产生影响，只不过这种影响可能是直接的，也可能是间接的。一方面，制度变革会对公司行为产生直接影响，例如，环境信息披露法律法规的颁布及实施提高了公司环境信息披露质量（毕茜等，2012）。另一方面，制度对公司行为会产生间接影响，例如，以“是否连续亏损”作为中国上市公司退市依据的制度，会使那些处于退市边缘的 ST 公司更有可能采取过度计提资产减值准备的方式来避免退市，而这种扭曲的会计行为进一步导致 ST 公司信息披露质量低下（吴锡皓和周晓苏，2014）；融券机制对公司信息披露违规行为的抑制作用，在一定程度上促进了上市公司信息披露质量的提升（杨慧辉和刘伟，2018）；深圳证券交易所出台的《社会责任指引》不仅提升了上市公司披露环境信息的概率，还提升了上市公司的环境信息披露质量（钱雪松和彭颖，2018）。通过以上分析可知，制度的实施的确会对公司行为造成影响。因此，为了满足沪深港通制度的要求，沪深两市标的公司可能会提升其信息披露质量。综上所述，沪深港通实施后，沪深两市标的公司会提升信息披露质量。

Bushman 等（2004）将透明度定义为公司特定信息的有效性，并把透明度分为两种：一种为财务透明度（与国家的政治制度相关），是指财务信息披露的强度与时效性，这一财务信息是由分析师与媒体进行解释和传播的；而另一种为治理透明度（与国家的法律和司法制度有关），是指管理当局向投资者解释高管和董事披露的治理信息的强度。公司透明度是指公司财务与管理信息的公开披露程度（汪炜和蒋高峰，2004），也指自愿信息披露水平（崔学刚，2004）。由以上定义可知，信息披露与信息透明度两者联系十分紧密，信息披露必然会对信息透明度产生影响。也有学者利用信息披露评价系统的评价结果来衡量信息透明度（谭劲松等，2010）。当然，信息披露与信息透明度的关系远不止此，还有文献指出，无论从制度的建设上还是从执法与监管上看，信息披露都会对信息的透明度产生影响，公司信息披露的加强会提升公司的信息透明度（游家兴和李斌，2007）。从文献研究来看，信息披露质量与信息透明度是同方向变动的，并且信息披露质量与信息透明度都可以指信息披露。因此，资本市场开放会促进公司信息透明度的提升。

基于以上分析，提出以下假设：

H1：沪深港通启动后，标的公司信息披露行为会得到改善。

随着资本市场的开放，政府和监管机构通常会出台更加严格的会计准则和披露要求，以符合国际标准。这些规定减少了会计政策选择的自由度，限制了盈余管理的空间，使得财务报告更加规范，易于理解和比较。此外，资本市场开放后，境外投资者对公司财务报告的可读性也提出了更高的要求。为了吸引外资，标的公司会努力提高财务报告的可读性，以便投资者能够更容易地理解和评估企业的财务状况和经营成果。企业可能会采用更加直观的图表来展示财务数据，或者提供更多的案例分析和业务介绍，以帮助投资者更好地理解企业的经营模式和盈利能力。这些措施有助于提高财务报告的可读性，从而提升企业在资本市场上的竞争力。投资者倾向于为信息透明度高、可读性好的公司支付更高的溢价（Ferri et al.，2020）。如果财务报告易于理解，那么投资者和其他利益相关者就能够更有效地从报告中提取有用信息，从而作出更加合理的经济决策。因此，提高财务报告的可读性有助于增强信息披露的质量。

基于以上分析，提出以下假设：

H2：沪深港通启动后，标的公司的财务报告可读性会得以提升，进而改善公司信息披露质量。

第三节　研究设计

一、数据来源与处理

本章选取中国2008—2020年沪市A股上市公司和2012—2020年深市A股上市公司为初始样本①，并对样本数据进行如下处理：剔除金融行业的值；剔除ST股票的值；删除缺失值；参考陈运森和黄健峤（2019）剔除2014年11月17日以后移除或移进沪港通的沪市股票数据和2016年12月5日以后移除或移进深港通的深市股票数据；对所有连续变量进行1%和99%的缩尾处理，排除异常值影响。最终，我们共得到9375个有效观

---

① 沪港通机制是2014年实施的，深港通机制是2016年实施的，为保证样本在政策实施前后的对称性，沪市A股样本起始时间是2008年；深市A股样本起始时间是2012年。此外，在稳健性检验中，本章统一时间起点为2008年，研究结论不变。

测值。

本章上市公司财务相关数据来自国泰安（CSMAR）数据库；沪深港通标的股票数据来自香港联合交易所官网。

二、变量定义与度量

（一）因变量：信息披露质量

本章用 *KV* 指数（*KV*）和应计盈余管理（*Opaque*）来度量公司信息披露质量，其中，*KV* 指数为 *KV* 度量法（Kim and Verrecchia，2001）。*KV* 指数所刻画的信息披露质量，包含了强制性信息披露和自愿性信息披露，可以较好地反映上市公司的信息披露质量。具体计算过程见式（5－1）和式（5－2）：

$$\ln\left|\frac{\Delta P_t}{P_{t-1}}\right| = \delta_0 + \delta_1(Vol_t - Vol_0) + u_i \qquad 式（5-1）$$

$$KV = \delta_1 \times 1000000 \qquad 式（5-2）$$

其中，ΔP_t 为 P_t 与 P_{t-1} 之差，P_t 为 t 日的收盘价，Vol_t 为 t 日的交易量，Vol_0 为年度日平均交易量，对式（5－1）进行回归时，删除公司年度交易日小于 100 天、δ_1 为负以及 ΔP_t 等于 0 的值。*KV* 值越小，表示信息披露质量越好。

参考潘越等（2011）和谭松涛等（2015），本章的应计盈余管理（*Opaque*）为修正 Jones 模型估计的可操控性应计利润过去 3 年的绝对值之和，见式（5－3）。

$$Opaque_{i,t} = Abs(DA_{i,t-1}) + Abs(DA_{i,t-2}) + Abs(DA_{i,t-3}) \qquad 式（5-3）$$

其中，$Abs(DA_{i,t-1})$ 表示第 i 家公司第 $t-1$ 年的可操控性应计利润的绝对值；*Opaque* 值越大，说明上市公司的信息披露质量越低。

可操控性应计利润的具体估计如下：对式（5－4）进行分行业分年度回归，将回归系数带入到式（5－5）中，得到不可操控应计利润 *NDA*，然后再将 *NDA* 带入到式（5－6）中，得到修正的可操控应计利润 *DA*。

$$\frac{TA_{i,t}}{A_{i,t-1}} = \alpha_0\frac{1}{A_{i,t-1}} + \alpha_1\left(\frac{\Delta REV_{i,t}}{A_{i,t-1}}\right) + \alpha_2\left(\frac{PPE_{i,t}}{A_{i,t-1}}\right) + \epsilon_{i,t} \qquad 式（5-4）$$

$$NDA_{i,t} = \hat{\alpha}_0\frac{1}{A_{i,t-1}} + \hat{\alpha}_1\left(\frac{\Delta REV_{i,t} - \Delta REC_{i,t}}{A_{i,t-1}}\right) + \hat{\alpha}_2\left(\frac{PPE_{i,t}}{A_{i,t-1}}\right) \qquad 式（5-5）$$

$$DA_{i,t} = \frac{TA_{i,t}}{A_{i,t-1}} - NDA_{i,t} \qquad 式（5-6）$$

其中，*TA* 为总应计利润（总应计利润＝营业利润－经营活动现金流量净额），*NDA* 为不可操控应计利润；*DA* 为可操控应计利润，绝对值越大，盈余管理空间越大，会计信息质量越低；ΔREV 为营业收入变动额；ΔREC 为应收账款变动额；*PPE* 为固定资产净额；*A* 为消除规模效应，用 $t-1$ 年期末总资产来度量。

（二）自变量：*Treat* 和 *Post*

Treat 为沪深港通虚拟变量，当股票为沪深港通标的股票时，取值为 1，否则取值为 0。*Post* 为沪深港通启动时点的虚拟变量，当公司为沪市 A 股上市公司且年份大于 2014 时，取值为 1，否则取值为 0；当公司为深市 A 股上市公司且年份大于 2016 时，取值为 1，否则取值为 0。$Treat \times Post$ 表示 *Post* 与 *Treat* 的交互项。

（三）控制变量

借鉴孙健等（2016）选取的控制变量，包括产权性质（*Soe*）、盈利能力（*Roa*）、资产负债率（*Lev*）、公司规模（*Size*）、公司成长性（*MB*）、第一大股东持股比例（*Tophold*）、是否为四大审计（*Bigfour*）、独立董事比例（*Indep*）和两职合一（*Dual*）。

三、实证模型

为检验 H1 和 H2，本章构建多时点双重差分模型，具体模型见式（5－7）：

$$Infordis_{i,t} = \alpha_0 + \alpha_1 Treat_{i,t} + \alpha_2 Post_{i,t} + \alpha_3 Treat_{i,t} \times Post_{i,t} + \alpha_4 \sum Controls_{i,t} + \sum (\alpha_n Industry) + \sum (\alpha_m Year) + \varepsilon_{i,t} \quad \text{式（5－7）}$$

式（5－7）用来考察资本市场对外开放对公司信息披露行为的影响。*Infordis* 是本章的因变量信息披露质量，用 *KV* 指数（*KV*）和应计盈余管理（*Opaque*）来进行度量。$Treat \times Post$ 是本章的核心解释变量，如果 $Treat \times Post$ 的系数为正且显著，则说明资本市场开放会降低公司信息披露质量，即公司披露行为反而恶化，公司信息有效性降低；反之，则说明资本市场开放会提高公司信息披露质量，即公司披露行为得到改善，公司信息有效性提高。本章涉及的主要变量及其定义如表 5－1 所示：

表 5－1　　主要变量及其定义

符号	变量名称与定义
KV	信息披露质量 1，采用式（5－1）和式（5－2）计算得出
Opaque	信息披露质量 2，采用式（5－3）、式（5－4）、式（5－5）和式（5－6）计算得出

续表

符号	变量名称与定义
Post	哑变量，当公司为沪市A股且年份大于2014时，则取值为1，否则，取值为0；当公司为深市A股上市公司且年份大于2016时，则取值为1，否则，取值为0
Treat	哑变量，股票为沪深港通标的股票时，取值为1，否则，取值为0
Treat × *Post*	*Post* 与 *Treat* 的交互项
Soe	产权性质，若为国有企业，取值为1；否则为0
Roa	资产收益率，年末公司净利润/年末公司总资产
Lev	资产负债率，总负债/总资产
MB	市值账面比，公司市场价值/账面价值
Bigfour	是否为四大审计，如果是国际四大审计事务所取值为1，否则，取值为0
Indep	独立董事比例，独立董事人数/董事人数
Dual	公司董事长与总经理是否两职合一，若是取值为1，反之，取值为0
Tophold	第一大股东持股比例
Size	公司规模，年末公司总资产的自然对数
Year	年度虚拟变量
Industry	行业虚拟变量

第四节　实证结果与分析

一、描述性统计

表5-2展示了本章主要变量的描述性统计结果。其中，*KV* 的最大值为0.679，最小值为0.004；*Opaque* 的最大值为1.382，最小值为0.030；这说明不同公司信息披露质量存在较大差异。沪深港通标的股票虚拟变量 *Treat* 的均值为0.513，这说明在研究样本中，沪深港通标的公司占全样本的51.3%。

表5-2　主要变量描述性统计

变量名称	样本量	均值	中位数	标准差	最大值	最小值
KV	9375	0.109	0.068	0.120	0.679	0.004
Opaque	9375	0.225	0.175	0.198	1.382	0.030
Post	9375	0.524	1.000	0.499	1.000	0.000
Treat	9375	0.513	1.000	0.500	1.000	0.000

续表

变量名称	样本量	均值	中位数	标准差	最大值	最小值
Treat × *Post*	9375	0.259	0.000	0.438	1.000	0.000
Soe	9375	0.495	0.000	0.500	1.000	0.000
Size	9375	22.570	22.350	1.429	26.840	20.000
Lev	9375	0.464	0.465	0.197	0.883	0.072
Roa	9375	0.039	0.033	0.059	0.216	-0.214
MB	9375	4.482	3.607	3.061	20.920	1.354
Bigfour	9375	0.088	0.000	0.283	1.000	0.000
Tophold	9375	33.880	32.130	14.520	73.970	8.260
Indep	9375	0.374	0.357	0.053	0.571	0.308
Dual	9375	0.209	0.000	0.407	1.000	0.000

二、基准回归

表5-3报告了式（5-7）的回归结果。其中，列（1）与列（3）报告了不加控制变量的回归结果，列（2）与列（4）报告了加入控制变量的回归结果。由表5-3结果可知，无论是否控制其他变量，本章的核心变量 *Treat* × *Post* 的系数均在1%的水平下显著为负。当采用 *KV* 指数（*KV*）为被解释变量且加入控制变量时，*Treat* × *Post* 的系数为-0.027，这说明沪深港通开通后，沪深港通标的公司信息披露质量得到了显著提升；当应计盈余管理（*Opaque*）为被解释变量且加入控制变量时，*Treat* × *Post* 的系数为-0.061，这说明沪深港通开通后，沪深港通标的公司的应计盈余管理相较于非标的公司有所提高。由此可以得出结论，资本市场开放可以改善公司信息披露行为，公司信息披露质量得到了提升。

表5-3　　资本市场开放与公司信息披露行为

变量	*KV*		*Opaque*	
	(1)	(2)	(3)	(4)
Treat	-0.020***	0.008	-0.002	0.011
	(-3.710)	(1.499)	(-0.168)	(1.057)
Post	0.036***	0.022***	0.023**	0.034***
	(8.698)	(4.346)	(2.169)	(2.908)
Treat × *Post*	-0.052***	-0.027***	-0.059***	-0.061***
	(-9.891)	(-5.356)	(-4.708)	(-4.725)

续表

变量	KV		Opaque	
	(1)	(2)	(3)	(4)
Soe		0.002		-0.020***
		(0.344)		(-2.961)
Size		-0.033***		0.001
		(-13.205)		(0.365)
Lev		0.031**		0.025
		(2.379)		(1.068)
Roa		0.269***		0.004
		(8.844)		(0.070)
MB		0.001		0.002**
		(1.064)		(2.163)
Bigfour		0.028***		-0.026**
		(3.563)		(-2.445)
Tophold		0.001***		0.000
		(6.737)		(0.410)
Indep		0.057*		0.010
		(1.868)		(0.204)
Dual		0.002		0.008
		(0.532)		(1.099)
Constant	0.113***	0.675***	0.229***	0.198**
	(30.786)	(13.292)	(33.811)	(2.236)
Control	No	Yes	No	Yes
Industry	No	Yes	No	Yes
Year	No	Yes	No	Yes
N	9375	9375	9375	9375
R^2	0.052	0.249	0.013	0.227

注：括号内的数值为经公司层面聚类调整后的 *t* 值，*、**、*** 分别表示检验的显著性水平为 10%、5% 和 1%。

三、稳健性检验

（一）固定效应模型

本章前文进行回归分析时，使用了普通最小二乘法（OLS）。但是由于本章采用面板数据，可能存在无法观测到的不随时间变化的个体异质效应，使得回归结果有偏。为了进一步控制这些无法观测到的个体效应，本章使用固定效应模型进行回归，从而缓解因为遗漏变量带来的内生性问题。采用固定效应的回归结果如表 5 –4 所示。由表 5 –4 列（1）—列（4）可知，*Treat* × *Post* 在 1% 的显著水平下为负，说明沪深港通开通后，沪深港通标的公司的信息披露行为有所改善，标的上市公司的信息披露质量得到了提升，与本章前文结论相符。

表 5 –4　　固定效应模型

变量	*KV*		*Opaque*	
	(1)	(2)	(3)	(4)
Post	0.022***	0.015***	0.031***	0.056***
	(7.159)	(2.898)	(5.842)	(5.953)
Treat × *Post*	–0.037***	–0.020***	–0.062***	–0.065***
	(–9.040)	(–4.921)	(–8.753)	(–8.745)
Constant	0.107***	0.581***	0.225***	–0.182
	(75.554)	(8.324)	(90.693)	(–1.411)
Control	No	Yes	No	Yes
Firm FE	Yes	Yes	Yes	Yes
Industry	No	No	No	No
Year	No	Yes	No	Yes
N	9375	9375	9375	9375
R^2	0.010	0.154	0.010	0.051

注：括号内的数值为 *t* 值，*、**、*** 分别表示检验的显著性水平为 10%、5% 和 1%。

（二）平行趋势检验

采用双重差分模型的前提是处理组和控制组在政策实施前具有共同的变化趋势。因此，本章借鉴黄小勇和查育新（2022）的做法，通过绘制平行趋势图进行检验。图 5 –1 和图 5 –2 报告了沪深两市受政策影响的处理组和未受影响的控制组的信息披露质量变化趋势。图 5 –1 和图 5 –2 显示，在沪深港通启动之前（0 时点之前），处理组和控制组的信息披露质量变化趋势基本一致，但是沪深港通启动后（0 时点之后），处理组和控制组的信息披露质量的差距逐步扩大。因此，双重差分的平行趋势基本通过了检验。

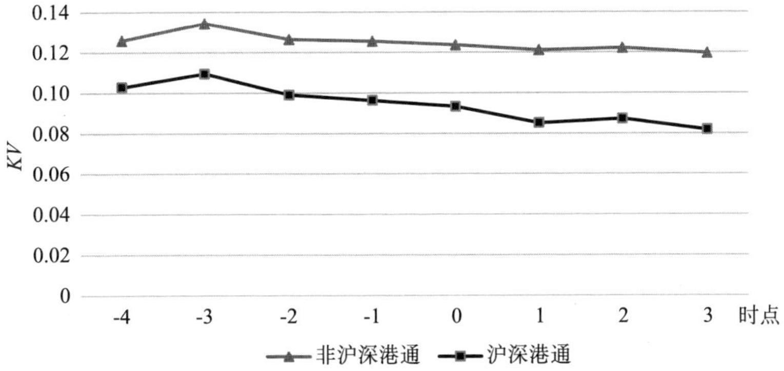

图 5－1　信息披露质量（*KV*）的平行趋势检验

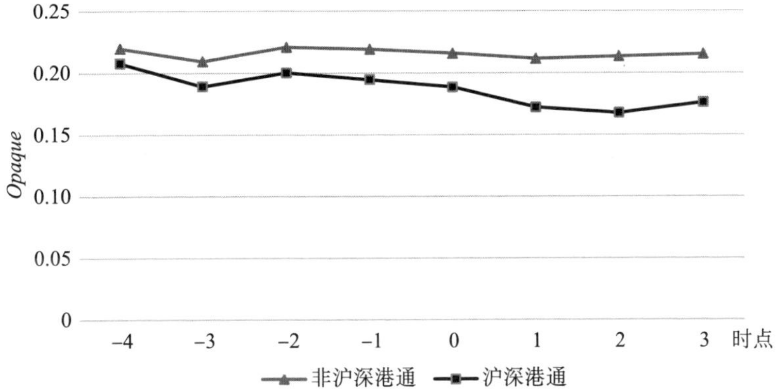

图 5－2　信息披露质量（*Opaque*）的平行趋势检验

（三）剔除沪市 2014 年数据和深市 2016 年数据

由于沪港通是在 2014 年实施的，在这一年，标的沪市 A 股的各种数据在机制实施前和机制实施后两个阶段可能存在差异，从而对本章的回归结果产生影响，在 2016 年实施的深港通标的公司存在相似的情况。因此，在进行稳健性检验时，剔除沪市 2014 年数据和深市 2016 年数据，回归结果如表 5－5 所示。由表 5－5 可知，无论是否加入控制变量，*Treat* × *Post* 的系数都在 1% 的显著水平下为负，与本章前文结论相符。

表 5－5　　剔除沪市 2014 年数据和深市 2016 年数据

变量	*KV*		*Opaque*	
	(1)	(2)	(3)	(4)
Treat	−0.015**	0.009	−0.004	0.013
	(−2.560)	(1.553)	(−0.398)	(1.064)
Post	0.038***	0.022***	0.014	0.030**
	(8.303)	(4.414)	(1.310)	(2.305)

续表

变量	KV		Opaque	
	(1)	(2)	(3)	(4)
Treat × Post	-0.057***	-0.028***	-0.057***	-0.057***
	(-9.750)	(-4.943)	(-4.204)	(-4.143)
Constant	0.112***	0.676***	0.237***	0.224**
	(27.962)	(13.047)	(30.441)	(2.495)
Control	No	Yes	No	Yes
Industry	No	Yes	No	Yes
Year	No	Yes	No	Yes
N	8407	8407	8407	8407
R^2	0.054	0.254	0.014	0.251

注：括号内的数值为经公司层面聚类调整后的 *t* 值，*、**、*** 分别表示检验的显著性水平为 10%、5% 和 1%，下同。

（四）敏感性分析——更换样本区间

为保证结论不受选取年份的影响，本章重新选取样本年份，对应的回归结果如表 5-6 所示。其中，第（1）列和第（2）列样本区间：沪深市 A 股样本区间均为 2008—2020 年；第（3）列和第（4）列样本区间：深市 A 股样本区间为 2013—2020 年，沪市 A 股样本区间为 2009—2020 年；第（5）列和第（6）列样本区间：深市 A 股样本区间为 2013—2019 年，沪市 A 股样本区间为 2009—2019 年。由表 5-6 列（1）—列（6）可知，无论在哪个样本区间，*Treat × Post* 都在 1% 的水平下显著为负，与本章前文结论相符。

表 5-6　更换样本区间

变量	沪市深市 2008—2020 年		深市 2013—2020 年 沪市 2009—2020 年		深市 2013—2019 年 沪市 2009—2019 年	
	(1)	(2)	(3)	(4)	(5)	(6)
	KV	Opaque	KV	Opaque	KV	Opaque
Treat	0.009*	0.006	0.006	0.016	0.004	0.015
	(1.730)	(0.570)	(1.137)	(1.386)	(0.837)	(1.283)
Post	0.023***	0.032***	0.021***	0.035***	0.024***	0.042***
	(4.680)	(2.818)	(4.160)	(3.002)	(4.550)	(3.271)
Treat × Post	-0.028***	-0.058***	-0.026***	-0.061***	-0.030***	-0.070***
	(-5.489)	(-4.509)	(-5.213)	(-4.779)	(-5.618)	(-4.932)

续表

变量	沪市深市 2008—2020 年		深市 2013—2020 年 沪市 2009—2020 年		深市 2013—2019 年 沪市 2009—2019 年	
	(1)	(2)	(3)	(4)	(5)	(6)
	KV	*Opaque*	*KV*	*Opaque*	*KV*	*Opaque*
Constant	0.701***	0.180**	0.642***	0.240***	0.222**	0.655***
	(14.348)	(2.056)	(12.426)	(2.630)	(2.250)	(12.271)
Control	Yes	Yes	Yes	Yes	Yes	Yes
Industry	Yes	Yes	Yes	Yes	Yes	Yes
Year	Yes	Yes	Yes	Yes	Yes	Yes
N	10244	10244	8784	8784	7909	7909
R^2	0.244	0.216	0.250	0.242	0.262	0.253

（五）安慰剂检验

为验证本章的实证结果是由于沪深港通机制的实施而产生的，而不是随时间推移自动发生的，在进行稳健性检验时，采用了安慰剂检验。假设沪深港通制度实施的时间为实际实施时间的前两年和前三年，并重新对模型进行回归，得到的结果如表 5－7 所示。其中，Panel A 是将政策实施时间往前移两年对应的结果，即假设沪港通实施时间是 2012 年，深港通实施时间是 2014 年；Panel B 是将政策实施时间往前移三年对应的结果，即假设沪港通实施时间是 2011 年，深港通实施时间是 2013 年。由 Panel A 结果可知，核心解释变量 *Treat*×*Post* 的系数不显著，与本章前文结论不一致。由 Panel B 结果可知，核心解释变量 *Treat*×*Post* 的系数也不显著，与本章结论不符。以上实证结果表明，沪深港通标的公司信息披露行为的改善并非由于时间的推移自然导致的。

表 5－7　　安慰剂检验

变量	Panel A：政策实施时间往前移两年		Panel B：政策实施时间往前移三年	
	KV	*Opaque*	*KV*	*Opaque*
	(1)	(2)	(3)	(4)
Treat	−0.011***	0.004	−0.015	0.006
	(−2.577)	(1.009)	(−0.134)	(0.065)
Post	0.021*	0.022**	0.011**	0.031*
	(1.888)	(2.112)	(2.234)	(1.811)
Treat×*Post*	−0.052	−0.027	−0.083	−0.042
	(−0.121)	(−0.120)	(−1.652)	(−0.996)

续表

变量	Panel A：政策实施时间往前移两年		Panel B：政策实施时间往前移三年	
	KV	*Opaque*	*KV*	*Opaque*
	(1)	(2)	(3)	(4)
Constant	0.457 *	0.336 *	0.554 ***	0.299 **
	(1.755)	(1.669)	(4.889)	(2.132)
Control	Yes	Yes	Yes	Yes
Industry	Yes	Yes	Yes	Yes
Year	Yes	Yes	Yes	Yes
N	9375	9375	9375	9375
R^2	0.252	0.255	0.221	0.228

四、异质性检验

（一）产权性质的异质性

相较于国有企业，非国有企业披露信息的意愿和披露质量更低（文雯等，2020）。因此，本章推断沪深港通实施后，相比于国有企业，非国有企业信息披露行为改善更多。以企业的产权性质为依据，将样本分为国有企业与非国有企业两组，回归结果列示于表 5 - 8 第（1）列—第（4）列，结果显示，在非国有企业和国有企业样本中，*Treat*×*Post* 的回归系数都显著为负，而 *KV*、*Opaque* 值越大，公司信息披露行为越糟糕。通过以上回归结果可知，资本市场开放可以改善国企和非国企信息披露行为。下面，为分析方便，主要看 *Treat*×*Post* 系数绝对值的大小，绝对值越大，公司信息披露质量提升越多。当被解释变量为 *KV* 指数（*KV*）时，非国有企业样本中 *Treat*×*Post* 的回归系数绝对值为 0.039，大于国有样本的 0.012，由 *Treat*×*Post* 系数绝对值越大，公司信息披露状况越好可知，与国有企业相比，资本市场开放更能提高非国有企业信息披露意愿和质量。但由于国企与非国企两组系数都显著，只看系数大小，就得出非国有企业信息披露质量改善更多的结论，不够有说服力，所以，要进行组间系数差异检验，以增强结论的可靠性。通过自体抽样（Bootstrap），共重复抽样 1000 次，得到经验 *p* 值为 0.001，在 1% 水平上显著，证实两组回归中 *Treat*×*Post* 系数差异在统计上是显著的。当被解释变量为应计盈余管理（*Opaque*）时，非国有企业样本中 *Treat*×*Post* 的回归系数绝对值为 0.072，大于国有样本的 0.048，通过自体抽样（Bootstrap），共重复抽样 1000 次，得到经验 *p* 值为 0.050，在 5% 水平上显著，证实两组回归中 *Treat*×*Post* 系数差异在统计上是显著的。基于以上分析可知，资本市场开放更能改善非国有企业信息披露行为，使得非国有企业信息更加透明。综上所述，与国有企业相比，资本市场开放更能有效改善非国有企业信息披露行为，促进非国有企业信息披露质量提升。

表5-8　　异质性检验一：产权性质的异质性

变量	*KV*		*Opaque*	
	(1)	(2)	(3)	(4)
	国有企业	非国有企业	国有企业	非国有企业
Treat	0.007	0.007	0.006	0.011
	(0.847)	(1.003)	(0.443)	(0.641)
Post	0.009	0.029***	0.029*	0.025
	(1.296)	(3.984)	(1.690)	(1.536)
Treat × *Post*	-0.012*	-0.039***	-0.048***	-0.072***
	(-1.789)	(-5.255)	(-2.787)	(-3.710)
Constant	0.661***	0.679***	0.342***	-0.056
	(9.975)	(8.375)	(3.279)	(-0.366)
Control	Yes	Yes	Yes	Yes
Industry	Yes	Yes	Yes	Yes
Year	Yes	Yes	Yes	Yes
N	4641	4734	4641	4734
R^2	0.285	0.254	0.216	0.257
系数差异检验	0.027***		0.024**	
经验 *p* 值	0.001		0.050	

注：括号内的数值为经公司层面聚类调整后的 *t* 值，*、**、*** 分别表示检验的显著性水平为10%、5%和1%；“经验 *p* 值”用于检验组间调整系数差异的显著性，*Treat* × *Post* 系数的组间差异参考连玉君等（2010）的研究通过自体抽样（Bootstrap）得到，共重复抽样1000次。本章下同。

（二）两职合一的异质性

相比于非两职合一的公司来说，两职合一公司的监督效应较低，公司内部治理水平更低，信息披露质量也就越低。综上所述，将两职合一作为分组依据，如果公司董事长和总经理是一个人，那么Dual值为1，否则为0。进行分组回归，结果如表5-9第（1）列—第（4）列所示，由结果可知，在两职合一样本和非两职合一样本中，*Treat* × *Post* 的回归系数都在1%的水平下显著为负，而 *KV*、*Opaque* 值越大，公司信息披露行为越糟糕；反之，公司信息披露行为得到改善。*Treat* × *Post* 的回归系数显著为负，说明资本市场开放可以改善公司信息披露行为。下面，为方便分析，主要看 *Treat* × *Post* 系数绝对值的大小，*Treat* × *Post* 系数绝对值越大，公司信息披露行为改善越多。*KV* 指数（*KV*）为被解释变量时，两职合一样本中 *Treat* × *Post* 系数绝对值比非两职合一大；应计盈余管理（*Opaque*）为被解释变量时，两职合一样本中 *Treat* × *Post* 系数绝对值比非两职合一大。但由于两职合一与非两职合一公司两组系数都显著，只看系数大小，就得出非两职合一信息披露质量应计盈余管理改善更多的结论，不够有说服力，所以，要进行组间系数差异检验，以增强结论的可靠性。无论被解释变量是应计盈余管理（*Opaque*）还是 *KV* 指数（*KV*），通过自体抽样（Bootstrap），共重复抽样 1000 次，得到经验 *p* 值都是显著的，证实两组回归中 *Treat* × *Post* 系数差异在统计上是显著的。因此，可以说，与非两职合一的公司相比，资本市场开放更能有效改善两职合一公司的内部治理和信息披露行为，从而使两职合一公司的信息披露质量得到提升。

表 5 – 9　　　异质性检验二：两职合一的影响

变量	*KV*		*Opaque*	
	(1)	(2)	(3)	(4)
	两职合一	非两职合一	两职合一	两职合一
Treat	0.029**	0.003	0.013	0.009
	(2.499)	(0.460)	(0.508)	(0.782)
Post	0.035***	0.016***	0.068***	0.023*
	(2.634)	(2.992)	(2.673)	(1.856)
Treat × *Post*	−0.055***	−0.020***	−0.101***	−0.050***
	(−4.591)	(−3.621)	(−3.628)	(−3.671)
Constant	0.797***	0.660***	−0.061	0.246***
	(7.343)	(12.179)	(−0.251)	(2.767)
Control	Yes	Yes	Yes	Yes
Industry	Yes	Yes	Yes	Yes
Year	Yes	Yes	Yes	Yes
N	1959	7416	1959	7416
R^2	0.281	0.262	0.302	0.217
系数差异检验	0.035***		0.051***	
经验 *p* 值	0.002		0.002	

（三）成长性的影响

因为成长性越高的上市公司，未来投资项目的私人信息更为管理层所熟知，股东所知甚少，管理层—股东代理冲突更为严重（杨兴全和吴昊旻，2011），公司治理水平越低，面临的信息不对称程度越高、信息披露行为越差。因此，把营业收入增长率作为成长性指标，以成长性中位数为界，将研究样本分为高低两组，高于成长性中位数的，Growth 取值为 1，代表成长性高组；小于等于成长性中位数的，Growth 取值为 0，代表成长性低组。进行分组回归，结果如表 5－10 第（1）列—第（4）列所示，由结果可知，在成长性高和成长性低的样本中，*Treat*×*Post* 的回归系数都显著为负。由于 *Opaque*、*KV* 值越小，公司信息披露行为越完善，所以，*Treat*×*Post* 的回归系数显著为负，则说明资本市场开放可以改善公司信息披露行为。下面，为方便理解，主要看 *Treat*×*Post* 系数绝对值的大小，绝对值越大，公司信息披露行为越好。当 *KV* 指数（*KV*）为被解释变量时，成长性高的样本中 *Treat*×*Post* 系数绝对值比成长性低的大。为增强结论的说服力，进行组间系数差异检验。通过自体抽样（Bootstrap），共重复抽样 1000 次，得到经验 *p* 值是显著的，证实两组回归中 *Treat*×*Post* 系数差异在统计上是显著的。而采用应计盈余管理（*Opaque*）为被解释变量时，成长性高的样本中 *Treat*×*Post* 系数绝对值也比成长性低的大，但通过自体抽样（Bootstrap），共重复抽样 1000 次，得到经验 *p* 值不显著，说明与成长性低的公司相比，成长性高的公司透明度没有改善更多。基于以上分析，可以得出结论：与成长性低的公司相比，沪深港通对成长性较高的公司信息披露质量改善更多。

表 5－10　　异质性检验三：成长性的影响

变量	*KV*		*Opaque*	
	(1)	(2)	(3)	(4)
	成长性高	成长性低	成长性高	成长性低
Treat	0.015**	−0.002	0.004	0.011
	(2.189)	(−0.377)	(0.314)	(0.879)
Post	0.032***	0.014**	0.039**	0.029**
	(3.986)	(2.424)	(2.481)	(2.195)
Treat×*Post*	−0.039***	−0.015**	−0.062***	−0.052***
	(−5.145)	(−2.323)	(−4.057)	(−3.554)
Constant	0.711***	0.625***	0.147	0.255**
	(11.518)	(10.612)	(1.381)	(2.511)

续表

变量	*KV*		*Opaque*	
	(1)	(2)	(3)	(4)
	成长性高	成长性低	成长性高	成长性低
Control	Yes	Yes	Yes	Yes
Industry	Yes	Yes	Yes	Yes
Year	Yes	Yes	Yes	Yes
N	4687	4688	4687	4688
R^2	0. 258	0. 254	0. 267	0. 199
系数差异检验	0. 024 ***		0. 01	
经验 *p* 值	0. 002		0. 257	

（四）两权分离的影响

有研究表明，两权分离度高越高，公司的信息披露质量越低（王立章等，2016）。因此，参考田利辉等（2016）和王立章（2016）用控制权与现金流权之间的差值的绝对值来度量两权分离度（Seperation）。以两权分离度中位数为界，将研究样本分为高低两组，高于两权分离度中位数的，两权分离度（Seperation）取值为 1，代表两权分离度高的组；小于等于两权分离度中位数的，两权分离度（Seperation）取值为 0，代表两权分离度低的组。进行分组回归，结果如表 5 - 11 第（1）列—第（4）列所示，由结果可知，在两权分离度高和两权分离度低的样本中，*Treat* × *Post* 的回归系数都显著为负，由于 *KV*、*Opaque* 值越小，公司信息披露行为越良好，*Treat* × *Post* 的回归系数显著为负，则说明资本市场开放可以改善公司信息披露行为。由于 *Treat* × *Post* 的回归系数都为负，下面主要看 *Treat* × *Post* 系数绝对值的大小，绝对值越大，公司信息披露行为越好。*KV* 指数（*KV*）为被解释变量时，两权分离度高的样本中 *Treat* × *Post* 系数绝对值比两权分离度低的大；此外，通过自体抽样（Bootstrap），共重复抽样 1000 次，得到经验 *p* 值在 5% 的水平下显著，证实两组回归中 *Treat* × *Post* 系数差异在统计上是显著的，说明资本市场开放对两权分离度高的公司信息披露质量和水平改善更多。应计盈余管理（*Opaque*）为被解释变量时，在两权分离度高的样本中，*Treat* × *Post* 系数绝对值为 0. 086，比两权分离度低的样本中的 *Treat* × *Post* 系数绝对值大，且通过自体抽样（Bootstrap），共重复抽样 1000 次，得到经验 *p* 值在 1% 的水平下显著，说明资本市场开放更能改善两权分离度高的公司的应计盈余管理情况。基于以上分析，可以说，与两权分离度低的公司相比，资本市场开放更能改善两权分离度较高公司的信息披露行为，从而使公司信息披露质量提升。

表 5－11　　　　　　　　异质性检验四：两权分离的影响

变量	*KV*		*Opaque*	
	两权分离度高	两权分离度低	两权分离度高	两权分离度低
	(1)	(2)	(3)	(4)
Treat	0.010	0.006	0.040 **	−0.012
	(1.299)	(0.872)	(2.538)	(−0.822)
Post	0.021 ***	0.023 ***	0.044 **	0.027 *
	(2.856)	(3.385)	(2.461)	(1.888)
Treat × *Post*	−0.034 ***	−0.019 ***	−0.086 ***	−0.040 **
	(−4.396)	(−2.651)	(−4.309)	(−2.453)
Constant	0.661 ***	0.665 ***	0.120	0.231 **
	(9.158)	(10.356)	(0.952)	(1.996)
Control	Yes	Yes	Yes	Yes
Industry	Yes	Yes	Yes	Yes
Year	Yes	Yes	Yes	Yes
N	4596	4779	4596	4779
R^2	0.280	0.257	0.247	0.228
系数差异检验	0.015 **		0.046 ***	
经验 *p* 值	0.042		0.000	

五、影响机制检验

由本章前文理论分析可知，资本市场开放会通过提升公司的财务报告可读性，进而提升公司信息披露质量。因此，本节通过三步法，以财务报告可读性为中介变量，研究资本市场开放影响公司信息披露质量的路径。我们采用深度学习算法构建财务报告可读性指标。主要构建过程如下：（1）利用 WordEmbedding 将每个词表示成一个密集的固定长度的实值向量，语义相近的词在向量空间上具有相同的向量表示；（2）借鉴 HierarchicalSoftmax 和 NegativeSampling 的优化思想，可计算得到句子的生成概率；（3）将各个句子生成概率乘积的对数均值作为该文档的可读性度量。其值越高，表示文本中词对搭配顺序在语料中出现的频率越高，文本越容易被理解，文本可读性越高；反之，则表示词对在语料中出现的频率越低，文本越不容易被理解，文本可读性越差。财务报告文本可读性（*Readability*）表示为式（5－8）：

$$Readability = \frac{1}{N}\sum_{S=1}^{N}\log P_S \qquad 式（5-8）$$

其中，P_S 表示句子 s 生成的概率，N 表示构成文本的句子数。

表5－12报告了基于财务报告可读性的影响机制检验结果。第一步，*Treat*×*Post* 的回归系数在1%的水平上显著为负，说明资本市场开放可以显著提升公司信息披露质量；第二步，*Treat*×*Post* 的回归系数在1%的水平上显著为正，表明资本市场开放可以显著提高公司财务报告可读性；第三步，*Treat*×*Post* 的回归系数在1%的水平上显著为负，同时，*Readability* 的回归系数在1%的水平上显著为负，说明财务报告可读性存在部分中介效应。上述结果表明，资本市场开放可以通过提升财务报告可读性，从而改善公司信息披露质量。

表5－12　　影响机制检验结果

变量	第一步	第二步	第三步	第一步	第二步	第三步
	KV	*Readability*	*KV*	*Opaque*	*Readability*	*Opaque*
	(1)	(2)	(3)	(1)	(2)	(3)
Treat	0.008	0.005***	0.007	0.011	0.005***	0.013
	(1.499)	(10.506)	(1.421)	(1.057)	(10.506)	(1.157)
Post	0.022***	0.002***	0.020***	0.034***	0.002***	0.035***
	(4.346)	(6.778)	(4.109)	(2.908)	(6.778)	(2.881)
Treat×*Post*	−0.027***	0.004***	−0.023***	−0.061***	0.004***	−0.054***
	(−5.356)	(3.554)	(−5.356)	(−4.725)	(3.554)	(−3.698)
Readability			−0.010**			−0.022***
			(−2.001)			(−5.451)
Constant	−0.074***	−0.064***	−0.070***	0.198**	−0.064***	0.172*
	(−29.954)	(−4.565)	(−20.954)	(2.236)	(−4.565)	(1.782)
Control	Yes	Yes	Yes	Yes	Yes	Yes
Industry	Yes	Yes	Yes	Yes	Yes	Yes
Year	Yes	Yes	Yes	Yes	Yes	Yes
N	9375	9375	9375	9375	9375	9375
R^2	0.249	0.199	0.252	0.227	0.199	0.227

第五节　结论

公司信息披露是吸引境外机构投资者、改善资本市场环境的关键，也是学术界和实务界的研究热点。本章使用多时点双重差分模型，以沪市上市公司2008—2020年和深市上市公司2012—2020年的数据为研究样本，以*KV*指数和应计盈余管理为被解释变量，探究了资本市场开放对公司信息披露行为的影响。研究发现：资本市场开放会提高公司的信息披露质量。在进行更换回归模型、改变样本量等稳健性检验后，本章的研究结论不变。异质性检验发现，资本市场开放对企业信息披露质量的影响在非国有企业、两职合一、成长性较高、两权分离度较高的公司中更显著。由此可见，中国应该继续实施资本市场开放政策，扩大中国资本市场开放力度，让中国企业也能享受到国外与国内带来的“内外双循环式”成果，促进国内企业健康发展。

第六章　资本市场开放与机构投资者羊群行为

第一节　引言

随着中国资本市场的完善，机构投资者持有上市公司股份的比例日益增加，机构投资者在中国资本市场上的地位也越来越重要。相对于个人投资者，机构投资者具有长期投资、价值投资等特性，有利于资本市场平稳健康发展（史永东和王谨乐，2014）。一国资本市场开放通常会引起市场投资者结构和信息环境的变化（阮睿等，2021），进而作用于投资者的投资行为（Lien et al.，2013）。前文发现，沪深港通作为中国资本市场开放的重要制度变革，有助于公司信息披露质量的提升。充分且精确的信息供给是机构投资者作出正确买卖决策的基础。那么，沪深港通开通后，标的公司信息披露行为得到改善，是否会进一步影响机构投资者的交易行为呢？对以上问题的研究将是本章的重点。

理论上，机构投资者在同一时间内同方向买进或者卖出某一股票的现象，被称为机构投资者羊群行为（Wermers，1999）。机构投资者羊群行为在世界范围内广泛存在（Hudson et al.，2020）。虽然羊群行为通常被认为是投资者忽略私有信息，选择盲目模仿他人的行为，导致股票价格不能如实反映公司基本信息（Banerjee，1992），造成证券资产错误定价，不利于市场稳定和效率提升（许年行等，2013）。但是，市场所观测到的羊群行为也并不都是出于机构之间的盲目模仿和跟随，而是源于他们获得了相同的或高度相关的信息，从而得出关于证券内在价值类似的结论（Sias，2004）。这种由共同信息驱动的羊群行为又被称为伪羊群行为，反而会促使基本面等信息更快地融入股票价格，提高市场效率（李惠璇等，2019）。

自沪深港通开通以来，沪深港通标的公司股票深受证券投资基金等机构投资者青睐，呈现出明显的“基金抱团”现象。例如，2014 年年底，仅有 177 家证券投资基金持有沪港通标的贵州茅台（600519），但截至

2020 年年底，持有贵州茅台的证券投资基金数量高达 2063 家，增长幅度超过 1100%；同期，持有深港通标的公司美的集团（000333）的证券投资机构也从 185 家增加至 1574 家。然而，部分非沪深港通标的公司在这期间却鲜有机构投资者关注和持仓。例如，持有非沪深港通标的公司兆日科技（300333）的证券投资机构从 2014 年的 7 家反而降至 2020 年的 5 家。那么，沪深港通机制是否加剧了机构投资者羊群行为？进一步，如果沪深港通机制确实引发了机构投资者羊群行为，那么这种羊群行为是真羊群行为，还是伪羊群行为？将如何影响市场定价效率？

为回答上述问题，本章选取 2008—2020 年沪市 A 股上市公司和 2012—2020 年深市 A 股上市公司的数据样本，并以沪深港通机制的启动为外生冲击事件，将沪深港通标的公司作为实验组，其余非标的公司作为对照组，构建多时点双重差分模型，以考察资本市场开放对机构投资者羊群行为的影响。研究发现，相较于非标的公司，沪深港通加剧了标的公司机构投资者羊群行为。并且沪深港通开通后，对于机构投资者羊群行为更严重的标的公司而言，其股票错误定价现象得到了矫正，股价滞后性也有所降低。以上研究结果表明，由沪深港通机制引发的机构投资者羊群行为并不是真羊群行为，而是属于一种基于共同信息驱动的伪羊群行为。这种伪羊群行为有助于公司股价回归其内在价值，提升市场定价效率。进一步研究表明，沪深港通机制主要通过提高标的公司的信息披露质量来加剧机构投资者的伪羊群行为。异质性检验结果显示，沪深港通机制启动后，在成长性更高的公司和非国有企业中，机构投资者伪羊群行为变得更为明显。本研究有助于我们加深对机构投资者羊群行为的理论认识，明晰资本市场对外开放的政策效应，对完善资本市场对外开放相关政策具有重要的借鉴意义。

本研究的主要贡献在于：第一，丰富了资本市场开放的相关研究。已有文献指出资本市场开放对一国股票市场的影响是一把双刃剑：部分学者认为资本市场会通过引入境外投资者，提高信息披露质量和股票流动性，从而提升市场效率和稳定性（钟覃琳和陆正飞，2018）；也有观点表明，境外投资者相对于境内投资者而言拥有的本地信息较少，反而会降低股票定价效率（Chan et al.，2008）。与以往研究不同，本章选择机构投资者羊群行为这一视角展开研究，为资本市场开放对市场效率产生的积极效应补充了新的证据。

第二，补充了机构投资者羊群行为的研究，深化了现有文献对羊群行为成因的理论认识。与以往研究不同，本章揭示了资本市场开放进程中的重大制度变化，即沪深港通机制对机构投资者羊群行为的影响，从宏观因素和制度变迁层面拓展了机构投资者羊群行为影响因素的研究。关于羊群行为成因的相关理论研究主要有信息瀑布理论（Banerjee，1992）、研究型羊群理论（Froot et al.，1992）、声誉理论（Scharfstein and Stein，1990）、流行理论（Barberis and Shleifer，2003）、特征偏好理论（Gompers and Metrick，2001）等。本章进一步探究了由沪深港通机制引发的机构投资者羊群行为是否基于相关信息驱动的伪羊群行为，以及对市场效率产生的影响，为基于信息的研究型羊群理论提供了新的经验证据。

第三，拓展了中国沪深港通制度实施的微观经济效应的研究视角。已有文献主要检验了沪深港通对上市公司信息披露（阮睿等，2021）、股价信息含量（李沁洋和许年行，2019）、投融资决策（庞家任等，2020）、公司治理（支晓强等，2021）等方面的影响，尚未从机构投资者交易行为的视角展开分析。与以往研究不同，本章选择机构投资者羊群行为这一视角，探讨了中国沪深港通这一资本市场开放政策的微观效应，从研究对象层面拓展了相关研究。

第二节　理论分析与假设提出

在股票市场中，羊群行为表现为投资者在同一时间买进或者卖出某一股票的现象（Wermers，1999）。现有理论研究从多个方面阐释了羊群行为产生的原因，如信息瀑布理论（Banerjee，1992）、研究型羊群理论（Froot et al.，1992）、声誉理论（Scharfstein and Stein，1990）、流行理论（Barberis and Shleifer，2003）、特征偏好理论（Gompers and Metrick，2001）等。其中，与信息相关的理论主要有两个，即信息瀑布和相关信息研究（Choi and Skib，2015）。信息瀑布理论指出，由于信息具有不确定性，机构投资者会忽略自身拥有的私有信息，通过观察其他投资者的交易行为去推断他们所拥有的信息，并且选择跟随先行决策者的行为，使他们的交易行为趋同（Banerjee，1992）。研究型羊群理论则认为，机构投资者出现羊群行为的现象是因为他们调查研究了相同或相关的信息，根据这些信息对股票内在价值进行判断后作出了相同的交易决策（Sias，2004），由于这种一致的交易行为并非源于相互之间的模仿和跟随，也被称为非刻意的羊群行为或伪羊群行为（李惠璇等，2019）。无论是基于相互模仿和跟随形成的真羊群行为，还是共同信息驱动的伪羊群行为，在世界范围内都广泛存在（Choi and Skib，2015）。公司信息不对称程度会显著影响机构投资者羊群行为，但是基于上述两种不同的理论，作用方向却截然相反。Wermers（1999）和Sias（2004）研究证明，在美国市场中投资者更多地聚集在具有高度信息不对称特征的股票上，他们的实证结果证明了信息串联理论。然而，Kim和Nofsinger（2005）利用日本的数据表明，由于信息环境在日本（相比于美国）是更透明的，所以机构投资者一致的交易行为是源于他们研究了相关信息。Choi和Skib（2015）通过40个国家的跨国数据也证明基于市场发出的相关信号进行投资是机构投资者羊群行为的主要成因。中国作为一个新兴市场，具有信息相对不透明、信息收集成本较高和监管环境较宽松等特征，机构投资者的羊群行为表现为降低股价稳定性的一种真羊群行为（许年行等，2013）。但是，随着股权分置改革的完成以及市场的逐步完善，中国的公募基金更多地表现为一种基于相关信息分析和研究的伪羊群行为（李惠璇等，2019）。

沪深港通会通过改善标的公司的信息披露质量，降低信息不对称程度，从而影响机构投资者的羊群行为。首先，沪深港通开通后，境外机构投资者可以对沪深港标的公司进行投资，境外投资者会更多地关注沪深港通标的公司，这些境外机构投资者来自制度更加完善和发达的金融市场，在市场和公司研究方面的经验与技能更加丰富，当公司出现异常行为时，境外投资者可以很快进行识别，此时，内地上市公司不能再轻易地进行信息操纵（Aggarwal et al.，2011），从而促使标的公司对自身的信息披露质量进行改善。同时，新进入的境外投资者缺乏内地投资者拥有的与内地上市公司进行私下沟通的渠道和机制（Brochet et al.，2018），所以，境外投资者对披露的公开信息具有较高的依附（Gormley et al.，2012）。基于以上原因，受沪深港通直接影响的标的公司会提高公开信息披露的质量（阮睿等，2021）。其次，沪深港通开通后，标的公司会吸引更多分析师的关注（郭阳生等，2018），增强外部市场对公司的监督，为提高公司会计信息的可比性，吸引境外机构投资者，企业更愿意聘请“四大”会计师事务所对公司信息进行审计（Fang et al.，2016），从而改善公司信息环境（周冬华等，2018），提升公司的自愿信息披露意愿（唐建新等，2021）。最后，在沪深港通的平台建设中，监管部门会以国际相关信息披露准则作为参考，健全上市公司的信息披露制度，提高对公司信息披露的要求。为了满足更高水平的监管要求，沪深港通标的公司也必须被动提高其信息披露水平。也就是说，沪深港通这一资本市场开放政策会给予本地证券交易所、国内上市公司及监管机构一定的压力，从而使信息的产生过程得到规范，信息披露水平、透明度及监管水平都得到提高。综上所述，沪深港通机制的实施，可以提高标的公司的信息披露质量和公司信息透明度，从而使标的公司的信息不对称程度降低。

信息瀑布理论指出，当信息不对称程度越高时，投资者对其所掌握的私有信息不确定更大，因而投资者更可能忽略私有信息，根据其他投资者的交易行为进行推断，进而作出跟随策略（Banerjee，1992），这种羊群行为是一种真羊群行为。所以当信息不对称程度较高时，投资者更可能形成真羊群行为（Wermers，1999）。例如，美国市场中机构投资者会更多地聚集在具有高度信息不对称特征的股票上（Sias，2004）。因此，根据信息瀑布理论，如果沪深港通启动后，标的公司的信息披露质量得到提升，信息不对称程度降低，机构投资者将会对自身掌握的信息更加肯定，就不会再轻易跟随其他投资者的投资决策，而是对私有信息进行分析，独立作出判断并进行股票交易。此时，应该可以观测到，标的公司的机构投资者羊群行为在沪深港通开通后显著降低，因为这种机构投资者羊群行为是由于信息不对称引发的真羊群行为。

研究型羊群理论认为，当公司的信息不对称程度降低时，外部的机构投资者更容易获得公司的内部信息，并且对相关信息的解读和分析也更深入，进而能更准确地判断公司股票的内在价值。当机构投资者基于相关信息对某个公司的内在价值产生了一致的判断，就可能出现趋同的交易行为，直到该股票的价格回归内在价值（Choi and Skiba，2015）。也就是说，研究型羊群理论认为信息不对称程度较低时，机构投资者会表现出更多的伪羊群行为。基于研究型羊群理论，在沪深港通机制开通后，由于标的公司的公开信息披露质量得到显著提升（阮睿等，2021），标的公司信息不对称程度降低，机构投资者能够根据这些相关的公共信息对标的公司价值产生更准确的一致性判断，并基于判断结果进行股票交易，从而对标的公司的股票交易行为变得更加相似。例如，当某一标的公司股票价格出现低估时，市场上的大多数机构投资者更容易识别到这一情况，从而在同一时间段内都表现出对该股票的买入行为。此时，我们可以观测到标的公司的机构投资者羊群行为在沪深港通开通后明显增强，并且这种机构投资者羊群行为是一种非刻意的羊群行为或伪羊群行为。

基于上述分析，本章提出如下对立假设：

H1a：沪深港通启动后，标的公司的机构投资者羊群行为会减弱，并且这种羊群行为是一种真羊群行为。

H1b：沪深港通启动后，标的公司的机构投资者羊群行为会加剧，并且这种羊群行为是一种伪羊群行为。

第三节 研究设计

一、数据来源与处理

本章选取中国2008—2020年沪市A股上市公司和2012—2020年深市A股上市公司为初始样本①，并对样本数据进行如下处理：剔除金融行业；剔除ST股票；删除缺失值；参考陈运森和黄健峤（2019）的做法，剔除2014年11月17日以后移除或移进沪港通的沪市股票数据和2016年12月5日以后移除或移进深港通的深市股票数据；为排除异常值影响，对所有连续变量进行上下1%的缩尾处理。经过处理后，最终我们共得到9190个有效观测值。

本章上市公司财务、机构持股等相关数据来自国泰安（CSMAR）数据库；沪深港通标的股票数据来源于香港联合交易所官网。

二、变量定义与度量

（一）因变量：机构投资者羊群行为（*Herding*）

本章中机构投资者羊群行为的计算主要参考了Lakonishok等（1992）、Wermers（1999）以及许年行（2013）的方法，具体模型见式（6-1）：

$$HM_{i,t} = |p_{i,t} - E(p_{i,t})| - E|p_{i,t} - E(p_{i,t})| \qquad 式（6-1）$$

其中，$p_{i,t}$为在t年度增持i公司股票的机构投资者占持有i公司股票的机构投资者的比例；$E(p_{i,t})$为在t年度增持i公司股票的机构投资者占持有i公司股票的机构投资者比例的期望值，用t年度中增持i公司所在行业的全部上市公司股票的机构投资者比例的均值表示；$|p_{i,t} - E(p_{i,t})|$表示机构投资者在t年度内对i公司股票买卖的不平衡性，$E|p_{i,t} - E(p_{i,t})|$为调整项，只有在机构投资者对i公司股票买卖的不平衡达到一定程度时，才认为存在羊群行为。在研究过程中，我们用$|p_{i,t} - E(p_{i,t})|$的均值减去1.96个标准差作为调整项。

与国外资本市场相比，中国的资本市场环境特殊，数据获取性不同，

① 沪港通机制是2014年实施的，深港通机制是2016年实施的，为保证样本在政策实施前后的对称性，沪市A股样本起始时间是2008年；深市A股样本起始时间是2012年。此外，在稳健性检验中，本章统一时间起点为2008年，研究结论不变。

因此，在计算中国机构投资者羊群行为时，我们通过适当调整，使已有研究衡量机构投资者羊群行为的方法更适合中国资本市场，具体计算过程如下：

（1）根据机构投资者所持股份在总股本中所占比例的年度数据，计算样本中每一年度各机构对上市公司比例的变化值 *trade*，如果 *trade* 大于 0，则 *BUY* 哑变量取值为 1，反之，取值为 0，并剔除 *trade* 为 0 的样本。

（2）按年度和公司分组计算 *BUY* 的平均值，即得到式（6－1）中的 $p_{i,t}$。

（3）按年度和行业分组计算 $p_{i,t}$ 的平均值，即得到式（6－1）中的 $E(p_{i,t})$。

（4）计算 $p_{i,t}-E(p_{i,t})$，并取绝对值，得到式（6－1）中的 $|p_{i,t}-E(p_{i,t})|$ 并将计算 $|p_{i,t}-E(p_{i,t})|$ 得到的值记为 *HERD*。

（5）计算 *HERD* 的均值 *m* 和标准差 *t*，并用（$m-1.96t$）作为调整项，剔除 *HERD* 变量中小于（$m-1.96t$）的数据，得到变量 *Herding*，即机构投资者羊群行为指标。

（二）自变量：*Treat* 和 *Post*

Treat 为沪深港通虚拟变量，当股票为沪深港通标的股票时，取值为 1，否则，取值为 0。*Post* 为沪深港通是否开通的虚拟变量，当公司为沪市 A 股上市公司且年份大于 2014 时，取值为 1，否则，取值为 0；当公司为深市 A 股上市公司且年份大于 2016 时，取值为 1，否则，取值为 0。*Treat* × *Post* 为 *Treat* 与 *Post* 的交互项。

（三）控制变量

参考王典和薛宏刚（2018）、Kremer 和 Nautz（2013）的研究，本章选取的控制变量如下：上一期机构投资者羊群行为指标（*LHerding*）；公司董事长与总经理是否两职合一（*Dual*）；公司股权分散度（*Dispersion*）；市值账面比（*MB*）；资产收益率（*Roa*）；公司规模（*Size*）；资产负债率（*Lev*）；高管薪酬（*Pay*）；投资者异质性（*Turnover*），用股票的月均换手率度量；产权性质（*Soe*）。此外，本章还控制了行业和年度虚拟变量。

三、实证模型

为检验 H1a 和 H1b，本章构建了多时点双重差分模型，见式（6－2）。同时，由于机构投资者羊群行为与时间有关，可能存在一阶滞后效应。为保证模型更加真实有效，本章参考许年行等（2013）的方法，在式（6－2）中加入了上一期机构投资者羊群行为，以控制上一期机构投资者羊群行为对本期机构投资者羊群行为的影响。最终，我们采用式（6-2）观察资本市场开放对机构投资者羊群行为的影响。

$$Herding_{i,t} = \alpha + \beta_1 Treat_{i,t} + \beta_2 Post_{i,t} + \beta_3 Treat_{i,t} \times Post_{i,t} + \beta_4 \sum Controls_{i,t} + \sum (\beta_n Industry) + \sum (\beta_m Year) + \varepsilon_{i,t}$$

式（6-2）

其中，*Treat* 为沪深港通的虚拟变量，*Post* 为沪深港通是否启动的虚拟变量，*Treat*×*Post* 表示 *Treat* 与 *Post* 的交互项。β_3 是本章的核心解释变量。如果 β_3 系数显著为正，则说明沪深港通制度的实施会加剧沪深港通标的公司机构投资者羊群行为；如果 β_3 系数显著为负，则说明沪深港通制度的实施会降低沪深港通标的公司机构投资者羊群行为。*Controls* 为控制变量。另外，本章还控制了行业和年度虚拟变量。本章涉及的主要变量定义如表6-1所示。

表6-1　　主要变量及其定义

符号	变量名称与定义
Herding	机构投资者羊群行为，计算参考机构投资者羊群行为的度量
Post	哑变量，当股票为沪市 A 股且年份大于 2014 时，则取值为 1，否则，取值为 0；当股票为深市 A 股且年份大于 2016 时，则取值为 1，否则，取值为 0
Treat	哑变量，当股票为沪深港通标的股票时，则取值为 1，否则，取值为 0
Treat×*Post*	*Post* 与 *Treat* 交互项
Lherding	上一期的机构投资者羊群行为
Dual	公司董事长与总经理是否两职合一，若是取值为 1，反之，取值为 0
Dispersion	公司股权分散度，公司前十大股东中排名后九位股东的持股总和与第一大股东持股之比
MB	市值账面比，公司市场价值/账面价值
Roa	资产收益率，年末公司净利润/年末公司总资产
Size	公司规模，年末公司总资产的自然对数
Lev	资产负债率，总负债/总资产
Pay	高管薪酬，公司排名前三高管薪酬总额的自然对数
Turnover	投资者异质性，股票 i 在年度第 t 期的月均换手率
Soe	产权性质，若为国有企业，取值为 1，否则为 0
Industry	行业虚拟变量

第四节　实证结果与分析

一、描述性统计

本章主要变量的描述性统计结果如表 6 - 2 所示。由表 6 - 2 结果可知，本章的被解释变量 *Herding* 的均值为 0.315，中位数为 0.306，标准差为 0.131，最大值为 0.620，最小值为 0.032，这说明公司之间的机构投资者羊群行为有所不同。此外，本章被解释变量 *Herding* 中位数与均值相差不大，说明在本章的研究样本中机构投资者羊群行为的观测值比较集中。沪深港通标的股票虚拟变量 *Treat* 的均值为 0.520，这说明在本章的研究样本中，沪深港通标的公司占全样本的 52%。

表 6 - 2　　　　主要变量描述性统计

变量名称	样本量	均值	中位数	标准差	最大值	最小值
Herding	9190	0.315	0.306	0.131	0.620	0.032
Treat	9190	0.520	1.000	0.500	1.000	0.000
Post	9190	0.515	1.000	0.500	1.000	0.000
Treat × *Post*	9190	0.247	0.000	0.431	1.000	0.000
LHerding	9190	0.314	0.306	0.132	0.628	0.032
Turnover	9190	2.286	1.744	1.818	9.443	0.174
Soe	9190	0.398	0.000	0.490	1.000	0.000
Dispersion	9190	0.934	0.723	0.774	3.850	0.052
Dual	9190	0.246	0.000	0.431	1.000	0.000
Pay	9190	14.600	14.560	0.747	16.710	12.850
Size	9190	22.520	22.280	1.473	26.850	19.900
Lev	9190	0.459	0.456	0.201	0.910	0.071
Roa	9190	0.041	0.037	0.061	0.223	-0.227
MB	9190	4.657	3.528	4.146	32.200	1.328

二、基准回归

表 6 - 3 展示了式（6 - 2）以 2008—2020 年沪市 A 股上市公司和 2012—2020 年深市 A 股上市公司为研究样本的回归结果。表 6 - 3 的列（1）和列（2）报告了普通最小二乘法的回归结果。在普通最小二乘法回

归中，无论是否控制其他变量，本章核心变量 *Treat* × *Post* 的系数均在 1% 的水平下显著为正，并且加入控制变量后，*Treat* × *Post* 的系数为 0.024，比未加控制变量的系数0.022 大。由以上结果可知，沪深港通开通后，相比于非沪深港通标的公司，沪深港通标的公司的机构投资者羊群行为增加更明显。并且在沪深港通开通后，机构投资者对非沪深港通标的公司的羊群行为显著下降，对标的公司的羊群行为显著增强。这说明沪深港通制度的实施会加剧标的公司的机构投资者羊群行为，这一羊群行为是由于机构投资者获得了更多共同信息导致的伪羊群行为。H1b 得到初步验证。

表 6-3　资本市场对外开放与机构投资者羊群行为

变量	*Herding*	
	(1)	(2)
Treat	-0.000	0.003
	(-0.012)	(0.685)
Post	-0.011***	-0.017***
	(-2.686)	(-2.921)
Treat × *Post*	0.022***	0.024***
	(3.856)	(4.134)
LHerding		-0.023**
		(-2.179)
Turnover		-0.001
		(-1.423)
Soe		0.001
		(0.226)
Dispersion		0.010***
		(5.734)
Dual		-0.002
		(-0.534)
Pay		0.002
		(0.741)
Size		-0.004*
		(-1.896)
Lev		0.012
		(1.020)
Roa		0.110***
		(4.022)

续表

变量	*Herding*	
	(1)	(2)
MB		0.002***
		(3.781)
Constant	0.315***	0.298***
	(111.898)	(5.013)
Control	No	Yes
Industry	No	Yes
Year	No	Yes
N	9190	9190
R^2	0.004	0.047

注：*、**、***分别表示显著水平为10%、5%、1%，括号内的数字为 *t* 值，下同。

三、沪深港通制度下机构投资者羊群行为的真伪辨析

本章前文实证结果表明，沪深港通制度的实施会加剧机构投资者的羊群行为，并且这种机构投资者羊群行为是由信息驱动的伪羊群行为，我们进一步通过检验其对资本市场定价效率的影响，以甄别羊群行为的真伪。已有文献表明，如果机构投资者羊群行为是源于信息瀑布理论的真羊群行为，则意味着机构投资者会忽略自身所掌握的私有信息，盲目跟随其他机构的投资决策作出投资选择，进而导致其所掌握的私有信息无法完全融入股价中，会引发证券价格的大起大落（李惠璇等，2019），降低资本市场定价效率（许年行等，2013）。反之，如果机构投资者羊群行为是一种伪羊群行为，即是基于相关信息的调查分析，从而判断出股票的内在价值，导致其共同买进或者卖出某只股票，则会促使信息加速反应在股价中，反而有利于市场定价效率提升（李惠璇等，2019）。因此，如果由沪深港通引发的机构投资者羊群行为是一种伪羊群行为，那么这种行为应该会促使标的公司股票价格回归其真实价值，提升市场定价效率。本章主要从市场定价的准确性和及时性两个方面来反映资本市场定价效率。通常而言，资本市场越有效，股票价格反映信息越及时，股票的市场价格越接近于股票内在价值，股票错误定价现象越少（Edmans，2009）。另外，反映资本市场定价效率有股票价格对市场信息的吸收和反应速度两个方面，因此本章参考已有文献（李志生等，2015），进一步采用股价滞后性这一指标衡量市场定价效率高低。股价滞后性反映了股票价格反映信息的相对效率。因

此，本章最后通过检验沪深港通、机构投资者羊群行为与资本市场定价效率之间的关系，从而进一步验证沪深港通引发的机构投资者羊群行为是否确实是一种伪羊群行为。

（一）沪深港通、机构投资者羊群行为与股票错误定价

本章检验沪深港通引发的机构投资者羊群行为是否有助于公司修正股票错误定价。借鉴 Rhodes - Krof 等（2005）的研究，我们采用以下方法度量公司股票错误定价。

第一步，将公司市值账面比 MB 分解为式（6-3）：

$$MB=\frac{M}{B}=\frac{M-V+V}{B}=\frac{M-V}{B}+\frac{V}{B}=MISP+VB \qquad \text{式（6-3）}$$

其中，M 和 B 分别表示公司市值和账面值，V 表示公司真实价值。$MISP=(M-V)/B$，表示股票中错误定价的部分，$MISP$ 值越小，上司公司的股票错误定价程度越低。M 和 B 易得，V 的值可以参考 Rhodes - Krof 等（2005）的研究，用式（6-4）表示：

$$\ln(M_{it})=\alpha_0+\alpha_{1jt}\ln(B_{it})+\alpha_{2jt}\ln(NI)_{it}^{+}+\alpha_{3jt}I_{(<0)}\ln(NI)_{it}^{+}+\alpha_{4jt}LEV_{it}+\varepsilon_{it} \qquad \text{式（6-4）}$$

其中，M 和 B 分别表示公司市值和账面值，$(NI)_{it}^{+}$ 表示净利润的绝对值，$I_{(<0)}$ 表示一个二元变量，当 $NI\geqslant 0$ 时，$I=0$；当 $NI<0$ 时，$I=1$；LEV_{it} 为总负债与总资产之比。以 CSMAR 中的行业分类为依据，将公司按行业分类，然后对每一行业每年的样本数据用式（6-4）进行截面回归，从而得到公司真实价值 $V=e^{\ln(\hat{M}_{it})}$。

第二步，我们构建式（6-5），以检验沪深港通、机构投资者羊群行为及股票错误定价之间的关系：

$$\begin{aligned}MISP_{i,t} = {} & \pi+\varphi_1 Treat_{i,t}\times Post_{i,t}+\varphi_2 Treat_{i,t}+\varphi_3 Post_{i,t}+\varphi_4 Herd_{i,t}\\ & +\varphi_5 Treat_{i,t}\times Post_{i,t}\times Herd_{i,t}+\varphi_6 Treat_{i,t}\times Herd_{i,t}+\varphi_7 Herd_{i,t}\\ & \times Post_{i,t}+\varphi_8\sum Controls_{i,t}+\sum(\varphi_n Industry)+\sum(\varphi_m Year)\\ & +\vartheta_{i,t}\end{aligned} \qquad \text{式（6-5）}$$

其中，$Herd$ 是虚拟变量，当 $Herding$ 的值大于 $Herding$ 中位数时，$Herd$ 取值为 1，当 $Herding$ 的值小于等于 $Herding$ 中位数时，$Herd$ 取值为 0。本章参考游家兴和吴静（2012）的研究，选取的控制变量有 *Top*1（第一大股东持股比例）、*ListAge*（公司年限）、*Roa*（总资产收益率）、*Growth*（成长性）、*Size*（公司规模）、*Lev*（公司负债水平）、*Dual*（两职合一）、*Dturn*（月超额换手率）、*Big*4（四大事务所审计）、*Soe*（产权性质）、

Cashflow（经营活动现金流）、*Board*（董事会规模）。同时，控制了行业效应和年度虚拟变量。

对式（6－5）进行回归，结果如表6－4的列（1）所示。式（6－5）的核心解释变量 $Treat \times Post \times Herd$ 的回归系数在10%的水平下显著为负，这说明对于机构投资者羊群行为较高的一组，沪深港通能更大程度地降低标的公司股票错误定价现象。也就是说，沪深港通引发的机构投资者羊群行为从一定程度上矫正了相关的股票错误定价，使得标的公司股价更接近于真实值，即沪深港通引发的机构投资者羊群行为提升了市场定价效率。同时，也说明沪深港通引发的机构投资者羊群行为是一种伪羊群行为。

（二）沪深港通、机构投资者羊群行为与股价滞后性

本章检验沪深港通制度引发的机构投资者羊群行为是否有助于降低标的公司的股价滞后性。本章参考李志生等（2015）的研究，采用以下方法计算股价滞后性指标。

第一步，采用周个股收益率对当期以及滞后五期的周市场收益率进行回归，见式（6－6）。

$$r_{i,t} = \phi_i + \tau_i \times R_{m,t} + \sum_{k=1}^{5} g_{i,k} \times R_{m,t-k} + \epsilon_{i,t} \qquad \text{式（6－6）}$$

其中，$r_{i,t}$为 t 期股票 i 的收益率，$R_{m,t}$为 t 时市场收益率，$R_{m,t-k}$为滞后 k 期的市场收益率。对式（6－6）进行回归估计，得到 R^2，将 R^2 保留下来；然后，不要滞后阶的市场收益率系数，只要 t 期的市场收益率系数，再进行回归估计，保留得到的 R'^2。通过以上计算，得到股价延迟指标，见式（6－7）：

$$Efficiency_{i,t} = \frac{\sum_{k=1}^{5} |g_{i,k}|}{|\tau_i| + \sum_{k=1}^{5} |g_{i,k}|} \qquad \text{式（6－7）}$$

其中，*Efficiency* 值越小，说明股票价格能及时反映市场新信息，股价延迟越低，股票的定价效率越高。

第二步，我们构建式（6－8），以检验沪深港通政策、机构投资者羊群行为及股票定价效率之间的关系：

$$\begin{aligned} Efficiency_{i,t} = {} & \rho + \omega_1 Treat_{i,t} + \omega_2 Post_{i,t} + \omega_3 Herd_{i,t} + \omega_4 Treat_{i,t} \\ & \times Post_{i,t} + \omega_5 Treat_{i,t} \times Post_{i,t} \times Herd_{i,t} + \omega_6 Treat_{i,t} \times Herd_{i,t} \\ & + \omega_7 Herd_{i,t} \times Post_{i,t} + \omega_8 \sum Controls_{i,t} + \sum (\omega_n Industry) \\ & + \sum (\omega_m Year) + \vartheta_{i,t} \end{aligned} \qquad \text{式（6－8）}$$

其中，*Treat* 是沪深港通标的虚拟变量；*Post* 为政策实施虚拟变量；*Herd* 是虚拟变量，当 *Herding* 的值大于 *Herding* 中位数时，*Herd* 取值为 1，当 *Herding* 的值小于等于 *Herding* 中位数时，*Herd* 取值为 0。式（6－8）中最重要的是交互项 *Treat* × *Post* × *Herd* 的系数 ω_5，若回归系数 ω_5 的值为负，且通过显著性检验，则说明股价定价效率提高。式（6－8）的控制变量有公司规模（*Size*），资产负债率（*Lev*），公司成长性（*Growth*），年度换手率（*Turnover*），账面市值比（*BM*）。

对式（6－8）进行回归，结果如表 6－4 的列（2）所示。式（6－8）的核心解释变量 *Treat* × *Post* × *Herd* 的回归系数显著为负，表明沪深港通开通后，对于机构投资者羊群行为更严重的标的公司而言，其股价滞后性有所降低。也就是说，沪深港通机制引发的机构投资者羊群行为，促使股票价格对市场新信息的吸收和反应更迅速，提升了市场定价效率。这是因为沪深港通使标的公司披露了更多有效的信息，缓解了标的公司内外部信息不对称，从而导致机构投资者结合基本面信息或自身投资经验，经过一系列思考作出了在同一时间内同方向买进或者卖出某一股票的投资决策，伪羊群行为由此产生。而这种羊群行为会使更多的共同信息融入到股价中，从而有助于降低标的公司的股价滞后性。

表 6－4　　沪深港通、机构投资者羊群行为与市场定价效率

变量	*MISP*	*Efficiency*
	(1)	(2)
Treat × *Post* × *Herd*	−0.343*	−0.034*
	(−1.889)	(−1.698)
Treat × *Post*	−0.010	−0.008
	(−0.070)	(−0.601)
Herd × *Treat*	0.211*	0.012
	(1.739)	(0.816)
Herd × *Post*	0.496***	0.010
	(3.308)	(0.686)
Constant	4.924***	−0.021
	(2.785)	(−0.266)
Control	Yes	Yes
Industry	Yes	Yes
Year	Yes	Yes
N	8615	10338
R^2	0.100	0.233

综上所述，本章通过以上研究发现，沪深港通开通后，对于机构投资者羊群行为更严重的标的公司而言，其股票错误定价现象得到了矫正，股价滞后性也有所降低。这说明沪深港通制度引发的机构投资者羊群行为提升了资本市场定价效率，是基于共同信息驱动的伪羊群行为，进一步验证了 H1b。

（三）排除机构投资者相互跟随的可能性

虽然本章前文研究发现，沪深港通加剧了标的公司的机构投资者羊群行为。但是这种行为也可能是由于境内机构投资者观察到沪深港通资金的流向，从而跟随沪深港通资金进行买卖导致的结果，或是由于反向跟随导致的结果（即沪深港通资金跟随境内机构投资者进行投资），那么在这种情况下，机构投资者的羊群行为也可能是一种真羊群行为。真羊群行为的本质是一种跟随和模仿行为，存在一个时间先后顺序问题。也就是说，一定是有某个投资者先作出交易行为，然后其他投资者观察到这一行为，去推断其中的信息，才会出现真羊群行为（Banerjee，1992）。所以如果由沪深港通引发的羊群行为源于投资者之间的模仿和跟随，我们应该可以观测到境内机构投资者的羊群行为与上一期境外机构投资者的交易行为是正相关的，或者境外投资者交易行为与境内机构投资者上一期的羊群行为是正相关的（境外跟随境内）。反之，如果我们没有发现以上两种情况，仅仅发现两者在同一时期是正相关的，说明他们的投资决策更可能是同时发生的，而不存在相互跟随的时间先后顺序。

由于机构投资者持股比例的变动在每季度结束后才披露一次，本章稳健性检验采用中国 2014—2020 年沪市 A 股上市公司和 2016—2020 年深市 A 股上市公司的季度数据展开分析①。首先，本章分别计算香港投资者持股比例变化和境内投资者的羊群行为。然后，检验境内机构投资者的羊群行为与香港投资者持股比例变化之间的关系，从而揭示两者之间是否存在相互跟随的行为。为了表示羊群行为的方向，参考 Lakonishok 等（1992）、Wermers（1999）以及许年行（2013）的方法对羊群行为的度量方式进行调整：

（1）计算样本中每一季度各机构（除去外资机构持股）对上市公司持股比例的变化值 *trade*，如果 *trade* 大于 0，则 *BUY* 哑变量取值为 1，反

① 沪港通于 2014 年启动，因此，境外投资者通过沪港通交易机制持有标的公司股票的相关数据始于 2014 年；深港通于 2016 年启动，因此，境外投资者通过沪港通交易机制持有标的公司股票的相关数据始于 2016 年。

之，取值为0，并剔除 $trade$ 为0的样本。

（2）按季度和公司分组计算 BUY 的平均值，即得到 $p_{i,t}$。

（3）按季度和行业分组计算 $p_{i,t}$ 的平均值，即得到 $E(p_{i,t})$。

（4）计算 $p_{i,t}-E(p_{i,t})$，并记为 $HERD1$，剔除 $p_{i,t}-E(p_{i,t})=0$ 的观测值。

（5）计算 $HERD1$ 的均值 m 和标准差 t，并用（$m-1.96t$）作为调整项，剔除 $HERD1$ 变量中小于（$m-1.96t$）的数据，得到变量 $DHerding$，即境内机构投资者羊群行为指标。

首先建立式（6-9），以检验境内机构投资者是否跟随境外机构投资者发出的信号，从而对境外机构投资者上一期的买卖行为进行决策。其次，为分析从沪深港通进入的投资者是否对境内机构投资者上一期的交易行为进行跟随，我们建立式（6-10）。最后，我们设置式（6-11）检验境内机构投资者和境外投资者的交易行为是否在同期内发生。

$$DHerding_{i,t} = d_0 + d_1\Delta ShareHK_{i,t-1} + d_2\sum Controls_{i,t} + \sum(d_n Industry) + \sum(d_m Year) + \varepsilon_{i,t} \quad \text{式（6-9）}$$

$$\Delta ShareHK_{i,t} = e_0 + e_1 DHerding_{i,t-1} + e_2\sum Controls_{i,t} + \sum(e_n Industry) + \sum(e_m Year) + \varepsilon_{i,t} \quad \text{式（6-10）}$$

$$DHerding_{i,t} = c_0 + c_1\Delta ShareHK_{i,t} + c_3\sum Controls_{i,t} + \sum(c_n Industry) + \sum(c_m Year) + \varepsilon_{i,t} \quad \text{式（6-11）}$$

其中，$\Delta ShareHK_{i,t}$ 表示通过沪深港通机制进入的香港投资者在第 t 期的持股比例变化，等于沪深港通资金在第 t 期的持股比例减去 $t-1$ 期的持股比例；$\Delta ShareHK_{i,t-1}$ 表示通过沪深港通机制进入的香港投资者在第 $t-1$ 期的持股比例变化，等于沪深港通资金在第 $t-1$ 期的持股比例减去 $t-2$ 期的持股比例；$DHerding_{i,t}$ 是指第 t 期境内机构投资者羊群行为，$DHerding_{i,t-1}$ 是指第 $t-1$ 期境内机构投资者羊群行为。

式（6-9）、式（6-10）、式（6-11）的回归结果列示于表6-5。表6-5的Panel A报告了式（6-9）的回归结果，由Panel A可知，$\Delta ShareHK_{t-1}$ 的系数不显著，这说明境内机构投资者不会跟随境外机构投资者进行投资。表6-5的Panel B报告了式（6-10）的回归结果，由Panel B可知，$DHerding_{i,t-1}$ 的系数不显著，这说明境内机构投资者与境外机构投资者对股票的买卖行为是同期的，并不存在下一期的境外机构投资者跟随上一期境内投资者的行为。表6-5的Panel C报告了式（6-11）的回归结果，由 Panel C 可知，$\Delta ShareHK_{i,t}$的系数在 1% 的水平下显著为正，这说明通过沪深港通进入的境外投资者与境内机构投资者羊群行为在同一季度内显著正相关。以上结果说明，境内机构投资者和境外投资者的趋同行为仅发生在同期内，排除了境内投资者与境外投资者相互跟随的解释。

表 6-5　　香港投资者持股与境内机构投资者羊群行为

变量	Panel A：式（6-9）	Panel B：式（6-10）	Panel C：式（6-11）
	$DHerding_{i,t}$	$\Delta ShareHK_{i,t}$	$DHerding_{i,t}$
	(1)	(2)	(3)
$\Delta ShareHK_{i,t-1}$	0.000		
	(0.007)		
$DHerding_{i,t-1}$	-0.106***	0.000	-0.106***
	(-20.607)	(0.104)	(-20.656)
$\Delta ShareHK_{i,t}$			0.088***
			(13.812)
Constant	0.481***	-1.267***	0.591***
	(8.307)	(-23.976)	(10.216)
Control	Yes	Yes	Yes
Industry	Yes	Yes	Yes
Year	Yes	Yes	Yes
N	53191	53191	53191
R^2	0.019	0.064	0.022

四、稳健性检验

（一）固定效应模型

为了进一步控制公司的特征，本章采用固定效应模型进行检验。检验结果如表 6-6 所示，在控制了公司的固定效应后，$Treat \times Post$ 的系数仍然在 1% 的水平上显著为正，与前文结论一致。

表 6-6　　固定效应模型

Variables	*Herding*	
	(1)	(2)
Post	-0.008*	-0.017**
	(-1.868)	(-2.135)

续表

Variables	*Herding*	
	(1)	(2)
Treat × *Post*	0.021***	0.028***
	(3.632)	(4.561)
Constant	0.314***	0.439***
	(154.058)	(4.387)
Control	No	Yes
Firm FE	Yes	Yes
Year	No	Yes
N	9190	9190
R^2	0.002	0.037

（二）平行趋势检验

采用双重差分模型的前提是处理组和控制组在政策实施前具有共同的变化趋势。因此，本章借鉴黄小勇和查育新（2022）的做法，通过绘制平行趋势图进行检验。图 6－1 报告了沪深两市受政策影响的处理组和未受影响的控制组的机构投资者羊群行为变化趋势。图 6－1 显示，在沪深港通启动之前（0 时点之前），处理组和控制组的机构投资者羊群行为（*Herding*）变化趋势基本一致，但是沪深港通启动后（0 时点之后），处理组和控制组的机构投资者羊群行为（*Herding*）的差距逐步扩大。因此，双重差分的平行趋势基本通过了检验。

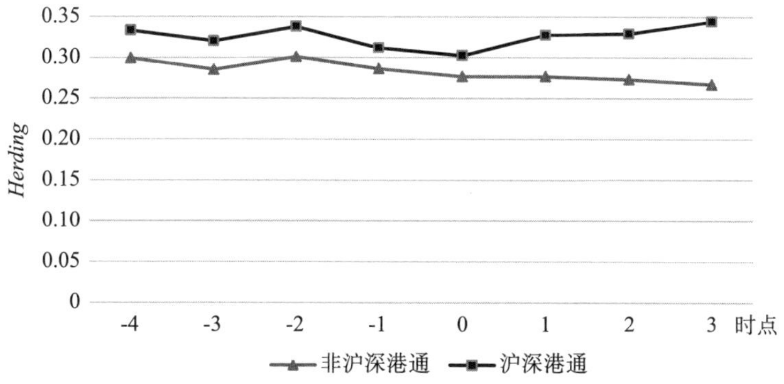

图 6－1　机构投资者羊群行为的平行趋势检验

（三）倾向得分匹配—双重差分模型（PSM－DID）

为解决实验分组潜在的选择性偏差，我们使用倾向得分匹配法，按照羊群行为滞后一阶（*LHerding*）、公司董事长与总经理是否两职合一

（*Dual*）、公司股权分散度（*Dispersion*）、市值账面比（*MB*）、盈利能力（*Roa*）、公司规模（*Size*）、财务杠杆（*Lev*）、高管薪酬（*Pay*）、投资者异质性（*Turnover*）、产权性质（*Soe*）的维度分别在样本内进行匹配。我们使用 Logit 模型估算倾向得分，进行一对二、卡尺范围为 0.05 的匹配。完成匹配后，我们使用匹配样本对式（6－2）进行回归，回归结果如表 6－7 所示，*Treat*×*Post* 变量回归系数为正，显著性水平为 1%，结果与本章前文结论一致。

表 6－7　　　　倾向得分匹配—双重差分模型

变量	*Herding*	
	OLS 回归	固定效应
	（1）	（2）
Treat	0.004	
	（0.611）	
Post	－0.024***	－0.018
	（－2.753）	（－1.153）
Treat×*Post*	0.033***	0.040***
	（3.155）	（3.231）
Constant	0.399***	0.611***
	（3.688）	（2.885）
Control	Yes	Yes
Industry	Yes	No
Year	Yes	Yes
N	3175	3175
R^2	0.086	0.058

（四）敏感性分析——更改样本区间

由于选取的样本年份不同，回归结果也会有所不同，因此，本章更改样本年份进行回归，得到的回归结果如表 6－8 所示。其中，Panel A 报告了深市 A 股和沪市 A 股样本区间为 2008—2020 年的回归结果；Panel B 报告了深市 A 股样本区间为 2013—2020 年，沪市 A 股样本区间为 2009—2020 年的回归结果；Panel C 报告了深市 A 股样本区间为 2013—2019 年，沪市 A 股样本区间为 2009—2019 年的回归结果。由表 6－8 可知，无论是普通最小二乘法还是固定效应回归，在三个样本区间下，*Treat*×*Post* 的系数都在 1% 的水平下显著为正，与本章的结论相符，说明样本区间的选取对本章结论无影响，也说明了本章结论具有稳健性。

表 6－8　　　　更改样本区间

变量	Panel A：沪市深市 2008—2020 年		Panel B：深市 2013—2020 年 沪市 2009—2020 年		Panel C：深市 2013—2019 年 沪市 2009—2019 年	
	Herding					
	OLS 回归	固定效应	OLS 回归	固定效应	OLS 回归	固定效应
	(1)	(2)	(3)	(4)	(5)	(6)
Treat	0.005		－0.002		－0.003	
	(1.222)		(－0.400)		(－0.694)	
Post	－0.016***	－0.018**	－0.020***	－0.021***	－0.024***	－0.023***
	(－2.832)	(－2.230)	(－3.332)	(－2.587)	(－3.902)	(－2.815)
Treat × *Post*	0.022***	0.028***	0.031***	0.036***	0.034***	0.039***
	(3.911)	(4.628)	(5.291)	(5.751)	(5.581)	(6.041)
Constant	0.354***	0.463***	0.341***	0.488***	0.308***	0.582***
	(7.838)	(5.324)	(5.402)	(4.409)	(4.373)	(4.940)
Control	Yes	Yes	Yes	Yes	Yes	Yes
Industry	Yes	No	Yes	No	Yes	No
Year	Yes	Yes	Yes	Yes	Yes	Yes
N	10132	10132	8524	8524	7720	7720
R^2	0.046	0.033	0.048	0.039	0.050	0.045

（五）安慰剂检验

为验证本章的实证结果是由于沪深港通机制的实施而产生的，不是随时间推移自动发生的，在进行稳健性检验时，采用了安慰剂检验，回归得到的结果如表 6－9 所示。其中，Panel A 是将政策实施时间往前移两年对应的结果，即假设沪港通实施时间是 2012 年，深港通实施时间是 2014 年；Panel B 是将政策实施时间往前移三年对应的结果，即假设沪港通实施时间是 2011 年，深港通实施时间是 2013 年。由 Panel A 结果可知，无论是普通最小二乘法还是固定效应回归，核心解释变量 *Treat* × *Post* 的系数为正，但不显著，说明与非标的公司相比，沪深港通机制虽然能促进标的公司机构投资者羊群行为的产生，但这种促进不显著，与本章前文结论不一致。由 Panel B 结果可知，无论是普通最小二乘法还是固定效应回归，核心解释变量 *Treat* × *Post* 的系数都为负，与本章结论不符。以上结论表明，资本市场对外开放对沪深港通标的公司机构投资者羊群行为的加剧作用与时间的推移无关，而是沪深港通机制的实施导致的。

表 6-9　　安慰剂检验

变量	Panel A：政策实施时间往前移两年		Panel B：政策实施时间往前移三年	
	Herding			
	OLS 回归	固定效应	OLS 回归	固定效应
	(1)	(2)	(3)	(4)
Treat	0.009		0.019***	
	(1.465)		(2.687)	
Post	-0.011	-0.009	-0.004	0.001
	(-1.365)	(-1.123)	(-0.401)	(0.116)
Treat × *Post*	0.008	0.004	-0.007	-0.015**
	(1.213)	(0.591)	(-0.933)	(-1.978)
Constant	0.275***	0.319***	0.260***	0.242**
	(4.649)	(3.152)	(4.418)	(2.398)
Control	Yes	Yes	Yes	Yes
Industry	Yes	No	Yes	No
Year	Yes	Yes	Yes	Yes
N	9190	9190	9190	9190
R^2	0.045	0.035	0.045	0.035

（六）剔除沪市 2014 年数据和深市 2016 年数据

由于沪港通制度是在 2014 年实施的，在这一年，标的沪市 A 股的各种数据在机制实施前和机制实施后两个阶段可能存在差异，这可能会对本章的回归结果产生影响，2016 年实施的深港通机制中的标的深市 A 股也是如此。因此，在进行稳健性检验时，剔除沪市 2014 年数据和深市 2016 年数据，回归结果报告见表 6-10。由表 6-10 第（1）列和第（2）列可知，无论是普通最小二乘法还是固定效应回归，*Treat* × *Post* 的系数都在 1% 的水平下显著为正，与本章前文结论相符。

表 6-10　　剔除沪市 2014 年数据和深市 2016 年数据

	Herding	
	OLS	固定效应
	(1)	(2)
Treat	0.006	
	(1.044)	

续表

	Herding	
	OLS	固定效应
	(1)	(2)
Post	-0.011	-0.011
	(-1.433)	(-0.991)
Treat × Post	0.022***	0.026***
	(3.514)	(3.773)
Constant	0.307***	0.427***
	(5.509)	(4.001)
Control	Yes	Yes
Industry	Yes	No
Year	Yes	Yes
N	8308	8308
R^2	0.045	0.037

（七）剔除股市周期对机构投资者羊群行为的影响

由于股市存在周期，在不同周期，机构投资者羊群行为也会有不同表现，回归结果也可能存在差异。因此，本章剔除了股市周期这一影响因素重新进行回归，得到的回归结果如表 6-11 所示。其中，Panel A 报告了剔除 2008 年数据的回归结果；Panel B 报告了剔除 2015 年数据的回归结果；Panel C 报告了剔除 2008 年和 2015 年数据的回归结果。由表 6-11 可知，无论是普通最小二乘法还是固定效应回归，在三个样本区间下，*Treat* × *Post* 的系数都在 1% 的水平下显著为正，与本章的结论相符，说明样本区间的选取对本章结论无影响，也说明本章结论具有稳健性。

表 6-11　　　　剔除股市周期的影响

变量	Panel A：剔除 2008 年数据		Panel B：剔除 2015 年数据		Panel C：剔除 2008 年和 2015 年数据	
	Herding					
	OLS 回归	固定效应	OLS 回归	固定效应	OLS 回归	固定效应
	(1)	(2)	(3)	(4)	(5)	(6)
Treat	0.002		0.004		0.003	
	(0.470)		(0.703)		(0.483)	
Post	-0.018**	-0.019**	-0.022***	-0.022**	-0.022***	-0.024**
	(-3.011)	(-2.324)	(-2.775)	(-2.106)	(-2.857)	(-2.265)

续表

变量	Panel A：剔除2008年数据		Panel B：剔除2015年数据		Panel C：剔除2008年和2015年数据	
	Herding					
	OLS 回归	固定效应	OLS 回归	固定效应	OLS 回归	固定效应
	(1)	(2)	(3)	(4)	(5)	(6)
Treat × Post	0.026***	0.031***	0.026***	0.028***	0.027***	0.031***
	(4.366)	(4.968)	(4.080)	(4.147)	(4.312)	(4.525)
Constant	0.336***	0.477***	0.297***	0.453***	0.334***	0.493***
	(5.391)	(4.545)	(4.678)	(4.239)	(4.946)	(4.391)
Control	Yes	Yes	Yes	Yes	Yes	Yes
Industry	Yes	No	Yes	No	Yes	No
Year	Yes	Yes	Yes	Yes	Yes	Yes
N	8958	8958	8320	8320	8088	8088
R^2	0.045	0.036	0.046	0.038	0.044	0.037

五、异质性检验

（一）公司成长性的异质性

与成长性低的公司相比，成长性高的公司为了自身发展，投资项目多且复杂，委托代理问题越严重，面临的信息不对称程度也就越高（杨兴全和吴昊旻，2011）。因此，与成长性较低的公司相比，沪深港通改善成长性较高的公司的信息不对称的边际效用更大，进一步使得沪深港通对机构投资者羊群行为的促进作用在成长性较高的标的公司中更为显著。综上所述，本章参考唐玮等（2019）的研究，用账面市值比来衡量成长性，根据账面市值比的样本中位数，将样本分为高成长性组和低成长性组，账面市值比小于其中位数为高成长性组，取值为1，反之，为低成长性组，取值为0。然后进行分组回归，用以检验沪深港通对机构投资者羊群行为的促进作用是否在成长性较高的标的公司中更为显著。回归结果如表6－12列（1）和列（2）所示。由表6－12结果可知，沪深港通机制对机构投资者羊群行为的促进效应在成长性高的公司中更强。

（二）公司产权性质的异质性

相较于国有企业，非国有企业披露信息的意愿和披露质量更低（文雯等，2020）。因此，我们预测沪深港通机制对非国有企业信息披露质量的边际提升作用更大，从而使非国有企业的羊群行为发生更大程度的改变。

首先，根据企业产权性质将样本划分为国有企业与非国有企业两组，然后进行分组回归，用以检验沪深港通对机构投资者羊群行为的促进作用是否在非国有标的公司中更为显著。回归结果如表 6 – 12 列（3）和列（4）所示。由表 6 – 12 结果可知，沪深港通机制对机构投资者羊群行为的促进效应在成长性高的公司中更强。这说明沪深港通实施后，与国有企业相比，非国有企业面临的机构投资者羊群行为更高。基于以上分析可以得出结论：与国有企业相比，非国有企业提升信息披露质量的动机更强，非国有企业更能利用资本市场开放改善自身的信息披露状况，提高自身信息披露质量，从而使标的非国有企业面临的机构投资者伪羊群行为加剧。

综上所述，异质性检验的结果表明，对于成长性更高的公司以及非国有企业而言，沪深港通引发的机构投资者羊群行为更剧烈。

表 6 – 12　　　　成长性与产权性质的异质性检验结果

变量	*Herding*			
	成长性较高	成长性较低	非国有企业	国有企业
	(1)	(2)	(3)	(4)
Treat	0.001	0.006	0.000	0.007
	(0.097)	(0.759)	(0.078)	(0.870)
Post	−0.019***	−0.011	−0.022***	−0.016
	(−2.599)	(−1.061)	(−2.841)	(−1.627)
Treat × *Post*	0.037***	0.008	0.032***	0.010
	(4.385)	(0.947)	(4.182)	(1.124)
Constant	0.335***	0.242***	0.236**	0.341***
	(4.051)	(2.622)	(1.971)	(4.186)
Control	Yes	Yes	Yes	Yes
Industry	Yes	No	No	Yes
Year	Yes	Yes	Yes	Yes
N	4595	4595	5528	3662
R^2	0.066	0.054	0.062	0.060

六、影响机制检验

由本章前文理论分析可知，信息会对机构投资者羊群行为产生影响，而资本市场开放会提高公司的信息披露质量（阮睿等，2021）。因此，本章以信息披露质量为中介变量，研究资本市场开放影响机构投资者羊群行为的路径。本章使用 KV 度量法（Kim and Verrecchia，2001）衡量信息披露质量。KV 所刻画的信息披露质量，包含了强制性和自愿性信息披露，与其他信息披露指标相比，该指标能够更有效地反映上市公司的信息披露质量。具体计算过程见式（6－12）：

$$\ln\left|\frac{\Delta P_t}{P_{t-1}}\right| = \delta_0 + \delta_1(Vol_t - Vol_0) + u_i \qquad \text{式（6－12）}$$

其中，ΔP_t 为 P_t 与 P_{t-1} 之差，P_t 为 t 日的收盘价，Vol_t 为 t 日的交易量，Vol_0 为年度日平均交易量，对式（6－12）进行回归时，删除公司年度交易日小于 100 天、δ_1 为负以及 ΔP_t 等于 0 的值，最后得到公司信息披露质量 $KV = \delta_1 \times 1000000$，$KV$ 值越小，表示信息披露质量越好。

为检验资本市场开放与信息披露质量之间的关系，构建式（6－13）：

$$KV_{i,t} = \gamma_0 + \gamma_1 Treat_{i,t} + \gamma_2 Post_{i,t} + \gamma_3 Treat_{i,t} \times Post_{i,t} + \gamma_4 \sum Controls_{i,t} + \sum(\gamma_n Industry) + \sum(\gamma_m Year) + \tau_{i,t} \qquad \text{式（6－13）}$$

借鉴李春涛等（2018）的研究，本章选取的控制变量有产权性质（*Soe*）、盈利能力（*Roa*）、财务杠杆（*Lev*）、公司规模（*Size*）、公司成长性（*Growth*）、第一大股东持股比例（*Tophold*）、机构投资者持股比例（*Institution*）、独立董事比例（*Indep*）、两职合一（*Dual*）。

首先，本章研究了资本市场开放与信息披露质量之间的关系，回归结果见表 6－13 第（1）列和第（2）列。由表 6－13 结果可知，无论是使用最小二乘法还是固定效应模型，$Treat \times Post$ 的回归系数都在 1% 的水平下显著为负，这说明资本市场开放可以提升公司的信息披露质量。其次，我们借鉴陈运森和黄健峤（2019）的路径分析方法，根据沪深港通实施前后公司信息质量变化的中位数，将信息披露质量的研究样本分为信息披露质量改善较多组（$\Delta kv = 1$）和信息披露质量改善较少组（$\Delta kv = 0$），进行分组回归，结果见表 6－13 第（3）列至第（6）列。由表 6－13 结果可知，在普通最小二乘法和固定效应模型回归下，资本市场开放对机构投资者羊群行为的影响都体现在信息披露质量改善较多的一组，这说明资本市场开放能通过影响公司信息披露质量来加剧机构投资者羊群行为。这可能与伪羊群行为有关：机构投资者调查研究了相同或相关的信息，根据这些信息对股票内在价值进行判断后作出了相同交易决策（Froot，1992），这种一致的交易行为并非源于相互之间的模仿和跟随，被称为伪羊群行为（李惠璇等，2019）。因此，资本市场开放使得公司信息披露质量提高，信息不对称程度下降，从而促进了机构投资者伪羊群行为产生。综上所述，资本市场开放能通过信息渠道加强标的公司的机构投资者羊群行为。

表 6-13　影响机制分析：信息披露质量

变量	*KV*		*Herding*			
	OLS	固定效应	OLS		固定效应	
	(1)	(2)	(3)	(4)	(5)	(6)
			Δ*kv* - 1	Δ*kv* = 0	Δ*kv* = 1	Δ*kv* = 0
Treat	-0.004		0.003	0.002		
	(-0.591)		(0.483)	(0.260)		
Post	0.041***	0.040***	-0.032***	-0.001	-0.034***	-0.001
	(6.951)	(5.972)	(-3.420)	(-0.127)	(-2.690)	(-0.101)
Treat × *Post*	-0.041***	-0.024***	0.031***	0.013	0.040***	0.017*
	(-6.744)	(-4.732)	(3.390)	(1.548)	(4.393)	(1.897)
Constant	0.705***	0.759***	0.331***	0.240***	0.561***	0.303**
	(13.987)	(9.964)	(4.344)	(2.851)	(3.882)	(1.961)
Control	Yes	Yes	Yes	Yes	Yes	Yes
Industry	Yes	No	Yes	Yes	No	No
Year	Yes	Yes	Yes	Yes	Yes	Yes
N	9916	9916	4018	4035	4018	4035
R^2	0.286	0.191	0.056	0.060	0.038	0.038
Diff-test			(4) — (3)		(6) — (5)	
Diff			-0.018*		-0.023*	
经验 *p* 值			0.068		0.074	

注："经验 *p* 值"用于检验组间 *Treat* × *Post* 系数差异的显著性，"经验 *p* 值"参考连玉君等（2010）的研究通过自体抽样（Bootstrap），共重复抽样 1000 次得到。

第五节　结论

沪深港通是中国资本市场新一轮高水平对外开放的重要举措，也是中国 A 股市场与国际资本市场接轨的重大制度创新。本章借助沪深港通试点的准自然实验，构造处理组和对照组，采用多时点双重差分模型，研究资本市场开放对机构投资者羊群行为的影响。实证结果发现，相较于非标的公司，沪深港通加剧了标的公司的机构投资者羊群行为。并且沪深港通开通后，对于机构投资者羊群行为更严重的标的公司而言，其股票错误定价现象得到了矫正，股价滞后性也有所降低。由以上研究结果可以得出，沪深港通制度是机构投资者羊群行为的重要诱发因素，且由沪深港通引发的机构投资者羊群行为是基于共同信息驱动的伪羊群行为，有助于信息更快地融入股价，提升资本市场定价效率。进一步研究表明，沪深港通主要通过提升标的公司的信息披露质量来加剧机构投资者伪羊群行为。异质性检验结果显示，在成长性更高的公司和非国有企业中，沪深港通对机构投资者伪羊群行为的促进作用更大。本章从机构投资者羊群行为及其对市场定价效率影响的角度，为沪深港通这一资本市场开放政策的经济效应提供了微观视角的经验证据，说明互联互通交易机制对投资者行为和股票市场均具有积极效应，有助于促进中国资本市场的健康稳定发展。

第七章　资本市场开放与证券分析师行为

第一节　引言

证券分析师作为资本市场中的另一重要参与主体，通过跟踪挖掘上市公司的各种信息，对公司股票的未来走势进行分析预测，为投资者的投资决策提供深度信息和专业意见，并为上市公司提供重要的决策依据。但受制于各种因素的影响，部分分析师向市场传递的信息存在诸多较为严重的偏差（许年行等，2012），对资源优化配置带来较大冲击，不利于资本市场的长足发展。前文研究发现，沪深港通进一步敞开了中国资本市场大门，改善了公司信息披露行为和机构投资者的交易行为。那么，沪深港通制度的实施将怎样影响分析师的跟踪及预测行为呢？

已有文献大多从市场、公司或分析师个人层面对分析师行为的影响因素展开分析。例如，放松卖空管制促使分析师发布更多乐观的盈利预测（王攀娜和罗宏，2017；褚剑等，2019）；市场信息环境的改善有助于提升分析师预测准确度（林晚发等，2020）；内控质量越高的公司能够吸引更多的分析师跟踪，并提升其预测精确度（董望等，2017）；但公司对衍生工具的运用会减少其分析师跟踪数量（王晓珂等，2020）；分析师个人的经验、努力、经纪公司规模和全明星地位也会对其预测精确度产生正向影响（Keskek and Myers，2017）。然而，鲜有文献研究资本市场开放对分析师行为的影响。

沪深港通进一步打开了中国资本市场大门，使A股市场涌入了大量境外资本，为中国市场带来更多具有丰富投资经验和高质量信息需求的境外投资者，并且给市场也带来了极大的不确定性，对分析师预测行为提出了更大的挑战和更高的要求。作为沪港通的重要标的之一，中国石化在沪港通开通后受到了更多国际分析师的关注。同样，保险行业的龙头企业中国人寿也是沪港通标的公司，在沪港通开通后，该公司通过提供详细的业务分析和市场展望，吸引了更多分析师的关注。前文发现，沪深港通制度实施后，公司的信息披露质量显著提升。而公司的信息披露是影响分析师获取上市公司信息的重要环节。那么，沪深港通制度的实施将如何影响证券分析师的行为？本章将从分析师关注、分析师预测精准度以及分析师预测分歧度三方面展开深入探讨。

基于以上分析，本章使用沪市 A 股上市公司 2008—2020 年和深市 A 股上市公司 2012—2020 年的数据作为观测值，采用多时点双重差分模型，探究资本市场开放对分析师行为的影响。研究发现：资本市场开放显著提升了分析师关注度、分析师预测精准度，降低了分析师预测分歧度，在经过一系列稳健性检验后结论仍然成立，且当境外投资者是沪深港通标的公司的前十大股东之一时，上述影响更大。进一步分析表明，资本市场开放对分析师行为的影响在信息透明度较低、成长性较高、结构较复杂的标的公司中更为明显。

本章的边际贡献主要体现在以下三个方面：第一，从分析师行为的角度研究了资本市场开放的经济后果，丰富了与资本市场开放相关的文献。现有文献分析认为资本市场开放降低了资本成本，促进了投资和经济增长（Gupta and Yuan，2009；Bena et al.，2017），缓解了融资限制（Ghosh，2006），改善了公司的自愿披露行为（Tsang et al.，2019）。也有文献研究发现，中国的资本市场开放政策，特别是沪深港通机制，可以降低 A－H 股溢价（Fan et al.，2017）、企业避税（Jiang et al.，2020；王勇和芦雪瑶，2022）、股价同步性（杨秋平和刘红忠，2021；Li et al.，2022）、股价暴跌风险（郭阳生等，2018；Zhang et al.，2022）、促进企业创新（齐荻，2020；Wang et al.，2021；Sha et al.，2022）、企业社会责任表现（Yang et al.，2022）。然而，与上述关于资本市场开放的经济后果的文献不同，本章通过关注分析师行为来研究这个问题，进一步丰富了资本市场开放和分析师行为的相关研究。特别是与许多使用跨国数据来研究资本市场开放的经济后果的论文相比，本章的不同之处在于，本章专注于中国最近的资本市场开放政策，即沪深港通机制，该机制限定了境外投资者可购买股票的范围，这为本研究提供了一个自然的实验组和控制组，便于采用多时点双重差分模型有效地解决其内生性问题。第二，丰富了宏观层面上关于分析师行为影响因素的文献。之前的文献主要从微观方面分析了公司特征（Haw et al.，2015）、分析师个人特征（何慧华和方军雄，2019；Fang and Hope，2021）和社交媒体（谭松涛，2015；Amin et al.，2019）对分析师行为的影响。虽然也有文献从宏观角度研究了经济政策不确定性对分析师行为的影响（Biswas，2019；钟覃琳和刘媛媛，2020），但很少有文献从资本市场开放的角度研究分析师行为。在现有文献的基础上，本章进一步从资本市场开放的角度探讨了影响分析师行为的因素，为宏观经济政策的变化在微观层面上对分析师行为的影响提供了新的解释和证据。第三，促进了分析师在资本市场中信息中介作用的发挥，宏观环境的波动给市场带来的不确定性使得分析师的信息角色愈发重要，对其行为进行分析，有助于市场了解分析师，促使其更加全面地发挥信息中介作用。

第二节　理论分析与假设提出

沪港通与深港通的实施为香港资本市场投资者参与内地经济增长提供了新的路径，促进了券商、分析师等其他金融中介机构参与相关上市公司的信息生产过程（郭阳生，2019）。在沪深港通制度下，境外投资者对更多分析师报告的需求可能会增加对相关公司的分析师关注度。同时，由于沪深港通机制下更严格的监管披露要求和隐含的信息披露压力，纳入沪深港通的合格企业将向市场披露更多的信息和更高质量的信息，这有助于分析师分析和预测上市企业的盈利能力。因此，本章认为沪深港通可以提高分析师的关注度和预测的精准度，并降低他们的预测分歧度。具体逻辑如下：

首先，沪深港通的实施可能会对分析师的关注度产生影响。沪深港通的实施，让更多的境外投资者进入内地股市进行股票交易。这些新的境外投资者，面对新的市场和新的股票投资对象，必须收集大量的相关信息来熟悉投资标的，而阅读分析师的研究报告是快速获取信息的渠道之一（Huang et al.，2017）。此外，Dvořák（2005）表明本地投资者相对于全球投资者具有短暂的信息优势，Chan 等（2006）通过分析中国 A 股（国内投资者）和 B 股（国外投资者）市场的价格发现效应，也证实了境外投资者相对于国内投资者处于信息劣势，说明境外投资者相对于国内投资者对国内上市公司的熟悉程度较低。境外投资者需要从内地市场上市公司的分析师报告中获得更专业、更可靠的信息来了解内地上市公司的情况，判断内地公司的投资价值。因此，这些境外投资者的信息需求可能会促使更多的分析师关注沪深港通标的公司，全面收集标的公司的信息，并提供更多的研究服务。因此，本章提出以下假设：

H1：沪深港通制度实施后，标的公司的分析师关注度会有所增加。

其次，沪深港通的实施可能对分析师预测的精准度产生积极影响。资本市场开放后，外国机构投资者可以自由交易沪深港通标的公司的股票，导致境外投资者更加关注沪深港通标的公司的相关信息。这些境外投资者来自监管环境较严格的发达金融市场，在公司价值评估和市场交易方面有更多的经验和更高超的技能，因此，境外投资者可以迅速识别公司的异常行为。这种来自境外投资者的监督压力会给公司带来信息披露的压力（Stulz，1999），导致内地上市公司不能再轻易操纵公司的经营业绩（Dahlquist and Robertsson，2001），这将导致符合条件的公司的信息披露质量的提高。此外，在沪深港通机制的实施过程中，中国监管机构将以相关的国际披露标准为参考，提高对标的公司的信息披露要求。为了满足更高层次的监管要求，沪深港通的标的公司将不得不被动地提高其信息披露质量。综上所述，沪深港通机制的实施可以提高标的公司的信息披露质量和信息透明度。而 Bhat 等（2006）发现，公司信息透明度对分析师预测精准度有明显的正向影响。Park 和 Cho（2020）也认为，更透明的公司信息有助于市场参与者形成更准确和可实现的预测，也就是说，当标的公司的信息披露质量提高时，分析师基于更准确的公开信息预测公司未来收益的精准度也会提高。因此，本章提出以下假设：

H2：沪深港通制度实施后，标的公司的分析师预测精准度会有所提升。

最后，沪深港通机制的实施可能会对分析师的预测分歧度产生影响。沪深港通机制要求标的公司的财务报告披露标准与国际会计准则趋同，更大的财务报表可比性有利于降低分析师的信息获取成本，从而降低预测分歧度（Franco et al.，2011）。同时，基于外部监管压力和境外投资者的信息需求，沪深港通的标的公司会披露更多、更准确的公共信息。当公开信息更精确时，分析师之间的分歧应该更低。而 Lang 等（1996）发现，在公司信息披露更多的环境中，分析师的共识更多，表明不同的分析师作出不同的预测主要是因为私人信息的差异，而不是对共同信息的解释的差异。因此，沪深港通实施后产生的更多公共信息可能会减少分析师的预测分歧度。综上所述，本章提出以下假设：

H3：沪深港通制度实施后，标的公司的分析师预测分歧度会有所降低。

第三节　研究设计

一、数据来源与处理

为了保证样本观测期的对称性，本章采用 2008—2020 年上海证券交易所的 A 股公司数据和 2012—2020 年深圳证券交易所的 A 股公司数据作为原始样本。将纳入沪港通和深港通的股票设置为模型的实验组，其余未纳入沪、深港通的股票设置为模型的对照组。按照如下条件对数据进行筛选：（1）剔除属于金融业的上市公司；（2）排除处于财务困境的公司（即标记为特殊处理，如 ST、*ST）；（3）剔除控制变量缺失的样本；（4）参考陈运森和黄健峤（2019）剔除 2014 年 11 月 17 日以后移除或移进沪港通的沪市股票数据和 2016 年 12 月 5 日以后移除或移进深港通的深市股票数据；（5）为排除极端值的影响，利用 Winsorize 命令在 1% 和 99% 水平上进行数据缩尾处理。最终，本章共得到 10135 个有效观测值。

本章上市公司财务相关数据来自国泰安（CSMAR）数据库；沪深港通标的股票数据来自香港联合交易所官网。

二、变量定义与选取

（一）分析师预测变量的设定

1. 分析师关注度（*Coverage*）

参考 Lang 和 Lundholm（1996）的研究，本章定义 $Coverage_{i,t}$ 为分析师关注度，即在第 t 年内公司 i 有多少个分析师（团队）对该公司进行过跟踪分析。一个分析师团队则数量为 1，不单独列出其成员计算数量。

2. 分析师预测精准度（*Accuracy*）

参考 Guan 等（2015）的研究，本章根据分析师对公司每股收益预测的平均值与公司实际收益之间的差异的绝对值除以公司在一个会计年度开始时的股价来衡量每个公司年度的分析师预测精准度（$Accuracy_{i,t}$），见式（7－1）。

$$Accuracy_{i,t} = \frac{|mean(FEPS_{i,t}) - MEPS_{i,t}|}{Price_{i,t}} \quad \text{式（7－1）}$$

其中，i 和 t 分别表示公司和年份。$mean(FEPS_{i,t})$ 表示分析师对公司 i 在 t 年的每股收益预测的平均值，$MEPS_{i,t}$ 是公司 i 在 t 年的实际每股收益，$Price_{i,t}$ 是公司 i 在 t 年年初的股票价格。

3. 分析师预测分歧度（*Dispersion*）

参考 Barron 等（2009）的研究，本章将分析师预测分歧度（$Dispersion_{i,t}$）定义为分析师对企业发布的盈利预测的标准差，见式（7－2）。

$$Dispersion_{i,t} = \sqrt{\frac{\sum_{i=1}^{N}[FEPS_{i,t} - mean(FEPS_{i,t})]^2}{N-1}} \quad \text{式（7－2）}$$

其中，i 和 t 分别代表公司和年份。$FEPS_{i,t}$表示分析师对 i 公司在 t 年的每股收益的预测值，$mean(FEPS_{i,t})$ 表示分析师对公司 i 在 t 年的每股收益预测的平均值，N 指的是分析师总数。

自变量是与沪深港通机制有关的两个指标变量。第一个是 *Treat*，如果企业是沪深港通标的公司，则等于 1，否则为 0。纳入沪深港通的标的公司构成实验组，而其他公司则作为控制组。第二个是 *Post*，如果公司观测年度是在沪深港通机制启动的那一年之后，则等于 1，否则等于 0。具体来说，对于上证 A 股的上市公司来说，由于沪港通是在 2014 年推出的，因此在 2014 年之后的公司年度，*Post* 等于 1，否则等于 0。对于深交所 A 股的上市公司来说，深港通是在 2016 年推出的，对于 2016 年以后的公司年度，*Post* 等于 1，否则等于 0。

（二）控制变量

在控制变量的选取方面，借鉴郭阳生等（2018）和李沁洋等（2018）的研究，本章从公司特征出发，选取了以下控制变量：公司规模（*Size*）、销售成长性（*Growth*）、账面市值比（*BM*）、审计师特征（*Bigfour*）、资产负债率（*Lev*）、净资产收益率（*Roe*）。除以上变量以外，本章还加入了年度虚拟变量及行业虚拟变量，以此来分别控制年度和行业固定效应。变量的定义和度量如表 7－1 所示。

表 7－1　　主要变量及其定义

符号	变量名称与定义
Coverage	分析师关注度，在一年以内对该公司进行过跟踪分析的分析师（团队）个数
Accuracy	分析师预测精准度，（分析师盈余预测均值－对应年份的实际每股盈余）/年初股价
Dispersion	分析师预测分歧度，分析师盈余预测方差/年初股价
Post	哑变量，当股票为沪市 A 股且年份大于 2014 时，则取值为 1，否则，取值为 0；当股票为深市 A 股且年份大于 2016 时，则取值为 1，否则，取值为 0
Treat	哑变量，股票为沪深港通标的股票时，则取值为 1，否则，取值为 0
Treat×*Post*	*Post* 与 *Treat* 交互项
Size	公司规模，总资产取自然对数
Lev	资产负债率，总负债/总资产
Roe	净资产收益率，净利润/净资产
Growth	销售成长性，（当期营业收入－滞后一期营业收入）/滞后一期营业收入
BM	市账比，市值/总资产
Bigfour	审计师选择，若为“四大”则取值为 1，否则为 0
Year	年度虚拟变量
Industry	行业虚拟变量

三、模型构建

为检验假设，本章构建模型如下，见式（7－3）、式（7－4）和式（7－5）：

$$Coverage_{i,t}=\alpha+\beta_1 Treat_i+\beta_2 Post_{i,t}\times Treat_i+\beta_3 Post_{i,t}+\sum\beta_i Control+Industry_i+Year_t+\varepsilon_{i,t} \quad 式（7-3）$$

$$Accuracy_{i,t}=\gamma+\mu_1 Treat_i+\mu_2 Post_{i,t}\times Treat_i+\mu_3 Post_{i,t}+\sum\mu_i Control+Industry_i+Year_t+\varepsilon_{i,t} \quad 式（7-4）$$

$$Dispersion_{i,t}=\delta+\omega_1 Treat_i+\omega_2 Post_{i,t}\times Treat_i+\omega_2 Post_{i,t}+\sum\omega_i Control+Industry_i+Year_t+\varepsilon_{i,t} \quad 式（7-5）$$

其中，$Coverage_{i,t}$是在第 t 年关注公司 i 的分析师数量。$Accuracy_{i,t}$是公司 i 在第 t 年的分析师预测精准度。$Dispersion_{i,t}$是公司 i 在第 t 年的分析师预测分歧度。表 7－1 中定义了 *Treat* 和 *Post*，用来捕捉沪深港通机制的效果，*Control* 是公司层面的控制变量向量。$Industry_i$ 和 $Year_t$ 分别控制行业和年份的固定效应。标准误差在公司层面上进行了聚类。式（7－3）考察了沪深港通对分析师关注度的影响，式（7－4）考察了沪深港通对分析师预测精准度的影响，式（7－5）考察了沪深港通对分析师预测分歧度的影响。$Treat\times Post$ 是本章的核心解释变量，如果式（7－3）中 $Treat\times Post$ 的系数为正且显著，说明沪深港通会增加分析师关注度。如果式（7－4）中 $Treat\times Post$ 的系数为负且显著，说明沪深港通会提升分析师预测精准度。如果式（7－5）中 $Treat\times Post$ 的系数为负且显著，则表明沪深港通会减少分析师预测的分歧度。

第四节　实证结果与分析

一、描述性统计

表 7－2 给出了主要变量的描述性统计结果。根据表 7－2 中的数据，分析师关注度（*Coverage*）的均值为 1.847，这意味着在某一年大约有 1.847 名分析师跟踪一家公司，最大值为 3.871，最小值为 0.000，这些数据说明不同公司分析师关注度存在较大差别。分析师预测精准度（*Accuracy*）的均值为 0.025，这表明分析师预测收益与相应的实际收益之间的差异约

为当期期初股价的2.5%，最大值为0.187，最小值为0.000，表明分析师对不同上市公司盈余预测存在偏差较大的情况。分析师预测分歧度（*Dispersion*）的均值为0.663，表明分析师之间的盈余预测存在较大的分歧。沪深港通标的股票虚拟变量（*Treat*）的均值为0.368，这说明在研究样本中，沪深港通标的公司占全样本的36.8%。沪深港通实施时间的虚拟变量（*Post*）均值为0.497，说明有49.7%的样本是在政策年之后观察到的。对于关键解释变量 *Treat* × *Post*，均值为0.169，这表明总样本的16.9%受到沪深港通计划的影响。此外，控制变量中，样本公司的平均规模（*Size*）为21.98，该数据表明研究样本企业的规模较大；平均杠杆率（*Lev*）为0.43，低于50%，说明样本企业在经营过程中比较谨慎；平均净资产收益率（*Roe*）为0.089，说明样本企业普遍有较好的收益率，但依旧有待提高；平均销售增长率（*Growth*）为0.295，中位数为0.076，说明部分样本企业具有较高的成长性，但大部分企业可能由于已经处于生命周期的成熟期而成长性不高；平均账面市值比（*BM*）为1.068，中位数为1.247，说明大部分样本企业的市场价值大于公司的账面价值，未来的增长前景较好；企业审计师是否来自“四大”会计师事务所（*Bigfour*）的均值为0.069，表明6.9%的样本企业审计师来自“四大”会计师事务所。

表7－2　　主要变量描述性统计

变量名称	样本量	均值	标准差	最小值	最大值
Coverage	10135	1.847	1.142	0.000	3.871
Accuracy	8771	0.025	0.031	0.000	0.187
Dispersion	8629	0.663	0.727	0.008	4.122
Treat	10135	0.368	0.482	0.000	1.000
Post	10135	0.497	0.500	0.000	1.000
Treat × *Post*	10135	0.169	0.375	0.000	1.000
Size	10135	21.98	1.419	19.210	26.42
Lev	10135	0.430	0.199	0.059	0.850
Roe	10135	0.089	0.075	−0.221	0.310
Growth	10135	0.295	1.006	−0.194	8.457
BM	10135	1.068	1.175	0.098	6.996
Bigfour	10135	0.069	0.254	0.000	1.000

二、基准回归结果

表7－3报告了式（7－3）、式（7－4）、式（7－5）的回归结果。其

中，列（1）报告了资本市场开放对分析师关注度的影响回归结果，核心变量 *Treat* × *Post* 的系数为 0.191，在 1% 水平下显著为正，表明沪深港通实施以后，沪深港通标的公司的分析师关注度有所提升。列（2）报告了资本市场开放对分析师预测精准度的影响回归结果，核心变量 *Treat* × *Post* 的系数为 -0.005，在 1% 水平下显著为负，表明沪深港通实施以后，沪深港通标的公司的分析师预测精准度有所提高。列（3）报告了资本市场开放对分析师预测分歧的影响回归结果，*Treat* × *Post* 的系数为 -0.093，在 1% 水平下显著为负，这说明沪深港通的开通可以降低分析师预测的分歧度。以上结果表明，资本市场开放提升了分析师关注度和预测精准度，降低了分析师预测分歧度，充分支持了本章的 H1、H2 与 H3。

表 7-3　　　　资本市场开放与分析师行为

变量	*Coverage*	*Accuracy*	*Dispersion*
	(1)	(2)	(3)
Treat	0.235**	-0.002**	-0.031**
	(2.048)	(-2.131)	(-2.055)
Treat × *Post*	0.191***	-0.005***	-0.093***
	(5.848)	(-4.261)	(-2.992)
Post	-0.291***	0.001	-0.082**
	(-7.105)	(0.577)	(-2.072)
Size	-0.000	0.000	0.023***
	(-0.008)	(1.172)	(2.659)
Lev	-0.064	0.017***	0.253***
	(-0.708)	(4.571)	(2.871)
Roe	3.007***	-0.235***	-1.271***
	(22.839)	(-46.244)	(-9.789)
Growth	-0.005	-0.001	-0.019**
	(-0.512)	(-1.608)	(-2.222)
BM	-0.160***	0.004***	0.021
	(-11.520)	(7.400)	(1.579)
Bigfour	0.010	0.002	0.016
	(0.225)	(0.960)	(0.371)
Constant	1.849***	0.015*	-0.276
	(8.924)	(1.904)	(-1.401)
Year	Yes	Yes	Yes
Industry	Yes	Yes	Yes

续表

变量	*Coverage*	*Accuracy*	*Dispersion*
	(1)	(2)	(3)
Observations	10135	8771	8629
R^2	0.122	0.307	0.074

注：*、**、*** 分别表示显著水平为 10%、5%、1%，括号内的数字为 t 值，下同。

三、稳健性检验

前文探讨了资本市场开放对分析师行为的影响，为了检验结果的可靠性，本章将分别从平行趋势检验、改变样本区间以及增加控制变量等方面对上述结论进行稳健性检验。

（一）平行趋势检验

采用双重差分模型的前提是处理组和控制组在政策实施前具有共同的变化趋势。本章借鉴黄小勇和查育新（2022）的做法，通过绘制平行趋势图进行检验。图 7－1 报告了沪深两市受政策影响的处理组和未受影响的控制组的分析师跟踪变化趋势。图 7－1 显示，在沪深港通启动之前（0 时点之前），处理组和控制组的分析师跟踪（*Coverage*）变化趋势基本一致，但是沪深港通启动后（0 时点之后），处理组和控制组的分析师跟踪（*Coverage*）的差距逐步扩大。图 7－2 和图 7－3 报告了沪深两市受政策影响的处理组和未受影响的控制组的分析师盈余预测偏差和分析师盈余预测分歧度的变化趋势。同样，在沪深港通启动之前（0 时点之前），处理组和控制组的变化趋势基本一致，但是沪深港通启动后（0 时点之后），处理组和控制组的差距逐步扩大。因此，双重差分的平行趋势基本通过了检验。

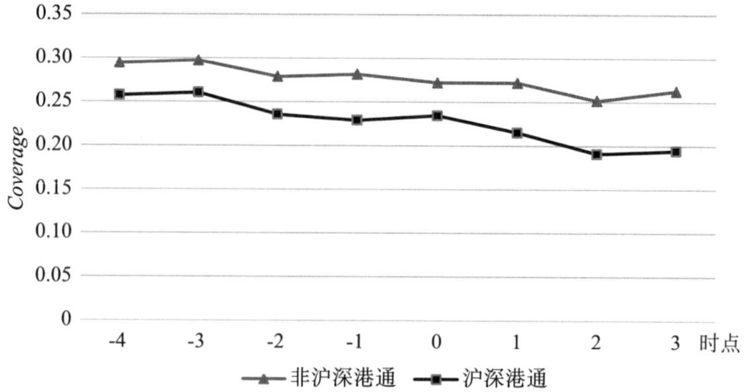

图 7－1　分析师跟踪的平行趋势检验

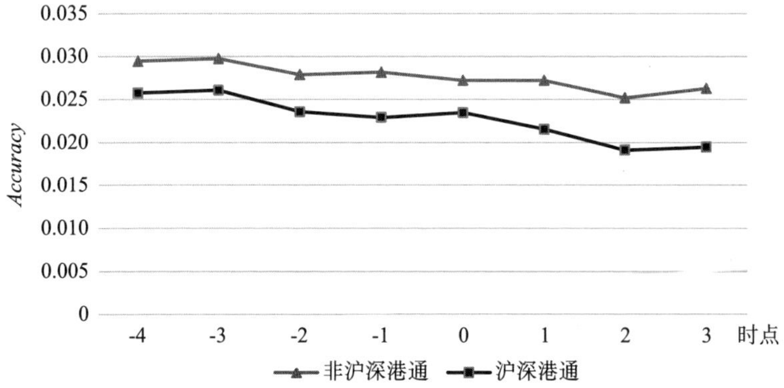

图 7－2　分析师盈余预测准确度的平行趋势检验

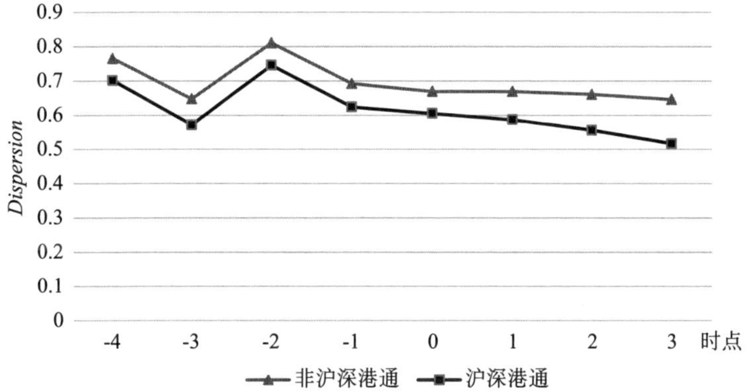

图 7－3　分析师盈余预测分歧度的平行趋势检验

（二）倾向得分匹配

资本市场开放对分析师行为的影响可能是由于公司其他特征的差异。为了减少标的公司和非标的公司之间的特征差异，本章采用倾向得分匹配（PSM）法来匹配两组公司，并重新检查资本市场开放对分析师行为的影响。

首先，本章使用与公司规模（*Size*）、财务杠杆（*Lev*）、销售增长（*Growth*）和审计师质量（*Bigfour*）变量的一对一近邻匹配来选择新的控制样本。在该程序中进行了平衡测试，结果列示于表 7－4 的 Panel A 部分。从 Panel A 部分可以看出，匹配后，标的和非标的公司之间所有特征的差异都很小，这意味着 PSM 程序的有效性。其次，使用 PSM 中保留的样本再次进行 DID 回归。结果列示在表 7－4 的 Panel B 中。*Treat*×*Post* 的系数在分析师关注度（*Coverage*）、预测精准度（*Accuracy*）和预测分歧度（*Dispersion*）方面显著且与基准回归结果一致，这表明样本选择偏差问题

对 *Treat* × *Post* 的估计系数几乎没有影响。因此，本章的结果对潜在的样本选择偏差保持稳健。

表 7－4　　PSM 平衡检验结果

Panel A：平衡性检验结果

变量	Unmatched / Matched	Mean: Treated	Mean: Control	Bias（%）	t－test: t	t－test: $p>t$
Size	U	22.473	21.700	54.1	27.45	0.000
	M	22.426	22.392	2.4	0.95	0.343
Lev	U	0.487	0.396	46.5	22.65	0.000
	M	0.483	0.488	－2.6	－1.09	0.274
Growth	U	0.312	0.285	2.6	1.27	0.203
	M	0.314	0.311	0.3	0.12	0.906
Bigfour	U	0.125	0.037	33.0	17.21	0.000
	M	0.114	0.115	－0.3	－0.11	0.913

Panel B：PSM－DID 模型

变量	*Coverage* (1)	*Accuracy* (2)	*Dispersion* (3)
Treat	0.353**	－0.001**	－0.018*
	(2.113)	(－2.299)	(－1.707)
Treat × *Post*	0.178***	－0.004*	－0.133***
	(3.627)	(－1.893)	(－2.606)
Post	－0.344***	－0.000	－0.011
	(－5.356)	(－0.052)	(－0.166)
Constant	1.926***	0.025**	－0.391
	(6.035)	(2.007)	(－1.238)
Control	Yes	Yes	Yes
Year	Yes	Yes	Yes
Firm FE	Yes	Yes	Yes
Observations	4622	4061	4000
R^2	0.138	0.275	0.061

（三）固定效应模型

为了进一步控制公司的特征，本章采用固定效应模型进行检验。检验结果如表 7－5 所示，在控制了公司固定效应后，第（1）列 *Treat* × *Post* 的系数仍然在 1% 的水平上显著为正，第（2）列 *Treat* × *Post* 的系数仍然在1%的水平上显著为负，第（3）列 *Treat* × *Post* 的系数仍然在1%的水平上显著为负，与前文结论一致。

表7－5　　　　固定效应模型

变量	*Coverage*	*Accuracy*	*Dispersion*
	(1)	(2)	(3)
Treat × *Post*	0.133***	-0.003***	-0.059***
	(3.997)	(-2.784)	(-2.865)
Post	-0.223***	-0.002*	-0.079**
	(-6.006)	(-1.734)	(-2.236)
Constant	1.308***	0.012*	-0.365
	(7.888)	(1.865)	(-1.211)
Control	Yes	Yes	Yes
Year	Yes	Yes	Yes
Firm	Yes	Yes	Yes
Observations	10135	8771	8629
R^2	0.367	0.433	0.245

注：*、**、*** 分别表示显著水平为10%、5%、1%括号内的数字为 *t* 值，下同。

（四）改变样本区间

为了确保结果不受不同样本期选择的影响，本章使用沪市2009—2019年的数据和深市2013—2019年的数据对式（7－3）、式（7－4）以及式（7－5）进行重新回归。回归结果如表7－6所示。结果表明 *Treat* × *Post* 的系数是显著的，并且与分析师关注度（*Coverage*）、预测精准度（*Accuracy*）和预测分歧度（*Dispersion*）的基准结果一致，进一步证明了本章结论的稳健性。

表7－6　　　　改变样本区间检验结果

变量	沪市：2009—2019年；深市：2013—2019年		
	Coverage	*Accuracy*	*Dispersion*
	(1)	(2)	(3)
Treat	0.102***	-0.005**	-0.036***
	(2.983)	(-2.002)	(-2.617)
Treat × *Post*	0.165***	-0.003**	-0.069**
	(4.671)	(-2.398)	(-1.981)

续表

变量	沪市：2009—2019 年；深市：2013—2019 年		
	Coverage	*Accuracy*	*Dispersion*
	(1)	(2)	(3)
Post	-0.269***	0.003	-0.028
	(-6.463)	(1.565)	(-0.667)
Constant	1.812***	0.025***	0.165
	(7.706)	(2.736)	(0.716)
Control	Yes	Yes	Yes
Year	Yes	Yes	Yes
Industry	Yes	Yes	Yes
Observations	8152	6903	6983
R^2	0.115	0.281	0.031

（五）增加控制变量

参考 Lehavy 等（2011）和 Gao 等（2021），本章在回归模型中的控制变量中添加了三个变量，即机构所有权（*Inst*）、个股回报率（*Ret*）和无形资产（*Inta*）。结果如表 7-7 所示。结果表明，在控制与分析师行为相关的更多变量后，*Treat* × *Post* 的系数仍然显著，与基准结果一致。

表 7-7　增加控制变量检验结果

变量	*Coverage*	*Accuracy*	*Dispersion*
	(1)	(2)	(3)
Treat	0.202**	-0.001**	-0.028**
	(2.111)	(-2.025)	(-2.337)
Treat × *Post*	0.155***	-0.005***	-0.067**
	(4.638)	(-3.698)	(-2.116)
Post	-0.295***	0.000	-0.113***
	(-7.020)	(0.002)	(-2.804)
Inst	0.002***	-0.000*	-0.001
	(3.347)	(-1.666)	(-1.439)
Ret	0.010	-0.004***	-0.106***
	(0.629)	(-5.319)	(-6.699)
Inta	0.000**	-0.000**	-0.000
	(2.198)	(-2.010)	(-0.575)

续表

变量	*Coverage*	*Accuracy*	*Dispersion*
	(1)	(2)	(3)
Constant	1.703***	0.017**	-0.179
	(7.961)	(2.056)	(-0.878)
Control	Yes	Yes	Yes
Year	Yes	Yes	Yes
Industry	Yes	Yes	Yes
Observations	9353	8286	8019
R^2	0.131	0.304	0.078

(六) 安慰剂检验

为验证本章的实证结果是由于沪深港通机制的实施而产生的，不是随时间推移自动发生的，在进行稳健性检验时，采用了安慰剂检验。假设沪深港通制度实施的时间为实际实施时间的前两年并重新对模型进行回归，即假设沪港通实施时间是2012年，深港通实施时间是2014年。回归结果如表7-8所示。由表7-8列（1）—列（3）可知，核心解释变量 *Treat* × *Post* 的系数不显著，与本章前文结论不一致。以上实证结果表明，证券分析师行为的改变并非由于时间的推移自然导致的。

表7-8　　安慰剂检验

变量	*Coverage*	*Accuracy*	*Dispersion*
	(1)	(2)	(3)
Treat	0.112**	-0.001*	-0.026**
	(2.115)	(-1.777)	(-2.112)
Post	0.191	-0.009	-0.076
	(0.848)	(-1.261)	(-0.882)
Treat × *Post*	-0.291	-0.005	-0.082
	(-0.105)	(-0.577)	(-0.072)
Constant	2.345***	0.032*	-0.221
	(3.556)	(1.890)	(-1.543)
Control	Yes	Yes	Yes
Industry	Yes	Yes	Yes
Year	Yes	Yes	Yes
N	10135	8771	8629
R^2	0.133	0.299	0.122

四、异质性检验

上述研究发现，沪深港通的开通对分析师的行为有显著的正向影响，即提升分析师关注度和预测精准度，降低预测分歧度。但是，具有不同特征的企业对国家政策的响应程度不同，其相应分析师的行为改变也存在显著差异。因此，本章从企业信息透明度、企业成长性、企业组织结构复杂程度三个方面进一步考察沪深港通的实施对分析师行为的正向影响是否存在异质性。

（一）企业信息透明度的异质性

企业信息透明度即企业特定信息的有效性（Bushman et al.，2004），分为财务信息透明度与治理信息透明度，李静和董秀良（2021）研究发现资本市场开放会提高上市公司的信息透明度，而谢获宝等（2018）认为企业信息透明度对分析师行为有着显著的正向作用。本章认为，资本市场开放会通过提高标的公司的信息披露质量来改变分析师的行为。因此，境外投资者对通过分析师报告了解透明度较低的公司的需求更大，同时信息披露质量对于分析师去准确一致地预测盈利而言也更为重要。本章推断，与信息透明度较高的公司相比，沪深港通的实施对信息透明度较低企业分析师行为的影响更为明显。

本章使用操控性应计利润来度量公司信息透明度，该度量是通过修正的琼斯模型计算的（Dechow et al.，1995）。具体而言，本章估计了行业中给定年份的模型，见式（7－6），以获得 θ_s。然后，使用式（7－7）来计算操控性应计利润（DA）。

$$\frac{TA_{i,t}}{A_{i,t-1}}=\theta_0\frac{1}{A_{i,t-1}}+\theta_1\frac{\Delta REV_{i,t}}{A_{i,t-1}}+\theta_2\left(\frac{PPE_{i,t}}{A_{i,t-1}}\right)+\varepsilon_{i,t} \qquad 式（7－6）$$

$$DA_{i,t}=\frac{TA_{i,t}}{A_{i,t-1}}-\left[\check{\theta}_0\frac{1}{A_{i,t-1}}+\check{\theta}_1\frac{\Delta REV_{i,t}-\Delta REC_{i,t}}{A_{i,t-1}}+\check{\theta}_2\left(\frac{PPE_{i,t}}{A_{i,t-1}}\right)\right] \qquad 式（7－7）$$

$TA_{i,t}$表示应计利润总额，通过从经营活动产生的净现金流中减去经营利润计算得出。$\Delta REV_{i,t}$是营业收入的变化。$\Delta REC_{i,t}$是应收账款的变化。$PPE_{i,t}$是 t 期间的固定资产净额。$A_{i,t-1}$表示使用 $t-1$ 年末的总资产消除了规模效应。$DA_{i,t}$的绝对值越大，盈余管理的可能性越大，信息透明度越差。

根据 DA 是否高于或低于样本中值，将整个样本分为信息透明度较低和信息透明度较高两个子组，并分别进行回归分析。结果如表 7－9 所示。

在第（1）列中，低透明度组的 $Treat \times Post$ 系数为0.185，在1%的水平上显著，而在第（2）列高透明度组中，$Treat \times Post$ 系数不再显著，这表明沪深港通的实施在透明度较低的公司中对分析师关注度的影响更显著。在第（3）列和第（4）列中，$Treat \times Post$ 系数分别为-0.009和-0.002，且系数在透明度较低的组中显著，但在透明度较高的组中不显著，这表明沪深港通的实施在透明度较低的公司中对分析师预测精准度的影响更显著。在第（5）列中，对于透明度较低的组，$Treat \times Post$ 系数在5%水平上显著为负，而对于透明度较高的组，$Treat \times Post$ 系数为-0.076，不再显著，这表明沪深港通的实施在透明度较低的公司中对分析师预测分歧度的影响更显著。根据上述结果可知，沪深港通的实施对分析师行为的影响在透明度较低的公司比透明度较高的公司更为明显。

表7-9　企业信息透明度的异质性

变量	*Coverage*		*Accuracy*		*Dispersion*	
	低	高	低	高	低	高
	(1)	(2)	(3)	(4)	(5)	(6)
Treat	0.046***	0.009***	-0.001*	-0.003	-0.051***	-0.069***
	(3.500)	(3.782)	(-1.888)	(-0.919)	(-4.590)	(-2.632)
Treat × Post	0.185***	0.067	-0.009***	-0.002	-0.112**	-0.076
	(3.668)	(1.333)	(-4.515)	(-1.044)	(-2.367)	(-1.488)
Post	-0.332***	-0.245***	0.000	-0.003	-0.008	-0.141**
	(-5.262)	(-3.809)	(0.167)	(-1.249)	(-0.139)	(-2.134)
Constant	1.544***	1.653***	0.023*	0.005	-0.081	-0.195
	(4.837)	(5.072)	(1.850)	(0.419)	(-0.271)	(-0.587)
Control	Yes	Yes	Yes	Yes	Yes	Yes
Year	Yes	Yes	Yes	Yes	Yes	Yes
Industry	Yes	Yes	Yes	Yes	Yes	Yes
Observations	4751	4697	4249	4220	3998	4057
R^2	0.136	0.117	0.366	0.186	0.074	0.078

（二）企业成长性的异质性

资本市场开放后，信息环境将得到改善。沪深港通的实施对成长性不同的企业有不同的影响。上市公司的成长性越高，管理者就越了解未来投资项目的私人信息，而外部投资者对此知之甚少。因此，公司成长性越高，投资者和分析师面临的信息不对称就越严重，公司的信息披露质量就越低。随着境外投资者对高成长性企业的关注，其对分析师报告和准确一致的盈利预测的需求就会增加。本章推断，沪深港通实施将通过改善信息披露对分析师行为产生影响，且在高成长性企业中更加显著。

根据成长性是否高于或低于样本中值，本章将整个样本分为两个子组，即高成长性公司和低成长性公司，并分别进行回归分析。结果如表7-10所示。在第（1）列和第（2）列中，*Treat* × *Post* 系数分别为0.205和0.149，并且都是显著的。此外，两个系数之间的差异在10%水平上是显著的。高成长性组的系数明显大于低成长性组，这表明沪深港通的实施在高成长性企业中对分析师关注度的影响更为显著。在第（3）列和第（4）列中，*Treat* × *Post* 系数分别为-0.006和-0.005，同时显著，且两个系数之间的差异在10%水平上是显著的。高成长性组的系数显著大于低成长性组，这表明沪深港通的实施在高成长性企业中对分析师精准度的影响更为显著。在第（5）列中，高成长性组的 *Treat* × *Post* 系数在10%水平下为-0.186，而低成长性组为-0.038，且在第（6）列中不再显著。上述结果表明，沪深港通的实施在高成长性企业中对分析师预测分歧度的影响更为显著。根据上述结果，沪深港通的实施对分析师行为的影响在高成长性企业中更为显著。

表7-10　企业成长性的异质性

变量	*Coverage*		*Accuracy*		*Dispersion*	
	高	低	高	低	高	低
	(1)	(2)	(3)	(4)	(5)	(6)
Treat	0.029***	0.018**	-0.005**	-0.002*	-0.020**	-0.028***
	(3.059)	(2.312)	(-1.992)	(-1.794)	(-2.399)	(-2.886)
Treat × *Post*	0.205***	0.149***	-0.006***	-0.005***	-0.186***	-0.038
	(4.105)	(3.138)	(-2.937)	(-2.839)	(-3.821)	(-0.827)
Post	-0.276***	-0.336***	0.001	0.003	-0.048	-0.056
	(-4.424)	(-5.578)	(0.356)	(1.068)	(-0.787)	(-0.945)
Constant	1.272***	2.420***	0.001	0.028**	-0.423	-0.189
	(3.987)	(7.966)	(0.072)	(2.349)	(-1.352)	(-0.652)
Control	Yes	Yes	Yes	Yes	Yes	Yes
Year	Yes	Yes	Yes	Yes	Yes	Yes
Industry	Yes	Yes	Yes	Yes	Yes	Yes
Observations	5078	5057	4316	4455	4326	4303
R^2	0.127	0.148	0.289	0.326	0.084	0.078
系数差异检验	*P* = 0.016*		*P* = 0.091*		*P* = 0.039*	

（三）企业组织结构的异质性

当公司的组织结构更为复杂时，境外投资者和分析师要全面收集信息并准确预测这类公司的收益就更加困难，收集信息的成本也会更高。因此，境外投资者通过分析师报告了解结构更复杂的公司的需求更大。对于结构复杂的公司，在分析师报告和准确一致的盈利预测过程中，沪深港通带来的信息披露质量的提高就显得更加重要。因此，本章预计，在沪深港通实施后，对于结构更复杂的公司，分析师关注与分析师预测的精准度会增加更多，分析师预测分歧度会降低更多。从而推断，沪深港通的实施在复杂结构的公司中对分析师行为具有更大的积极影响。

本章使用子公司的数量来衡量公司结构的复杂性。根据子公司数量是否高于或低于样本中值，将整个样本分为两个子组，即更复杂的公司和不太复杂的公司，并分别进行回归分析。结果如表 7－11 所示。在第（1）列和第（2）列中，*Treat*×*Post* 系数分别为0.177 和0.048，且在结构更复杂的公司组中为1%的显著，表明沪深港通的实施在结构复杂公司中对分析师关注度的影响更为显著。在第（3）列和第（4）列中，*Treat*×*Post* 系数分别为－0.008 和0.002，且在结构更复杂的公司组中为1%的显著，表明沪深港通的实施在结构复杂公司中对分析师预测精准度的影响更为显著。在第（5）列和第（6）列中，*Treat*×*Post* 系数分别为－0.090 和－0.036，且在结构更复杂的公司组中具有10%的显著性，表明沪深港通的实施在结构复杂公司中对分析师预测分歧度的影响更为显著。基于上述分析，在组织结构更复杂的公司中，沪深港通的实施对分析师行为的影响更加显著。

表 7－11　　企业组织结构的异质性

变量	*Coverage*		*Accuracy*		*Dispersion*	
	复杂	简单	复杂	简单	复杂	简单
	(1)	(2)	(3)	(4)	(5)	(6)
Treat	0.021***	0.068**	－0.007	－0.021	－0.060***	－0.034*
	(3.235)	(1.741)	(－0.213)	(－0.942)	(－3.109)	(－1.937)
Treat×*Post*	0.177***	0.048	－0.008***	0.002	－0.090*	－0.036
	(3.775)	(0.798)	(－3.861)	(1.039)	(－1.816)	(－0.698)
Post	－0.272***	－0.219***	0.003	－0.001	－0.088	－0.127**
	(－4.883)	(－3.449)	(1.296)	(－0.268)	(－1.500)	(－2.270)
Constant	2.168***	1.700***	0.013	0.000	－0.014	－0.416
	(7.626)	(4.908)	(1.016)	(0.031)	(－0.048)	(－1.372)

续表

变量	*Coverage*		*Accuracy*		*Dispersion*	
	复杂	简单	复杂	简单	复杂	简单
	(1)	(2)	(3)	(4)	(5)	(6)
Control	Yes	Yes	Yes	Yes	Yes	Yes
Year	Yes	Yes	Yes	Yes	Yes	Yes
Industry	Yes	Yes	Yes	Yes	Yes	Yes
Observations	4712	5133	4230	4322	4183	4211
R^2	0.143	0.119	0.324	0.310	0.050	0.122

五、影响机制检验

前文的研究结果表明，资本市场开放能够提高标的公司分析师关注度与预测准确度，降低分析师盈利预测分歧度。由理论分析本章认为，产生上述效应的重要间接影响因素是因为资本市场开放后标的公司信息披露质量和信息透明度有所提升。为检验公司信息披露质量的中介效应，本章采用温忠麟等（2004）的中介效应模型来分析资本市场开放对分析师行为的作用机制。

表7－12报告了影响机制的检验结果。Panel A中，第一步 *Treat*×*Post* 的回归系数在1%的水平上显著为正，说明资本市场开放可以显著提高分析师关注；第二步，*Treat*×*Post* 的回归系数在1%的水平上显著为负，表明资本市场开放可以显著提高公司信息披露质量和透明度；第三步，*Treat*×*Post* 的回归系数在1%的水平上显著为正，同时 *Opaque* 的回归系数在1%的水平上显著为负，因此信息披露质量存在部分中介效应。上述结果表明，资本市场开放通过提升信息披露质量，从而提高公司的分析师关注度。Panel B中，第一步，*Treat*×*Post* 的回归系数在1%的水平上显著为负，说明资本市场开放可以显著降低分析师预测偏差；第二步，*Treat*×*Post* 的回归系数在1%的水平上显著为负，表明资本市场开放可以显著提高公司信息披露质量和透明度；第三步，*Treat*×*Post* 的回归系数在1%的水平上显著为负，同时 *Opaque* 的回归系数在1%的水平上显著为正，因此信息披露质量存在部分中介效应。上述结果表明，资本市场开放通过提升信息披露质量，从而提高公司的分析师盈利预测准确度。Panel C中，第一步，*Treat*×*Post* 的回归系数在1%的水平上显著为负，说明资本市场开放可以显著降低分析师盈利预测分歧度；第二步，*Treat*×*Post* 的回归系数在1%的水平上显著为负，表明资本市场开放可以显著提高公司信息披露

质量和透明度；第三步，*Treat* × *Post* 的回归系数在 1% 的水平上显著为负，同时 *Opaque* 的回归系数在 5% 的水平上显著为正，因此信息披露质量存在部分中介效应。上述结果表明，资本市场开放通过提升信息披露质量，从而降低公司的分析师盈利预测分歧度。

表 7－12　影响机制检验：信息披露质量

Panel A			
变量	第一步	第二步	第三步
	Coverage	*Opaque*	*Coverage*
	(1)	(2)	(3)
Treat	0.235**	−0.052***	0.201***
	(2.048)	(−7.556)	(7.389)
Treat × *Post*	0.191***	−0.066***	0.020
	(5.848)	(−8.111)	(0.343)
Post	−0.291***	−0.247***	0.113***
	(−7.105)	(−5.899)	(3.326)
Opaque			−0.037**
			(−2.004)
Constant	1.849***	5.556***	1.168***
	(8.924)	(7.577)	(7.119)
Control	Yes	Yes	Yes
Industry	Yes	Yes	Yes
Year	Yes	Yes	Yes
N	10135	10100	10100
R^2	0.122	0.207	0.133

Panel B			
变量	第一步	第二步	第三步
	Accuracy	*Opaque*	*Accuracy*
	(1)	(2)	(3)
Treat	−0.002**	−0.054***	−0.003***
	(−2.131)	(−6.556)	(−6.316)
Treat × *Post*	−0.005***	−0.051***	−0.003***
	(−4.261)	(−7.770)	(−3.678)
Post	0.001	−0.233***	0.002
	(0.577)	(−5.120)	(0.669)

续表

变量	第一步	第二步	第三步
	Accuracy	*Opaque*	*Accuracy*
	(1)	(2)	(3)
Opaque			0.001***
			(10.547)
Constant	0.015*	5.776***	0.009*
	(1.904)	(7.222)	(1.813)
Control	Yes	Yes	Yes
Industry	Yes	Yes	Yes
Year	Yes	Yes	Yes
N	8771	8652	8652
R^2	0.307	0.215	0.321

Panel C

变量	第一步	第二步	第三步
	Dispersion	*Opaque*	*Dispersion*
	(1)	(2)	(3)
Treat	−0.031**	−0.051***	−0.021**
	(−2.055)	(5.459)	(−2.101)
Treat × Post	−0.093***	−0.046***	−0.086***
	(−2.992)	(−7.011)	(−2.664)
Post	−0.082**	−0.233***	−0.055**
	(−2.072)	(−4.213)	(−1.999)
Opaque			0.005**
			(6.183)
Constant	−0.276	5.438***	−0.368
	(−1.401)	(6.994)	(−1.544)
Control	Yes	Yes	Yes
Industry	Yes	Yes	Yes
Year	Yes	Yes	Yes
N	8629	8023	8023
R^2	0.074	0.247	0.089

第五节　结论

本章以中国资本市场沪深港通的实施为准自然实验，使用沪市A股上市公司2008—2020年和深市A股上市公司2012—2020年的数据作为观测值，以检验资本市场开放对分析师行为的影响。具体而言，受沪深港通实施影响的标的公司的分析师关注度明显高于非标的公司。此外，与非标的公司相比，分析师对标的公司的预测精准度更高，预测分歧度更低。经过一系列稳健性检验后，这一结论仍然成立。进一步分析表明，对于信息透明度较低、成长性较高、结构更复杂的标的公司，沪深港通的实施在提高分析师关注度、分析师预测精准度和降低预测分析度方面更为有效。影响机制检验结果表明，沪深港通制度通过提升信息披露质量，从而提高公司的分析师关注度，降低公司的分析师盈利预测偏差和分歧度。

第四篇　资本市场开放与股票定价效率

第八章　资本市场开放与股价同步性

第一节　引言

股价反映信息的能力是衡量一国资本市场定价效率的重要维度，而公司的股价同步性则是其中的一种重要体现。大部分研究结论支持股价同步性与市场定价效率负相关的观点（Hutton et al.，2009）。然而，在各国证券市场发展过程中普遍存在股价同步性的现象，并以新兴市场国家为甚。中国作为新兴市场的典型代表，其股价同步性“高居”全球榜首。Morck等（2000）的统计揭示，中国股票市场的股价同步性位居全球第二；与此类似，在Jin和Myers（2006）所考察的40个国家中，中国的股价同步性更是在其中排名第一。高企的股价同步性说明中国资本市场定价效率较低，严重阻碍了资本市场资源配置效率提升，并会对公司治理的有效性、投资效率等产生不利影响（Gul et al.，2010）。哪些因素会影响公司的股价同步性？如何降低股价同步性？这一系列问题已成为国内外理论与实务界关注的焦点。

现有文献主要从公司内外部特征等角度探究股价同步性的影响因素，比如公司信息透明度（Jin and Myers，2006），信息传递模式（许年行等，2011），国外投资者持股比例、审计质量（Gul et al.，2010），公司实际控制人的超额控制（Boubaker et al.，2014），分析师跟踪（周铭山等，2016）等。此外，中国作为一个转轨经济国家，资本市场建设是一个从无到有、逐步摸索、迂回曲折的制度创新过程。因此，制度的变迁和完善对提高中国资本市场效率意义重大（游家兴等，2006）。中国近年来的一系列制度变化，如XBRL财务报告制度（史永和张龙平，2014）、融资融券制度（顾琪和王策，2017），都显著降低了公司的股价同步性。上述研究表明，充分的信息供给和投资者理性的交易行为是信息快速融入股价的前提，制度变化会通过影响市场参与者的行为，从而影响市场定价效率。例如，沪深港通开通后，标的公司贵州茅台的股票定价效率有所提升，与市场整体走势差别较大，即使在2016年股灾期间，仍然保持一定程度上涨。前文的研究表明，沪深港通开通后，市场各参与主体的行为得到明显改善，那么，沪深港通将如何进一步影响公司的股价同步性？本章将进行深入探讨。

为了回答上述问题，本章选取中国上市公司2008—2019年的样本数据，基于中国沪港通开通的自然实验，构建双重差分模型，检验沪港通政策对公司股价同步性的影响。实证结果显示，相比于非沪股通标的公司而言，沪港通的实施显著降低了沪股通标的公司的股价同步性。并且，沪港通对沪股通标的公司股价同步性的负效应主要存在于对外开放程度较低的上市公司中。进一步分析表明，沪港通降低沪股通标的公司股价同步性的影响路径在于：沪港通提升了沪股通标的公司的信息披露质量。这说明沪港通完善了中国资本市场的价格发现机制，提升了中国资本市场的信息效率。

本章的主要贡献在于：首先，本章针对中国新兴市场的制度因素，丰富了公司股价同步性的相关文献。以往研究主要从公司信息透明度（Jin and Myers，2006），信息效率（许年行等，2011），国外投资者持股比例、审计质量（Gul et al.，2010），公司实际控制人的超额控制（Boubaker et al.，2014），股价同步性跟踪（周铭山等，2016）等角度切入，对于宏观政策或制度变化的研究较少。与以往研究不同，本章揭示了资本市场开放进程中的重大制度变化，即沪港通制度对股价同步性的影响，提供了股价同步性影响因素的新证据。其次，我们从股价同步性的角度考察了沪港通这一宏观政策的微观市场效果，为理论和实务界理解沪港通制度的实施效果提供了新的视角。由于沪港通开通时间不长，相关的实证研究较少，仅有的几篇实证研究主要关注沪港通的宣告效应（严佳佳等，2015）、两市行业间的双向波动溢出程度（徐晓光等，2017）、A＋H双重上市的公司股票价格差异（闫红蕾和赵胜民，2016）的影响。不同于以往文献，本章以股价同步性作为切入点，拓宽了沪港通政策效果的研究视角。最后，为资本市场开放对资本市场稳定性影响的相关研究提供了新证据。现有文献主要通过横截面或时间序列数据研究了资本市场对外开放对资本市场定价效率的影响（Ben and Boughrara，2013），但是二者之间可能互为因果，存在一定的内生性问题。本章通过沪港通这一自然实验，构建双重差分模型，有效解决了资本市场对外开放与资本市场定价效率的内生性问题。

第二节　理论分析与假设提出

现有的文献主要支持股价同步性与市场信息效率负相关的观点（Hutton，2009）。并且，新兴市场国家的股价同步性远远高于发达市场国家（Jin and Myers，2006；Fernandes and Ferreira，2007）。新兴市场较高的股价同步性或较低的公司特有收益波动主要有两方面原因：首先，新兴市场国家对投资者和产权保护缺乏激励，这阻碍了市场基于公司层面信息的交易行为（Morck et al.，2000）。其次，新兴市场国家的公司信息透明程度较低，尽管许多新兴市场与发达市场有着类似质量的信息披露规则，但是这些规定往往无法被充分有效地执行（Chan and Hameed，2006）。

根据有效市场假说，股票市场对更多的国内外投资者开放之后，将有助于拥有信息的国外投资者进入国内市场并通过交易行为将信息融入价格中，提高价格的信息效率（Kawakatsu and Morey，1999）。同时，本国投资者将有望得益于外国投资者的经验以分散风险（Henry，2000）或受益于金融自由化之后资金成本的下降（Bekaert and Harvey，2000），从而提高整个市场的流动性进而促进信息融入股价。Kim 和 Singal（2000）以方差比率作为股价信息含量的指标，发现 14 个新兴资本市场在对外开放后，股价更服从随机游走，因此金融市场开放提高了股价的信息效率。Umutlu（2010）的实证结果也表明，金融市场自由化有助于为国内资本市场引入更广泛的投资者，从而降低股票收益率的波动，发挥稳定市场的作用。Ben 和 Boughrara（2013）研究了 13 个新兴市场国家的金融自由化改革，发现金融自由化提高了信息效率并且降低了金融危机发生的概率。

沪港通作为中国资本市场开放的又一重大制度创新，可能会从以下方面影响资本市场效率。首先，相比于境内投资者而言，境外投资者大部分属于精明投资者，他们有更丰富的证券投资经验、更强大的信息处理能力以及更高超的证券分析技术，从而能够搜集和处理与公司价值相关的特有信息（Gul et al.，2010）。因此，对沪股通标的股票引入香港投资者，能够改善投资者结构，促进该类公司的特有信息融入股价，从而降低股价同步性。随着市场投资者结构的变化，香港的成熟投资理念也会对内地市场产生潜移默化的影响，内地投资者“重投机、轻投资”的理念有所转变，对于降低公司股价同步性会有所裨益。其次，沪股通标的公司为了吸引更多的精明的境外投资者，建立起信任的投资者关系，必须主动改善公司的信息披露质量，提升治理水平。就信息供给方而言，公司提升其信息披露质量至少来自以下三方面原因：第一，香港投资者进入市场后，公司有动机主动提升信息质量以降低公司的资本成本，从而降低未来的融资成本（Easley and O'Hara，2004）；第二，公司将提升信息披露质量作为一种信号，传递给缺乏时间和精力挑选合适投资标的公司的境外投资者（Akerlof，1970）；第三，公司想要吸引那些追求稳定收益且遵守资本市场纪律的境外投资者（Kothari et al.，2009）。就需求方而言，境外的成熟投资者会更倾向于投资公司治理水平高且信息透明度高的公司，特别是当他们与内地投资者相比处于信息劣势地位的时候（Chan et al.，2008）。因此，沪港通开通后，为了吸引香港的精明投资者，沪股通标的公司会主动提升其信息披露质量和公司治理水平，进一步降低公司股价同步性。综上所述，本章提出以下假设：

与非沪股通标的公司相比，沪股通标的公司的股价同步性在沪港通开通后显著下降。

第三节 研究设计

一、样本选择与数据来源

本章主要考察沪港通事件对中国上市公司股价同步性的影响。因此，我们选取2008—2019年在上海证券交易所上市的A股公司作为全部初始样本①，根据研究需要，按如下标准对样本进行筛选：（1）剔除2014年的所有样本②；（2）剔除首次纳入沪股通标的，随后又被移除的样本③；（3）剔除2014年11月17日（即首次）以后才加入沪股通的标的样本；（4）剔除上市公司财务数据缺失的样本。通过以上处理，最后得到6952个公司—年度样本。为了降低数据极端值对研究结果的影响，我们对连续变量在1%和99%百分位上进行了缩尾处理。

本章与沪港通相关的数据均通过上交所、港交所官方网站手工整理，

① 在稳健性检验中，我们剔除了深交所上市的公司，结论不变。

② 由于沪港通由中国证监会在2014年4月10日正式批复开展互联互通机制试点，沪港通标的公司的股票于2014年11月17日正式开始交易，因此2014年既包含沪港通开通时期，又包含非沪港通开通时期，为了保证干净的样本期间，本章剔除2014年的样本。

③ 由于沪股通标的公司变化多次，我们将发生变化的标的公司样本剔除，以排除这部分样本的干扰。

内地上市公司财务数据来源于国泰安（SCMAR）数据库。

二、变量定义

（一）因变量：股价同步性

现有文献衡量股价同步性的主要区别在于采用市场行业模型计算股价的回归拟合系数 R^2。本章借鉴 Jin 和 Myers（2006）、Gul 等（2010）、Xu 等（2013）、王艳艳等（2014）、伊志宏等（2015）的文献，采用式（8－1）估计 R^2，再通过式（8－2）进行对数转换得到股价同步性指标（*Synch*）。

$$RET_{i,t} = \beta_0 + \beta_1 \times MARKET_t + \beta_2 \times MARKET_{t-1} + \beta_3 \times INDRET_{j,t} + \beta_4 \times INDRET_{j,t-1} + \varepsilon_{i,t} \quad 式（8-1）$$

$$Synch_i = Ln(R_i^2/1 - R_i^2) \quad 式（8-2）$$

（二）自变量：沪港通相关变量

我们设置两个自变量 *Treat* 与 *Post*。*Treat* 是衡量一个公司股票是否为沪港通标的的虚拟变量，若某公司是沪港通标的，则该公司的 *Treat* 值为1，否则为0。*Post* 也是一个虚拟变量，它表示公司开通沪港通的时间点。对于沪港通开通之后的年度，即2014年之后，*Post* 取值为1；沪港通开通前的年度，即2014年之前，*Post* 取值为0。

（三）控制变量

借鉴以往文献（Gul，2010；许年行等，2013；王艳艳等，2014；周铭山等，2016），本章控制了影响股价同步性的其他因素。包括公司规模（*Size*）、资产负债率（*Lev*）、公司的盈利能力（*Roa*）、第一大股东持股比例（*Tophold*）、公司的所有权性质（*Soe*）、公司的审计质量（*Bigfour*）。此外，还控制了年度固定效应（*Year*）和行业固定效应（*Industry*）。具体定义如表8－1所示。

表8－1　主要变量及其定义

符号	变量名称与定义
Synch	股价同步性，采用式（8－1）和式（8－2）计算得出
Treat	沪港通哑变量，若公司股票为沪港通标的，则该公司的 *Treat* 值为1，否则为0
Post	哑变量，沪港通之后的年度，*Post* 值为1，沪港通之前的年度，*Post* 值为0
Lev	资产负债率，等于负债除以总资产
Size	公司总资产的自然对数
Roa	资产报酬率，等于公司净利润与期末总资产之比

续表

符号	变量名称与定义
Tophold	第一大股东持股比例，等于公司第一大股东持股数量与公司总股数之比
Soe	公司所有权性质哑变量，如果公司是国有企业，则赋值为1，否则，赋值为0
Bigfour	公司的审计质量哑变量，如果公司由“四大”会计师事务所审计，则赋值为1，否则，赋值为0
Year	年度虚拟变量
Industry	行业虚拟变量，按证监会行业一级分类

三、计量模型

为了检验假设，本章构建多时点双重差分模型，见式（8－3）。

$$Synch_{i,t} = \alpha_0 + \alpha_1 Treat_i + \alpha_2 Post_{i,t} + \alpha_3 Treat_i \times Post_{i,t} + \sum \alpha_i Control_{i,t} + \varepsilon_{i,t} \quad \text{式（8－3）}$$

式（8－3）用于估计沪港通对股价同步性的影响。如果实证结果支持假设，$Treat \times Post$ 的系数 α_3 应显著为负。式（8－3）的 t 值估计采用经公司层面聚类调整的标准误（Petersen，2009）调整后的结果计算。

第四节　实证结果与分析

一、描述性统计

表8－2的Panel A列示了本章选择全样本时主要变量的描述性统计结果。从表8－2可以看出，股价同步性 *Synch* 的均值为0.013，中位数为0.091，标准差为0.908。对于控制变量，公司规模（*Size*）的均值为22.510；资产负债率（*Lev*）的均值是0.512；资产报酬率（*Roa*）的均值是0.028；第一大股东持股比例（*Tophold*）的均值为0.362；公司的所有权性质（*Soe*）的均值为0.627；公司的审计质量（*Bigfour*）均值为0.124。说明变量的分布都在正常范围内。

表8－2的Panel B列示了采用PSM配对样本股价同步性的对比情况。其中，当 $Post=0$，即沪港通开通前，处理组的同步性比控制组高0.243；当 $Post=1$，即沪港通开通后，处理组的同步性比控制组高0.223。DID中 *Synch* 的值为－0.020。初步说明，当不考虑其他因素时，相对于控制组而言，处理组在沪港通开通后的股价同步性有显著降低。

表 8-2　　主要变量描述性统计

Panel A：全样本						
变量名称	样本量	均值	中位数	标准差	25%分位数	75%分位数
Synch	6952	0.013	0.091	0.908	-0.519	0.637
Treat	6952	0.460	0.000	0.498	0.000	1.000
Post	6952	0.528	1.000	0.499	0.000	1.000
Size	6952	22.510	22.196	1.722	21.266	23.523
Lev	6952	0.512	0.510	0.221	0.347	0.669
Roa	6952	0.028	0.029	0.068	0.010	0.059
Tophold	6952	0.362	0.344	0.152	0.243	0.481
Soe	6952	0.627	1.000	0.483	0.000	1.000
Bigfour	6952	0.124	0.000	0.330	0.000	0.000

Panel B：处理组和控制组之间的差异（配对样本）				
时间	分组	同步性	t 值	p 值
	控制组	0.016		
Post = 0	处理组	0.259		
	Diff（T-C）	0.243	7.81	0.000***
	控制组	-0.194		
Post = 1	处理组	0.029		
	Diff（T-C）	0.223	7.41	0.000***
DID	Diff-in-Diff(*Post* = 1 - *Post* = 0)	-0.020	0.49	0.627

二、基准检验结果

本章采用式（8-3）的双重差分模型检验了假设。表 8-3 给出了沪港通与中国市场股价同步性的回归结果。列（1）显示了不含控制变量的结果，列（2）显示了含控制变量的结果。*Treat* × *Post* 的系数分别为 -0.105和 -0.175，且在1%的水平上显著，表明在沪港通开通后，沪股通标的公司的股价同步性显著下降。由此可见，沪港通开通降低了沪股通标的公司的股价同步性，假设得到验证。

对于变量 *Treat* 和 *Post*，列（1）中，*Treat* 的系数在1%水平上显著为正，表明沪股通标的公司平均的股价同步性比非沪股通标的公司要高。这是由于沪股通标的公司为上证 180 指数、上证 380 指数的成份股以及上海证券交易所上市的 A+H 股公司股票。这些公司通常规模较大、占指数的权重较大，因此与市场“同涨同跌”的幅度较大；列（1）和列（2）中，

Post 的系数均在 1% 的水平上显著为负。说明对于 A 股上市的所有公司而言，2014 年后股价同步性都有所下降。

表 8 – 3　　资本市场开放与股价同步性

变量	*Synch*	
	(1)	(2)
Treat	0. 126 ***	0. 008
	(4. 957)	(0. 273)
Post	–0. 388 ***	–0. 464 ***
	(–8. 446)	(–9. 970)
Treat × *Post*	–0. 105 ***	–0. 175 ***
	(–2. 800)	(–4. 641)
Size		0. 127 ***
		(12. 367)
Lev		–0. 406 ***
		(–7. 332)
Roa		–0. 723 ***
		(–4. 283)
Tophold		–0. 226 ***
		(–3. 298)
Soe		–0. 037
		(–1. 480)
Bigfour		–0. 207 ***
		(–5. 694)
Constant	1. 081 ***	–1. 214 ***
	(15. 746)	(–5. 830)
Year	Yes	Yes
Industry	Yes	Yes
N	6952	6952
R^2	0. 275	0. 294

注：*、**、*** 分别表示显著水平为 10%、5%、1%，括号内的数字为 *t* 值，本章下同。

控制变量的回归结果与以往研究基本一致：公司规模（*Size*）与股价同步性显著正相关，说明公司规模越大，占市场指数的比例越大，与市场指数的相关性越高；资产负债率（*Lev*）的系数在 1% 的水平上显著为负，说明公司资产负债率越高，股价同步性越低，这与 Campbell 等（2001）

的研究一致。资产报酬率（*Roa*）与股价同步性显著负相关，说明公司盈利能力越强，股价同步性越低。公司审计质量（*Bigfour*）与股价同步性负相关，说明较高的审计质量有利于降低股价同步性。

三、稳健性检验

（一）平行趋势检验

采用双重差分模型的前提是处理组和控制组在政策实施前具有共同的变化趋势。本章借鉴黄小勇和查育新（2022）的做法，通过绘制平行趋势图进行检验。图 8－1 报告了受政策影响的处理组和未受影响的控制组的股价同步性变化趋势。图 8－1 显示，在沪深港通启动之前（0 时点之前），处理组和控制组的股价同步性（*Synch*）变化趋势基本一致，但是沪深港通启动后（0 时点之后），处理组和控制组的股价同步性（*Synch*）的差距逐步扩大。因此，双重差分的平行趋势基本通过了检验。

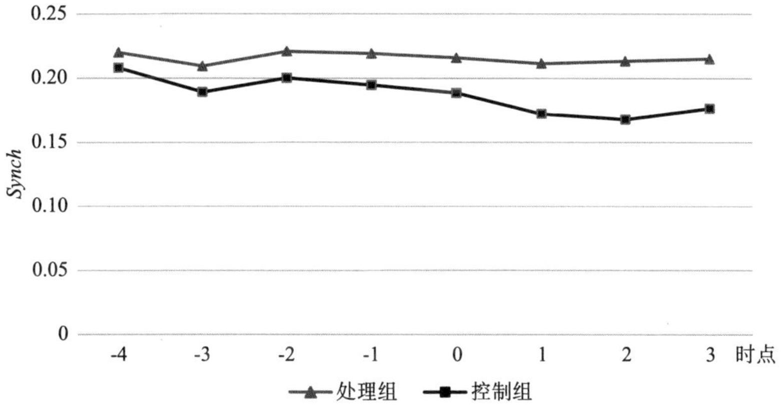

图 8－1　股价同步性的平行趋势检验

（二）安慰剂检验

为验证本章的实证结果是由于沪深港通机制的实施而产生的，不是随时间推移自动发生的，在进行稳健性检验时，采用了安慰剂检验，将沪港通开通年度分别假设为 2010 年和 2011 年，重新进行回归。表 8－4 的列（1）和列（2）报告了分别 2011 年和 2010 年假设为沪港通实施的年度，检验前后年度股价同步性的差异，其系数分别为 0.050 和－0.017，均不显著，表明本章的研究结论是稳健的。

（三）固定效应模型

为了进一步控制公司的特征，本章采用固定效应模型进行检验。检验结果如表 8－4 列（3）所示，在控制了公司的固定效应后，*Treat* × *Post* 的系数仍然在 1% 的水平上显著为负，与前文结论一致。

表 8－4　　　　安慰剂检验和固定效应模型

变量	*Synch*		
	(1)	(2)	(3)
	安慰剂检验：2011	安慰剂检验：2010	固定效应模型
Treat	－0.115***	－0.062*	
	(－2.980)	(－1.827)	
Post	－0.764***	－1.215***	－0.940***
	(－16.889)	(－25.176)	(－18.458)
Treat × *Post*	0.050	－0.017	－0.233***
	(1.180)	(－0.450)	(－5.985)
Constant	－1.008***	－1.064***	－0.455
	(－4.772)	(－5.045)	(－1.057)
Control	Yes	Yes	Yes
Year	Yes	Yes	Yes
Industry	Yes	Yes	Yes
N	6952	6952	6952
R^2	0.292	0.292	0.494

注：列（3）中，*Treat* 与公司的固定效应特征产生了多重共线性，因此该变量被模型自动剔除。

（四）倾向得分匹配

为了减少由于选择符合条件的公司而可能产生的选择偏差，我们采用倾向得分匹配（PSM）方法对符合条件的公司和不符合条件的公司的数据进行了一对一的匹配，并将匹配数据分为处理组和对照组。具体来说，我们通过近邻匹配法构建了一组一对一匹配的控制样本，包括企业规模（*Size*）、财务杠杆（*Lev*）、盈利能力（*Roa*）、第一大股东持股比例（*Tophold*）、国有企业（*Soe*）的虚拟变量、审计师质量（*Bigfour*）。最终，我们获得了包含 4108 个匹配观察的公司—年度样本。

表 8－5 显示了使用 PSM 匹配数据进行 DID 分析的结果。*Treat* × *Post* 的系数为－0.138，在 5% 的水平下显著。结果与全样本相似。因此，符合条件的公司在沪港通实施后期间股价同步性显著下降，与前文结论一致。

表 8－5　倾向得分匹配

变量	*Synch*
Treat	0.032
	(0.657)
Post	－0.423***
	(－5.738)
Treat × *Post*	－0.138**
	(－2.211)
Constant	0.611***
	(2.041)
Control	Yes
Year	Yes
Industry	Yes
N	4108
R^2	0.333

（五）敏感性分析——更换样本区间

为了保证研究结论不受选取年份的影响，重新选择样本年份，采用沪港通开通前后五年（2009—2019 年）和前后四年（2010—2018 年）的数据进行检验。结果如表 8－6 所示：*Treat* × *Post* 的系数分别为 －0.208 和 －0.303，无论选择哪个时间段，*Treat* × *Post* 依然显著为负，支持了前文的结论。

表 8－6　更换样本时间

变量	*Synch*	
	(1)	(2)
	2009—2019 年	2010—2018 年
Treat	0.047	0.091**
	(1.473)	(2.422)
Post	0.157***	0.158***
	(3.408)	(3.108)
Treat × *Post*	－0.208***	－0.303***
	(－5.252)	(－6.734)
Constant	－1.706***	－1.747***
	(－7.710)	(－6.860)

续表

变量	Synch	
	(1)	(2)
	2009—2019 年	2010—2018 年
Control	Yes	Yes
Year	Yes	Yes
Industry	Yes	Yes
N	6425	5011
R^2	0.252	0.259

（六）变更股价同步性的衡量指标

本章借鉴 Durnev 等（2004），采用式（8－4）和式（8－2）进行对数转化来度量股价同步性的衡量指标。

$$RET_{i,t} = \alpha_0 + \alpha_1 \times MARKET_t + \beta_1 \times INDRET_{j,t} + \varepsilon_{i,t} \quad \text{式（8－4）}$$

表 8－7 报告了变更股价同步性衡量指标后的回归结果，可以发现 *Treat*×*Post* 的系数仍然在 1% 的水平上显著为负，表明本章的研究结论不受股价同步性度量指标的影响。

表 8－7　　变更股价同步性的衡量指标

变量	Synch
Treat	0.075**
	(2.568)
Post	－0.521***
	(－11.398)
Treat×*Post*	－0.146***
	(－3.938)
Constant	－4.307***
	(－21.170)
Control	Yes
Year	Yes
Industry	Yes
N	6952
R^2	0.404

（七）是否降低了行业的解释力

为检验沪港通开通后，是否减弱了行业对股价同步性的影响，本章借鉴 Durnev 等（2004）的研究，用式（8－5）的 R^2 减去式（8－6）R^2 重新构造股价同步性的衡量指标，具体如下：

$$RET_{i,t} = \beta_0 + \beta_1 \times MARKET_t + \beta_2 \times MARKET_{t-1} + \beta_3 \times INDRET_{j,t} + \beta_4 \times INDRET_{j,t-1} + \varepsilon_{i,t} \quad 式（8-5）$$

$$RET_{i,t} = \beta_0 + \beta_1 \times MARKET_t + \beta_2 \times MARKET_{t-1} + \varepsilon_{i,t} \quad 式（8-6）$$

表 8－8 报告了回归结果，可以发现 *Treat* × *Post* 的回归系数为－0.015，并且在 5% 的水平上显著为正。说明沪港通开通后，沪港通标的公司的股价收益率更少被行业层面的因素所解释。

表 8－8　是否降低了行业的解释力

变量	R^2_diff
Treat	0.014 **
	(2.307)
Post	－0.132 ***
	(－13.251)
Treat × *Post*	－0.015 **
	(－1.978)
Constant	－0.407 ***
	(－9.734)
Control	Yes
Year	Yes
Industry	Yes
N	6952
R^2	0.429

四、异质性检验

上文研究发现，沪港通有利于降低中国股票市场标的公司的股价同步性。为进一步检验沪港通对股价同步性的影响机制，本章以公司对外开放程度为分组依据，按是否有 QFII 持股、是否为 A＋H 股和地区对外开放指数（国家发展改革委国际合作中心发布的《中国区域对外开放指数研究报告》）高低对样本进行分组，分别检验两个子样本的回归结果，表 8－9 报告了分组后的回归结果。

列（1）和列（2）报告了按是否有 QFII 持股分组后样本的回归结果，列（1）为 2014 年之前没有 QFII 持股的样本，其中 *Treat* × *Post* 的系数为－0.181，且在 1% 的水平上显著，而在列（2）有 QFII 持股的样本中，

Treat × *Post* 的系数并不显著。

列（3）和列（4）报告了按是否为 A+H 股分组后样本的回归结果，列（3）为非 A+H 股的样本，其中 *Treat* × *Post* 的系数为 -0.138，且在 1%的水平上显著，而在列（4）A+H 股的样本中，*Treat* × *Post* 的系数并不显著。

列（5）和列（6）报告了按地区对外开放指数高低分组后样本的回归结果，列（5）为对外开放程度较低的样本，其中 *Treat* × *Post* 的系数为 -0.192，且在 1%的水平上显著，而在列（6）对外开放程度较高的样本中，*Treat* × *Post* 的系数显著为负，但其系数绝对值小于列（5）中的系数绝对值。

上述实证结果表明，沪港通对股价同步性的负向影响，在公司开放化程度较低的组更为显著。

表 8-9　　　　公司对外开放程度的分组检验

变量	是否有 QFII 持股		是否为 A+H 股		地区对外开放指数高低	
	(1)	(2)	(3)	(4)	(5)	(6)
	Non-QFII	QFII	Non-A+H	A+H	low	high
Treat	-0.026	0.059	-0.015	0.165	-0.042	0.056
	(-0.767)	(1.052)	(-0.502)	(1.270)	(-0.996)	(1.380)
Post	-0.477***	-0.525***	-0.468***	-1.653***	-0.670***	-0.482***
	(-8.775)	(-5.594)	(-9.487)	(-8.097)	(-9.368)	(-7.486)
Treat × *Post*	-0.181***	-0.123	-0.138***	-0.236	-0.192***	-0.157***
	(-3.950)	(-1.600)	(-3.395)	(-1.268)	(-3.294)	(-3.055)
Constant	-1.565***	0.154	-1.437***	-1.844***	-1.790***	-0.750**
	(-6.316)	(0.354)	(-6.460)	(-2.902)	(-6.140)	(-2.200)
Control	Yes	Yes	Yes	Yes	Yes	Yes
Year	Yes	Yes	Yes	Yes	Yes	Yes
Industry	Yes	Yes	Yes	Yes	Yes	Yes
N	5032	1920	6154	798	3049	3903
R^2	0.300	0.314	0.268	0.446	0.273	0.328

五、影响机制检验

前文证明沪港通开通后，沪股通标的公司的股价同步性显著降低。那么，下面的问题需要我们去深入分析：沪港通是通过什么途径影响股价同步性的？其传导机制是什么？本章试图从以下路径进行分析并实证检验。

股价同步性反映的是公司特有信息融入公司股价的效率，因此公司层面信息披露的质量和数量是导致低股价同步性的主要原因。Jin 和 Myers（2006）认为信息透明度是影响股价同步性的关键，公司透明度低，会削弱投资者利用公司信息进行套利的意愿，使风险从外部投资者转移到内部管理者，从而最终导致公司股价反映出的公司特质信息含量降低。沪股通标的公司为了吸引香港投资者投资，可能会主动改善公司信息披露，提升公司信息披露质量，从而影响公司的股价同步性。所以我们提出的影响途径是：沪港通—信息披露质量—股价同步性。为了检验这一传导路径，本章采用三步法进行检验。

本章采用修正 Jones 模型（Dechow et al.，1995）计算出操纵性应计盈余来衡量公司信息披露质量（*Opaque*），该值越小，说明公司的信息披露质量越高。

表 8－10 报告了信息披露质量影响机制的检验结果。列（2）中，*Treat*×*Post* 的系数为－0.018，且均在 1% 的水平上显著，说明相比于非沪股通标的公司，沪股通标的公司在沪港通开通后的信息披露质量有一定提升；列（3）中，*Opaque* 的系数显著为正，说明信息披露质量越低，股价同步性越高。由此可见，沪港通通过信息披露质量这一中间路径传导至公司的股价同步性，与本章预期一致。

表 8－10　影响机制检验结果

变量	(1)	(2)	(3)
	Synch	*Opaque*	*Synch*
Treat	0.006	－0.010**	0.005
	(0.228)	(－2.005)	(0.330)
Post	－0.458***	－0.034***	－0.321***
	(－9.743)	(－4.401)	(－8.768)
Treat×*Post*	－0.166***	－0.018***	－0.108***
	(－4.122)	(－3.318)	(－2.989)
Opaque			0.007**
			(2.002)
Constant	－1.211***	－0.189***	－1.203***
	(－5.830)	(－5.738)	(－6.047)
Control	Yes	Yes	Yes
Year	Yes	Yes	Yes

续表

变量	(1)	(2)	(3)
	Synch	*Opaque*	*Synch*
Industry	Yes	Yes	Yes
N	6567	6567	6567
R^2	0. 288	0. 145	0. 299

第五节　结论

沪港通作为中国资本市场开放的又一重大创新措施，引入了新的交易机制和更多境外投资者，势必对中国资本市场产生多方面的深远影响。股价同步性是衡量一国资本市场运行效率的重要指标，反映了资本市场信息融入股票价格的速度。本章以沪港通中的沪股通标的公司为切入点，选取中国上市公司2008—2019 年的样本数据，基于中国沪港通开通的自然实验，构建双重差分模型，检验沪港通对公司股价同步性的影响。实证结果显示，相比于非沪股通标的公司，沪港通的实施显著降低了沪股通标的公司的股价同步性。并且，沪港通对沪股通标的公司股价同步性的负效应主要存在于对外开放程度较低的上市公司中。进一步分析表明，沪港通降低沪股通标的公司股价同步性的影响路径在于：沪港通提升了沪股通标的公司的信息披露质量。这说明沪港通有效改善了中国资本市场的价格发现机制，沪股通标的公司为了能吸引更多精明投资者，会主动改善公司的信息披露环境，从而提升中国资本市场的信息效率。

第九章 资本市场开放与股票流动性

第一节 引言

自 Keynes（1930）首次提出“流动性”的概念以来，国内外学者便开始从各个领域对流动性进行研究，股票流动性便是其中的一个方向。虽然各个学者对股票流动性的定义侧重点不同，但总的来说，股票流动性被认为是投资者以最小成本、最小价格影响和最快速度完成大宗股票交易的难易程度。股票市场的根本作用是对资本进行重新组合和优化配置。当市场缺乏流动性时，交易则难以完成，股票市场就会丧失其存在的根基（王春峰等，2002）。因此，流动性不仅是衡量股票市场效率的重要维度（尹海员和吴兴颖，2022），甚至被认为是股票市场的一切（Amihud and Mendelson，1988）。不仅如此，股票流动性也可以通过股市表现进而影响企业的代理成本和行为决策。在代理成本方面，股票流动性的提高能够缓解代理冲突，从而降低代理成本。在行为决策方面，当股票流动性提高时，企业的极端避税行为能够得到减轻（Chen et al.，2019），投资效率能够得到提高，但也会抑制企业的创新质量与数量（Fang et al.，2014）。

中国资本市场作为一个新兴市场，一直致力于基础制度的建设与完善，先后实施了一系列措施进行改革。例如，股权分置、混合所有制和注册制等改革。提高股票流动性便是进行这些改革的一个重要目的。同时，众多学者发现，融资融券制度（潘凌云和董竹，2021）、新三板市场做市商制度（郑建明等，2018）等市场制度变革也对股票流动性产生了影响。因此，研究资本市场制度变革是否提高股票流动性不仅具有较为重要的学术价值，也对于激发企业市场活力、提高股票市场效率具有极为重要的现实意义。沪深港通的启动不仅是 A 股市场对外开放的重要举措，并且对于优化中国 A 股资本市场投资者结构、提高资本市场效率具有重要意义（连立帅等，2019）。前文发现，沪深港通会通过影响公司的信息披露从而影响股价同步性。那么，作为衡量市场效率的另一重要指标，沪深港通会如何影响公司的股票流动性呢？若存在影响，又是通过何种传导机制进行影响的呢？

带着上述疑问，本章选取2008—2020年沪市A股上市公司和2012—2020年深市A股上市公司的样本数据，利用沪深港通事件作为资本市场开放的准自然实验，构建多时点双重差分模型检验资本市场对外开放对股票流动性的影响及其作用路径。实证结果显示，相比于非沪深港通标的公司而言，沪深港通启动后，标的公司的股票流动性显著提升。并且，这一影响主要体现在民营企业和没有QFII持股的企业，以及信息透明度较低的企业中。进一步，影响机制检验表明，沪深港通交易制度的实施主要通过提高分析师的关注度，进而提高股票的流动性。

本章的主要贡献在于：第一，丰富了股票流动性的相关文献。相关学者主要研究了融资融券制度（谢黎旭等，2018）、做市商制度（陈辉和顾乃康，2017）、新三板分层制度（鄢伟波等，2019）、经济政策不确定性（董小红和刘向强，2020）、股权集中度（Chiang and Venkatesh，1988）、资本结构（Lesmond et al.，2008）、机构投资者持股（雷倩华等，2012）、境外股东持股（邓柏峻等，2016）、上市公司信息透明度（Lang et al.，2012）、投资者情绪（尹海员和吴兴颖，2022）等因素对股票流动性的影响。而本章从资本市场对外开放的角度出发，揭示了沪深港通交易制度的实施对股票流动性的影响，从宏观因素和制度变迁的层面拓展了股票流动性的研究。

第二，从股票流动性的视角考察了沪深港通交易制度实施的微观市场效应，将宏观政策与微观公司股票特征相结合，为理论和实务界理解沪深港通交易制度实施的经济后果提供了新的视角。虽然现有相关研究发现沪港通这一资本市场开放政策对股票流动性产生了负面影响（徐寿福和陈百，2021），但本章的结论却表明沪深港通提高了标的公司的股票流动性。产生以上差异的原因在于：首先，徐寿福和陈百（2021）的研究仅考虑了沪市情况，并且研究期间较短；而本章采用了更长的时间跨度，并将标的股票进一步扩充，将深港通股票纳入样本，通过构建多时点双重差分模型进行实证检验，进一步缓解内生性问题，也对沪深港通的长期政策效应进行了评估。其次，与徐寿福和陈百（2021）文献中衡量流动性的指标不同，本章借鉴Hasbrouck（2009）及吴非等（2021）的研究，对Amihud（2002）的非流动性指标求平方根以减少偏移，修正后的指标更适用于实证研究，使得研究结果更加可靠。

第三，从分析师关注度的视角检验了沪深港通对股票流动性的影响机制，肯定了分析师在股票市场中的信息中介和外部监督作用，首次将沪深港通、分析师关注度和股票流动性同时联系起来，表明分析师在沪深港通政策的实施中起到了积极的信息传递作用。并且，本章将样本进一步区分，检验了产权性质、QFII 持股以及信息透明度的异质性影响，使得本章结论更具有针对性，同时对已有文献的异质性分析进行了补充。因此，本章的研究内容对于未来有序推进资本市场对外开放及完善相关监管配套措施具有重要启示意义。

第二节　理论分析与假设提出

沪深港通联通了内地股市与香港股市，促使中国资本市场进一步开放。这一政策的实施，不仅使内地投资者能够购买香港股市股票，同时也吸引了境外投资者参与内地股市交易（钟覃琳等，2018）。并且，新的政策与新的投资需求能够引起更多分析师的关注，而分析师的信息中介、监督效应作用及分析师之间的竞争，能够改善公司的信息环境，并且从外部监督方向加强公司治理，从而对股票流动性产生影响。因此，可以推断，沪深港通的实施有助于提高标的股票的流动性。具体逻辑如下：

首先，沪深港通机制通过吸引更多的分析师关注，改善公司的外部信息环境，降低信息不对称程度，从而可能有助于提升股票流动性。根据信息不对称理论（Akerlof et al.，1970），各类人员在市场经济活动中获得的信息是有差异的，当拥有更多信息的一方为牟取自身更大利益，从而损害拥有更少信息一方的利益时，就会带来逆向选择和道德风险的问题。这种信息差异导致的逆向选择和道德风险会使得拥有信息少的一方在市场交易中付出更多的成本，甚至产生“劣胜优汰”的情况。该理论表明，在市场经济中，信息具有重要作用。只有提高信息透明度，及时准确地传递信息，降低信息不对称程度，才能让市场更加有效。中国经济快速增长，炒股热一直持续发力，众多境外投资者“虎视眈眈”，沪深港通制度的启动，打通了内地股市与香港股市的交易壁垒，使更多的境外投资者参与到内地股市中。这些境外投资者在配置资产之前，需要了解标的公司的综合情况，从而促进了更多分析师参与相关上市公司的信息生产中。此外，沪深港通制度的实施，能够提高标的公司的全球关注度，引导分析师更多地关注标的公司，从而改善公司信息环境，降低其信息不对称程度。Bagehot

(1971）发现，当信息不对称情况改善后，不知情交易者的股票交易意愿会有所增加，从而提高股票的流动性。因此，沪深港通机制通过吸引更多分析师关注标的公司，发挥信息传递功能，可能会导致其股票流动性提升。

其次，沪深港通机制促进了分析师的参与，能够加强公司的外部监督，改善公司治理，从而提高股票流动性。Moyer 等（1989）首次运用经验数据证实了分析师能够降低股权和债务的代理成本，从而在公司治理上起到监督作用。具体来说，分析师的外部监督可以通过直接或间接两个渠道影响公司治理情况。在直接监督方面，分析师可以通过其对市场和投资者的影响力对企业产生震慑作用，从而预防企业的财务错报发生（刘柏和琚涛，2021)。若企业已经财务造假，分析师则能够在造假事件暴露之前提醒市场，发挥积极的预警作用（Dyck et al.，2007)。在间接监督方面，由于分析师群体的影响力、覆盖范围以及渗透力度的增大，分析师的研究报告能够吸引媒体、投资者甚至监管机构的关注，从而增加大股东或者管理层通过职务获取私利的诉讼和名誉损失风险（游家兴和张哲远，2016)，减少企业的盈余管理（潘越等，2019)。并且基于分析师的监督压力，企业的审计报告会通过披露关键审计事项迎合分析师的预测行为，从而加强信息披露（薛刚等，2020)。而公司的治理特征对股票流动性有显著的影响（蒋祥林，2015)，在代理成本降低的情况下，公司股票的流动性能够得到提高（Wruck，1989)。因此，从整体上来看，沪深港通机制可以通过分析师的外部监督治理作用治理公司，从而提高股票流动性。

最后，沪深港通机制通过吸引分析师关注，从而加剧分析师和知情投资者之间的竞争，可能进一步提高标的公司的股票流动性。境外投资者在进行资产配置之前可能会进行实地走访调研以及研读分析师的个股研究报告，因此资本市场的进一步开放为证券分析从业人员带来了发展机遇。为满足市场的需求，更多的分析师将会跟踪相关上市公司，他们运用自身的专业技能挖掘上市公司的异质信息。并且，关注同一行业上市公司的分析师之间存在竞争关系（Stickel，1992)，而分析师人数增加会导致竞争加剧（吴偎立等，2016)。同时，一家公司被多个分析师跟踪可以增加知情投资者的数量，而知情投资者往往会采取更加具有战略性的投资策略，因此，这些知情投资者之间也会存在一定的竞争关系。分析师之间的竞争（Chuang and Lee，2011）和知情投资者之间的竞争（Holden and Subrahmanyam，1992）可以促使信息更加快速地体现在股票的价格中，进而减少股票价值的不确定性和不知情投资者面临的不确定性，使股票的流动性得到提高（Chuang and Lee，2011）。因此，沪深港通机制通过吸引更多分析师关注标的公司，在一定程度上加剧了知情投资者和分析师之间的竞争，可能导致标的公司股票流动性提升。

基于上述理论分析，本章提出如下研究假设：

沪深港通启动后，标的公司的股票流动性会得到显著提升。

第三节 研究设计

一、数据来源与处理

本章选取中国2008—2020年沪市A股上市公司和2012—2020年深市A股上市公司为初始样本①，并对样本数据进行如下处理：剔除金融行业的值；剔除ST股票的值；删除缺失值；参考陈运森和黄健峤（2019）剔除2014年11月17日以后移除或移进沪港通的沪市股票数据和2016年12月5日以后移除或移进深港通的深市股票数据；对所有连续变量进行1%和99%的缩尾处理，排除异常值影响。最终，我们共得到15319个有效观测值。

本章上市公司财务相关数据来自国泰安（CSMAR）数据库；沪深港通标的股票数据来自香港联合交易所官网。

二、变量定义与度量

（一）因变量：股票流动性（*Liquidity*）

采用Amihud（2002）的非流动性指标衡量，并借鉴Hasbrouck（2009）及吴非等（2021）的研究方法降低非流动性指标的极端值，按照式（9－1）计算股票非流动性指标（ILLIQ）。

$$ILLIQ_{i,t} = \frac{1}{D_{i,t}} \sum_{d=1}^{D_{i,t}} \sqrt{\frac{|r_{i,t,d}|}{V_{i,t,d}}} \qquad \text{式（9－1）}$$

其中，$|r_{i,t,d}|$表示企业i在t年第d个交易日考虑现金红利再投资的回报率，$V_{i,t,d}$表示企业i在t年第d个交易日的成交金额，单位为百万元人民币，$D_{i,t}$为企业i在t年的交易日天数。因此，直观地看，$|r_{i,t,d}|/V_{i,t,d}$即

① 沪港通机制是2014年实施的，深港通机制是2016年实施的，为保证样本在政策实施前后的对称性，沪市A股样本起始时间是2008年；深市A股样本起始时间是2012年。此外，在稳健性检验中，本章统一时间起点为2008年，研究结论不变。

为股票 i 在 t 年第 d 个交易日每单位成交金额所引起的收益率变化，对其开平方根后加总取均值，即为非流动性指标。*ILLIQ* 数值越大，说明单位交易金额对股票价格的冲击越大，投资者的交易成本越高，股票流动性就越低，反之亦然。为使实证结果简单易读，本章的股票流动性指标 *Liquidity* 采用非流动性指标的相反数来测度，计算方式见式（9－2）：

$$Liquidity = -ILLIQ \quad \text{式（9－2）}$$

Liquidity 数值越大，则意味着企业的股票流动性越高。

（二）自变量：*Treat* 和 *Post*

Treat 为沪深港通虚拟变量，当股票为沪深港通标的股票时，取值为1，否则，取值为0。*Post* 为沪深港通开通后的虚拟变量，当公司为沪市A股上市公司且年份大于2014时，取值为1，否则，取值为0；当公司为深市A股上市公司且年份大于2016时，则取值为1，否则，取值为0。*Treat* × *Post* 表示 *Post* 与 *Treat* 的交互项。

（三）控制变量

借鉴吴非等（2021）选取的控制变量有：企业营收规模（*Sale*）、第一大股东持股比例（*Tophold*）、审计意见（*Audit*）、净资产收益率（*Roe*）、股票收益波动性（*Stdret*）、账面市值比（*BM*）、现金流强度（*Cash*）、两职合一（*Dual*）、资产负债率（*Lev*）。

三、实证模型

为检验假设，本章构建的多时点双重差分模型见式（9－3）：

$$Liquidity_{i,t} = n_0 + n_1 Treat_{i,t} + n_2 Post_{i,t} + n_3 Treat_{i,t} \times Post_{i,t} + n_4 \sum Controls_{i,t} + \sum (n_n Industry) + \sum (n_m Year) + \varepsilon_{i,t} \quad \text{式（9－3）}$$

式（9－3）用于考察资本市场对外开放对股票流动性的影响。*Liquidity* 是本章的因变量股票流动性，其数值越大，则意味着企业的股票流动性越高。*Treat* × *Post* 是本章的核心解释变量，如果 *Treat* × *Post* 的系数为正且显著，则说明资本市场开放会提高股票流动性；反之，则说明资本市场开放会降低股票流动性。本章涉及的主要变量及其定义如表9－1所示：

表9－1　主要变量及其定义

符号	变量名称与定义
Liquidity	股票流动性，采用式（9－1）和式（9－2）计算得出

续表

符号	变量名称与定义
Post	哑变量，当股票为沪市 A 股且年份大于 2014 时，则取值为 1，否则，取值为 0；当股票为深市 A 股且年份大于 2016 时，则取值为 1，否则，取值为 0
Treat	哑变量，股票为沪深港通标的股票时，则取值为 1，否则，取值为 0
Treat × *Post*	*Post* 与 *Treat* 交互项
Sale	企业营收规模，企业营业收入的自然对数
Tophold	第一大股东持股比例
Audit	审计意见，会计师事务所出具标准无保留意见取 0，否则为 1
Roe	净资产收益率，净利润/净资产
Stdret	股票收益波动性，企业月收益率的年度标准差
BM	账面市值比，权益/市值
Cash	现金流强度，现金及现金等价物/总资产
Dual	公司董事长与总经理是否两职合一，若是取值为 1，反之，取值为 0
Lev	资产负债率，总负债/总资产
Year	年度虚拟变量
Industry	行业虚拟变量

第四节　实证结果与分析

一、描述性统计

表 9 -2 展示了主要变量的描述性统计结果。其中，股票流动性指标 *Liquidity* 的均值和中位数分别为 -0. 019 和 -0. 017，最大值和最小值分别为 -0. 004 和 -0. 078，这说明不同公司股票流动性存在较大差异。沪深港通标的股票虚拟变量 *Treat* 的均值为 0. 393，这说明在研究样本中，沪深港通标的公司占全样本的 39. 3%。对于控制变量，企业营收规模（*Sale*）的均值和中位数分别为 21. 490 和 21. 250；第一大股东持股比例（*Tophold*）的均值和中位数分别为 34. 370 和 32. 730；审计意见（*Audit*）的均值和中位数分别为 0. 029 和 0. 000；净资产收益率（*Roe*）的均值和中位数分别为 0. 058 和 0. 069；股票收益波动性（*Stdret*）的均值和中位数分别为 0. 132 和 0. 115；账面市值比（*BM*）的均值和中位数分别为 0. 337 和 0. 318；现金流强度（*Cash*）的均值和中位数分别为 0. 158 和 0. 125；公司董事长与

总经理是否两职合一（*Dual*）的均值和中位数分别为0.277和0.000；资产负债率（*Lev*）的均值和中位数分别为0.427和0.418。所有样本变量的分布均在正常范围内。

表9-2　　主要变量描述性统计

变量名称	样本量	均值	中位数	标准差	最大值	最小值
Liquidity	15319	-0.019	-0.017	0.012	-0.004	-0.078
Post	15319	0.558	1.000	0.497	1.000	0.000
Treat	15319	0.393	0.000	0.488	1.000	0.000
Treat×Post	15319	0.182	0.000	0.386	1.000	0.000
Sale	15319	21.490	21.250	1.590	26.040	18.200
Tophold	15319	34.370	32.730	14.440	73.010	8.734
Audit	15319	0.029	0.000	0.166	1.000	0.000
Roe	15319	0.058	0.069	0.134	0.316	-0.792
Stdret	15319	0.132	0.115	0.071	0.491	0.044
BM	15319	0.337	0.318	0.157	0.769	0.035
Cash	15319	0.158	0.125	0.121	0.593	0.010
Dual	15319	0.277	0.000	0.448	1.000	0.000
Lev	15319	0.427	0.418	0.208	0.897	0.055

二、基准回归结果

表9-3报告了式（9-3）的回归结果。其中，列（1）报告了不加控制变量的回归结果，列（2）报告了加入控制变量的回归结果。由表9-3结果可知，无论是否控制其他变量，本章的核心变量*Treat×Post*的系数均在1%的水平下显著为正。当股票流动性为被解释变量且加入控制变量时，*Treat×Post*的系数为0.001，且在1%水平下显著，这说明沪深港通开通后，沪深港通标的公司的股票流动性相较于非标的公司有所提高。由此可以得出结论，资本市场开放可以提高公司股票流动性。

表9-3　　资本市场开放与股票流动性

变量	*Liquidity*	
	(1)	(2)
Treat	0.010***	0.005***
	(27.358)	(14.335)

续表

变量	*Liquidity*	
	(1)	(2)
Treat × Post	0.004 ***	0.001 ***
	(10.742)	(3.769)
Post	0.002 ***	-0.001
	(7.102)	(-0.722)
Sale		0.003 ***
		(27.857)
Tophold		-0.001 ***
		(-12.144)
Audit		0.001
		(0.173)
Roe		-0.003 ***
		(-5.257)
Stdret		-0.037 ***
		(-14.909)
BM		-0.018 ***
		(-21.420)
Cash		-0.004 ***
		(-4.243)
Dual		-0.001
		(-1.573)
Lev		-0.014 ***
		(-15.589)
Constant	-0.025 ***	-0.074 ***
	(-97.772)	(-29.957)
Control	No	Yes
Industry	No	Yes
Year	No	Yes
N	15319	15319
R^2	0.230	0.455

注：*、**、*** 分别表示显著水平为 10%、5%、1%，括号内的数字为 *t* 值，本章下同。

三、稳健性检验

（一）平行趋势检验

采用双重差分模型的前提是处理组和控制组在政策实施前具有共同的变化趋势。平行趋势假设指在没有干预的情况下，处理组和控制组的平均结果随时间变化的趋势相同。由于仅能观察到处理组受到冲击后的情况，此时控制组提供了一个可供研究的反事实，即可将未受到处理的控制组在观察时期内的“变化”近似于处理组倘若未受到冲击时的变化（黄炜等，2022）。本章借鉴黄小勇和查育新（2022）的做法，通过绘制平行趋势图进行检验。图 9－1 报告了沪深两市受政策影响的处理组和未受影响的控制组的股票流动性变化趋势。图 9－1 显示，在沪深港通启动之前（0 时点之前），处理组和控制组的股票流动性（*Liquidity*）变化趋势基本一致，但是沪深港通启动后（0 时点之后），处理组和控制组的股票流动性（*Liquidity*）的差距逐步扩大。因此，双重差分的平行趋势基本通过了检验。

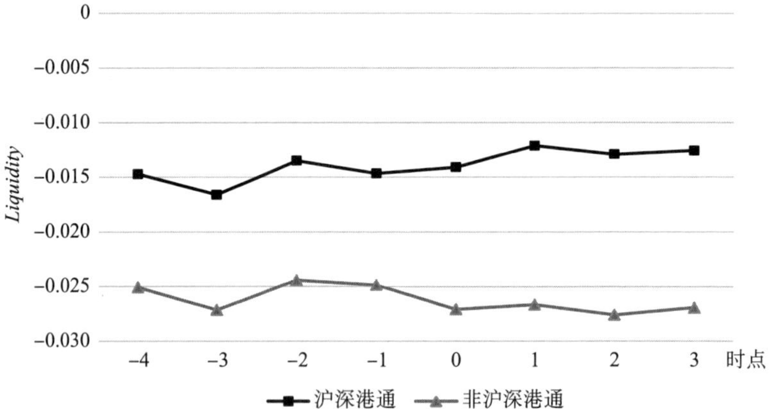

图 9－1　股票流动性的平行趋势检验

（二）PSM－DID 检验

为控制样本的选择性偏差，本章借鉴阮睿等（2021）的做法，使用 PSM 方法重新构造对照组。以资产规模（*Size*）、总资产回报率（*Roa*）、现金流强度（*Cash*）为匹配变量，通过 Logit 模型计算倾向得分，用卡尺范围为 0.01 的最近邻一对一有放回方式匹配控制样本，再用 DID 方法重新检验沪深港通机制对股票流动性的影响。如表 9－4 Panel A 所示，匹配后匹配变量在处理组和对照组之间的均值差异显著下降，T 值均未超过

1.65，说明该匹配有效修正了样本的选择性偏差问题；Panel B 中 *Treat* × *Post* 的系数在 1% 的显著水平下为正，表明匹配后的回归结果与前文结论相符。

表 9－4　　　　PSM－DID 检验

Panel A：平衡性检验

变量	是否匹配	均值		偏差比例（%）	统计检验	
		Treated	Control		T 值	P 值
Size	否	9.516	7.682	154.000	87.750	0.000
	是	9.453	9.449	0.400	0.180	0.859
Cash	否	0.155	0.166	－9.000	－5.010	0.000
	是	0.155	0.158	－3.100	－1.600	0.109
Roa	否	0.057	0.030	41.500	23.040	0.000
	是	0.057	0.057	－0.400	－0.170	0.864

Panel B：PSM 后的样本重新回归结果

变量	*Liquidity*	
	(1)	(2)
Treat	0.002***	0.002***
	(3.746)	(3.174)
Treat × *Post*	0.007***	0.004***
	(9.086)	(5.593)
Post	0.002***	－0.003*
	(2.665)	(－1.910)
Constant	－0.022***	－0.062***
	(－41.227)	(－12.500)
Control	No	Yes
Industry	No	Yes
Year	No	Yes
N	3234	3234
R^2	0.084	0.380

（三）安慰剂检验

为验证本章的实证结果是由于沪深港通机制的实施而产生的，不是随时间推移自动发生的，在进行稳健性检验时，采用了安慰剂检验。假设沪深港通制度实施的时间为实际实施时间的前两年并重新对模型进行回归，即假设沪港通实施时间是 2012 年，深港通实施时间是 2014 年。表 9－5

的列（1）报告了安慰剂检验的结果，可以发现 *Treat* × *Post* 的系数并不显著，表明本章的研究结论是稳健的。

（四）固定效应模型

为了进一步控制公司的特征，本章采用固定效应模型进行检验。检验结果如表 9 – 5 列（2）所示，在控制了公司的固定效应后，*Treat* × *Post* 的系数仍然在 1% 的水平上显著为正，与前文结论一致。

（五）剔除沪市和深市 2015 年股灾数据

2015 年中国股票市场发生了严重的股灾，千股跌停，对股票流动性产生了强烈的冲击，甚至停止了股票交易。为了进一步确保研究结论不受股灾当年数据的影响，本章在此剔除 2015 年股灾当年的数据重新进行回归，回归结果如表 9 – 5 所示。由表 9 – 5 列（3）可知，在控制其他变量后，*Treat* ×*Post* 的回归系数在 1% 的显著水平下为正，进一步验证了本章结论的稳健性。

表 9 – 5　　　　固定效应模型与剔除 2015 年数据

变量	*Liquidity*		
	安慰剂检验	固定效应模型	剔除 2015 年数据
	(1)	(1)	(2)
Treat	0.001***		0.005***
	(10.995)		(13.428)
Treat × *Post*	0.002	0.003***	0.002***
	(1.450)	(10.773)	(4.623)
Post	0.005	0.002***	–0.001*
	(0.902)	(7.491)	(–1.746)
Constant	–0.055***	–0.025***	–0.077***
	(–24.957)	(–25.128)	(–30.385)
Control	Yes	Yes	Yes
Firm	No	Yes	No
Industry	Yes	No	Yes
Year	Yes	Yes	Yes
N	15319	15319	14046
R^2	0.468	0.597	0.459

（六）剔除沪市 2014 年数据和深市 2016 年数据

由于沪港通制度是在 2014 年实施的，在这一年，沪市 A 股的各种数据在制度未实施时和制度实施后两个阶段可能存在差异，从而会对本章的回归结果产生影响，在2016年实施的深港通制度中，深市A股的各种数据也是如此。因此，在进行稳健性检验时，剔除了沪市2014年数据和深市2016年数据，回归结果如表9-6所示。由表9-6可知，无论是否剔除2014年和2016年数据，*Treat*×*Post*的系数都在1%的显著水平下为正，与前文结论相符。

表9-6　　　　剔除沪市2014年数据和深市2016年数据

变量	*Liquidity*	
	(1)	(2)
Treat	0.010***	0.005***
	(24.780)	(13.163)
Treat×*Post*	0.004***	0.001***
	(9.605)	(3.339)
Post	0.003***	0.001
	(10.807)	(1.271)
Constant	-0.026***	-0.078***
	(-93.909)	(-31.374)
Control	No	Yes
Industry	No	Yes
Year	No	Yes
N	14008	14008
R^2	0.256	0.465

（七）改变样本区间

以2014年沪市开通沪港通及2016年深市开通深港通作为年份基点，改变样本时间的窗口期对模型回归结果进行检验。本章时期选取如下：(1)深市、沪市样本区间均为2008—2020年；(2)深市样本区间为2013—2019年，沪市样本区间为2009—2019年；(3)深市样本区间为2013—2020年，沪市样本区间为2009—2020年。以上时期回归结果如表9-7第(1)列—第(3)列所示，由表9-7可知，在加入控制变量后，三个时期样本的*Treat*×*Post*系数都在1%的显著水平下为正，与前文结论相符。

表 9－7 改变样本区间

变量	*Liquidity*		
	(1)	(2)	(3)
	沪深市 A 股样本区间均为 2008—2020 年	深市样本区间为 2013—2019 年，沪市样本区间为 2009—2019 年	深市样本区间为 2013—2020 年，沪市样本区间为 2009—2020 年
Treat	0.004***	0.005***	0.005***
	(12.851)	(14.142)	(14.738)
Post	－0.001	－0.001**	－0.001
	(－0.923)	(－2.080)	(－1.114)
Treat×*Post*	0.001***	0.002***	0.002***
	(4.099)	(6.400)	(5.378)
Constant	－0.082***	－0.053***	－0.057***
	(－34.892)	(－21.202)	(－25.293)
Control	Yes	Yes	Yes
Industry	Yes	Yes	Yes
Year	Yes	Yes	Yes
N	17279	11966	14191
R^2	0.479	0.425	0.423

（八）加入流动性指标滞后一阶

股票流动性具有一定的延续性，且当期股票流动性可能受到前期相关因素的影响。因此，本章借鉴 Ng 等（2016）的做法，在模型中加入前文非流动性指标 *Liquidity* 的滞后一阶进行回归，回归结果如表 9－8 所示。由表 9－8 可知，无论是否加入控制变量，*Treat*×*Post* 的系数都在 1% 的显著水平下为正，与前文结论相符。

表 9－8 加入流动性指标滞后一阶检验结果

变量	*Liquidity*	
	(1)	(2)
Treat	0.010***	0.003***
	(27.358)	(12.731)
Treat×*Post*	0.004***	0.001***
	(10.742)	(7.158)
Post	0.002***	0.001
	(7.102)	(0.714)

续表

变量	Liquidity	
	(1)	(2)
L. Liquidity		0.158***
		(16.755)
Constant	-0.025***	-0.049***
	(-97.772)	(-27.853)
Control	No	Yes
Industry	No	Yes
Year	No	Yes
N	15319	12666
R^2	0.230	0.663

（九）更换因变量度量指标

在上文的回归中，本章基于 Amihud（2002）构建的非流动性指标并进行修正对股票流动性进行衡量。在此，采用 Roll（1984）提出的买卖价差衡量股票流动性，从而检验结果的稳健性。鉴于 Roll 的买卖价差模型存在无定义部分，因此本章借鉴熊家财和苏冬蔚（2016）的方法定义一个修正的 *Roll* 指标，见式（9-4）。

$$Roll = \begin{cases} 2\sqrt{-cov(\Delta P_t, \Delta P_{t-1})}, & \text{当 } cov(\Delta P_t, \Delta P_{t-1}) < 0 \text{ 时} \\ 0, & \text{当 } cov(\Delta P_t, \Delta P_{t-1}) \geq 0 \text{ 时} \end{cases}$$

式（9-4）

其中，P_t 表示单个股票在 t 周期内考虑现金红利再投资的日收益率；$cov(\Delta P_t, \Delta P_{t-1})$ 表示单个股票在 t 周期内，考虑现金红利再投资的日收益率的一阶差分序列协方差。*Roll* 指标数值越大，说明买卖价差越大，此时，股票流动性越低。

以 *Roll* 指标衡量股票流动性的回归结果如表 9-9 所示。由表 9-9 结果可知，无论是否加入控制变量，*Treat* × *Post* 的系数都在 1% 的显著水平下为负，与前文结论相符。

表 9-9　更换因变量度量指标

变量	Roll	
	(1)	(2)
Treat	-0.005***	-0.001**
	(10.648)	(2.273)

续表

变量	Roll	
	(1)	(2)
Treat × *Post*	-0.002***	-0.001***
	(3.630)	(2.622)
Post	-0.002***	-0.001
	(5.775)	(0.931)
Constant	0.058***	0.104***
	(-200.900)	(-41.558)
Control	No	Yes
Industry	No	Yes
Year	No	Yes
N	14984	14984
R^2	0.033	0.579

四、异质性检验

（一）产权性质的异质性

国有企业由于国有股权一股独大，往往存在行政方面的诸多干预，除了盈利等目标外还担负着社会责任，例如保障就业、维护社会稳定和刺激经济增长等（薄仙慧和吴联生，2009），其控制与管理受到一定限制。同时，由于国有企业背后有政府的信誉与支持作为依靠，因此国有企业比民营企业在市场竞争中更具有优势，其竞争压力相较于民营企业较小（吴非等，2021）。因此，本章推断，由于国有企业的天然政策性特征，资本市场开放对其影响较小，对民营企业的影响更大。

本章根据企业的产权性质将样本划分为国有企业与民营企业两组，并且进行分组回归，回归结果如表 9-10 所示。由表 9-10 的结果可知，*Treat* × *Post* 的回归系数在民营企业样本中在 1% 的水平上显著为正，在国有企业样本中 *Treat* × *Post* 的回归系数虽然也为正值，但是不显著。又因为 *Liquidity* 值越大，股票的流动性越强，*Treat* × *Post* 的回归系数显著为正说明资本市场开放可以提高股票的流动性，因此，资本市场开放能提高民营企业的股票流动性，而对国有企业的股票流动性影响不显著。

表 9-10　产权性质的异质性

变量	*Liquidity*	
	(1)	(2)
	国有企业	民营企业
Treat	0.005***	0.004***
	(10.566)	(9.217)
Post	-0.001	-0.002**
	(-0.401)	(-2.242)
Treat × *Post*	0.001	0.002***
	(1.444)	(3.926)
Constant	-0.076***	-0.076***
	(-26.095)	(-18.002)
Control	Yes	Yes
Industry	Yes	Yes
Year	Yes	Yes
N	5846	9194
R^2	0.652	0.393

（二）QFII 持股的异质性

2002 年 11 月，中国证监会和央行联合推出 QFII 制度，意味着合格境外机构投资者可以进入境内资本市场进行投资，是中国资本市场对外开放的重要举措。当公司被 QFII 持股时，跟踪公司的分析师人数将会增加，从而能够提高公司的信息披露质量（李春涛等，2018），并且 QFII 持股能在不影响财务可靠性的同时提高信息披露透明度（杨海燕等，2012）。从前文可以知道，信息披露情况与股票流动性息息相关。并且沪深港通制度实施时间在 QFII 制度之后，已有 QFII 持股的公司相较于其他公司已经存在境外机构投资者投资，资本市场的进一步开放可能对其影响相对较小。因此，本章推断，由于 QFII 持股公司已经存在境外机构投资者，资本市场的进一步开放对已有 QFII 持股公司的影响较小，对没有 QFII 持股公司的影响更大。

本章根据公司是否有 QFII 持股将样本划分为已有 QFII 持股公司与没有 QFII 持股公司两组，并且进行分组回归，回归结果如表 9-11 所示。由表 9-11 的结果可知，*Treat* × *Post* 的回归系数在没有 QFII 持股公司样本中在 1% 的水平上显著为正，在已有 QFII 持股公司样本中 *Treat* × *Post* 的回归系数虽然也为正值，但是不显著。又因为 *Liquidity* 值越大，股票的流动性越强，*Treat*×*Post* 的回归系数显著为正，说明资本市场开放可以提高股票的流动性，因此，资本市场开放能提高没有 QFII 持股公司的股票流动性，而对已有 QFII 持股公司的股票流动性影响不显著。

表 9-11　　　　QFII 持股的异质性

变量	*Liquidity*	
	(1)	(2)
	已有 QFII 持股	没有 QFII 持股
Treat	0.004***	0.005***
	(5.214)	(13.658)
Post	-0.001	-0.001
	(-0.501)	(-0.752)
Treat×*Post*	0.001	0.001***
	(1.448)	(3.768)
Constant	-0.073***	-0.073***
	(-21.022)	(-26.367)
Control	Yes	Yes
Industry	Yes	Yes
Year	Yes	Yes
N	1633	13652
R^2	0.600	0.436

（三）信息透明度的异质性

为了吸引境外投资者投资，沪港通中的 A 股标的公司可能会主动提高公司信息透明度（李沁洋和许年行，2019）。并且，沪港通机制对信息披露质量较低的企业影响更大（陈运森和黄健峤，2019），对于沪港通开通前盈余操纵较为严重的企业，纳入沪港通交易范围能够更有效地提升其信息披露质量（阮睿等，2021）。因此，本章推断，资本市场开放对信息透明度较低的企业影响更大，对信息透明度较高的企业影响较小。

本章选取操纵性应计项目盈余管理（*DisAcc*）指标的绝对值衡量信息透明度，而信息透明度也往往作为企业信息质量的一个指标。操纵性应计项目盈余管理参考修正琼斯模型（Jones，1991）分行业分年度回归得到，并以 *DisAcc* 分行业分年度的中位数为界，将样本数据划分为两组。当企业的 *DisAcc* 指标大于其中位数时，则企业的盈余管理程度较高，信息透明度较低；当 *DisAcc* 指标小于其中位数时，则企业的盈余管理程度较低，信息透明度较高。随后将信息透明度高、低两组样本进行回归，回归结果如

表9－12所示。由表9－12的结果可知，*Treat*×*Post*的回归系数在信息透明度较低的样本中在1%的水平上显著为正，在信息透明度较高的样本中*Treat*×*Post*的回归系数在10%的水平上也显著为正，又因为*Liquidity*值越大，股票流动性越强，*Treat*×*Post*的回归系数显著为正说明资本市场开放可以提高股票流动性。为方便分析，下面主要看*Treat*×*Post*系数绝对值的大小，绝对值越大，资本市场开放对股票流动性的提高越大。在信息透明度较低的样本中*Treat*×*Post*的回归系数绝对值为0.0012，大于信息透明度较高的样本的0.0005①，又通过自体抽样（Bootstrap），共重复抽样1000次，得到经验p值为0.055，在10%水平上显著，证实两组回归中*Treat*×*Post*系数差异在统计上是显著的。因此，资本市场开放更能提高信息透明度较低的企业的股票流动性，而对信息透明度较高的企业的股票流动性影响相对较小。

表9－12　　信息透明度的异质性

变量	*Liquidity*	
	(1)	(2)
	信息透明度较低	信息透明度较高
Treat	0.004***	0.004***
	(11.514)	(12.235)
Post	0.001***	0.001
	(2.718)	(0.971)
Treat×*Post*	0.001***	0.001*
	(4.123)	(1.854)
Constant	－0.072***	－0.080***
	(－31.932)	(－35.862)
Control	Yes	Yes
Industry	Yes	Yes
Year	Yes	Yes
N	6836	6833
R^2	0.646	0.683
系数差异检验		0.001*
经验p值		0.055

注："经验p值"用于检验组间调整系数差异的显著性，*Treat*×*Post*系数的组间差异则参考连玉君等（2010）的研究通过自体抽样（Bootstrap）得到，共重复抽样1000次。

① 信息透明度较低和信息透明度较高的*Treat*×*Post*系数分别为0.0012和0.0005，表格中部分数字统一保留3位数。

五、影响机制检验

前文的研究结果表明，资本市场开放能够提高标的股票的流动性。由理论分析本章认为，资本市场开放后，标的公司能够主动或被动地吸引更多分析师的关注，分析师的关注又可以改善标的公司的信息环境，并且从外部监督方向加强公司治理，从而提高标的公司股票的流动性。为检验分析师关注度的中介效应，本章采用温忠麟等（2004）的中介效应模型来分析资本市场开放对股票流动性的作用机制。第一步，检验资本市场开放是否显著提高标的股票流动性；第二步，检验资本市场开放是否显著提高分析师关注度；第三步，同时检验资本市场开放和分析师关注度对标的股票流动性的影响，如果代表资本市场开放的变量不再显著，仅分析师关注度的系数显著，则说明分析师关注度起着完全中介的作用；如果代表资本市场开放的变量和分析师关注度的系数都显著，则表示分析师关注度起着部分中介的作用。

借鉴刘柏和琚涛（2021）及阮睿等（2021）等的研究方法，本章将分析师关注度（$Analyst_{i,t}$）定义为公司 i 在第 t 年内分析师（团队）对该公司进行过跟踪分析的数量加 1 后取自然对数①。$Analyst_{i,t}$越大，说明分析师的关注度越高。

表 9－13 报告了分析师关注度渠道检验的结果。第一步，$Treat \times Post$ 的回归系数在 1% 的水平上显著为正，说明资本市场开放可以显著提高股票流动性；第二步，$Treat \times Post$ 的回归系数在 1% 的水平上显著为正，表明资本市场开放可以显著提高分析师的关注度，从而改善企业的信息环境，加强公司治理；第三步，$Treat \times Post$ 的回归系数在 1% 的水平上显著为正，同时 *Analyst* 的回归系数在 1% 的水平上显著为正，说明分析师关注度存在部分中介效应。上述结果表明，资本市场开放可以通过加强分析师的关注度，从而提高公司的股票流动性。

表 9－13　影响机制检验结果

变量	第一步	第二步	第三步
	Liquidity	*Analyst*	*Liquidity*
	(1)	(2)	(3)
Treat	0.005***	0.646***	0.004***
	(14.302)	(12.556)	(12.316)

① 其中，不以团队中成员数量计数，一个团队就表示数量 1。

续表

变量	第一步	第二步	第三步
	Liquidity	*Analyst*	*Liquidity*
	(1)	(2)	(3)
Post	-0.001	-0.351***	0.000
	(-0.717)	(-7.770)	(0.029)
Treat × *Post*	0.001***	0.194***	0.001***
	(3.774)	(5.120)	(3.126)
Analyst			0.001***
			(11.049)
Constant	-0.074***	-5.469***	-0.068***
	(-29.954)	(-17.577)	(-27.119)
Control	Yes	Yes	Yes
Industry	Yes	Yes	Yes
Year	Yes	Yes	Yes
N		15310	15310
R^2	0.455	0.515	0.461

第五节　结论

股票流动性作为表征市场活力和运行效率的关键指标（尹海员和吴兴颖，2022），不仅能够反映资产的变现速度和交易能力（Kyle，1985），也体现了一国股市的发展水平。本章以沪深港通的实施为准自然实验，采用多时点双重差分模型，考察了资本市场对外开放对股票流动性的影响及其作用路径。研究发现：（1）与非沪深港通标的公司相比，沪深港通的实施显著提高了标的公司的股票流动性；（2）这种正向影响主要存在于民营企业和没有 QFII 持股的企业以及信息透明度较低的企业中；（3）沪深港通提高标的公司股票流动性的路径在于：沪深港通实施后，分析师对标的公司的关注度增加，有助于改善公司的信息环境，并且从外部对公司加强监督，从而提升股票流动性。

第十章　资本市场开放与股票错误定价

第一节　引言

有效市场假说认为，在有效的市场中，信息可以完全反映在股价中，股票价格与其内在价值不存在差异（Fama，1970）。但一直以来，中国的资本市场都处于弱式有效的状态，上市公司与投资者之间存在着信息不对称的问题，使得市场中的交易信息不能完全反映在股票价格中，导致股票错误定价的现象数见不鲜。并且，股票错误定价对资本市场发展的负面影响也不容小觑。从宏观层面上看，股票错误定价会降低资本市场定价效率和资源配置效率（Kim and Zhang，2016），引起股市的非正常波动，增加股价崩盘的风险（Manconi et al.，2012），阻碍资本市场的健康发展；从微观层面上看，股票错误定价可能会扭曲企业的投资行为，导致企业非效率投资的增加（汪玉兰和周守华，2018）。因此，研究股票错误定价的成因具有重要理论和现实意义。

关于股票错误定价的形成原因，国内外学者众说纷纭。一方面，投资者的非理性和交易行为偏差导致资本市场定价效率较低，是产生股票错误定价的重要原因之一（叶勇和王思瑞，2021）；另一方面，资本市场制度和机制的不完善，如卖空受限制（Hong et al.，2006）、信息不对称问题（Berkman et al.，2009）、代理问题（Pantzalis and Park，2014）等，使得市场中的信息不能完全反映在股票价格上，导致股票偏离其真实价值，即股票错误定价（Sloan，1996）。此外，中国上市公司的股价经常出现高估或低估，例如，宜宾五粮液股份有限公司作为中国白酒行业龙头企业之一，在2014年前一直保持较高速度的增长，但是股价却非常低迷，长期在20—40元徘徊，并未能反映其真实价值。沪港通开通后，五粮液公司的价值被深度挖掘，在2021年股价稳定增长至357元。而当白酒行业增速放缓，五粮液公司的股价又开始缓慢下跌。前文发现，沪深港通改变了市场参与者行为，并进一步降低了股价同步性，提升了股票流动性。那么，沪深港通将如何影响股价反映信息的准确度呢？本章将基于股票错误定价的视角进行深入研究。

基于上述背景，本章以沪深港通制度的实施作为资本市场开放的准自然实验，选取中国2008—2020年沪市和2012—2020年深市A股上市公司作为研究样本，构建多时点双重差分模型，检验资本市场开放对股票错误定价的影响及其作用机制。结论显示，沪深港通这一资本市场开放的制度可以显著改善股票错误定价水平，并且经过倾向得分匹配（PSM）、更换被解释变量度量方式、变更样本区间以及变更样本范围等一系列稳健性检验后，该结论依然成立。此外，异质性检验还发现，资本市场开放对股票错误定价的改善作用在机构投资者持股比例较低、管理层未持股及合格境外投资者未持股时更为显著。本章对这一作用的影响机制进行深入研究发现，沪深港通制度的实施主要通过提高上市公司信息披露质量、减少内部代理成本以及降低股价滞后性这三种途径来改善股票错误定价的水平。

本章可能的贡献在于：（1）不同于现有文献主要从卖空限制、投资者关注等外部因素和信息披露行为、内部治理、战略差异度等内部因素两个方面研究股票错误定价的影响因素，本章从沪深港通制度变化的角度探究股票错误定价的外部因素，丰富了股票错误定价影响因素的相关研究。（2）关于资本市场开放经济后果的研究，国内外学者较少以股票错误定价为立足点进行研究，而本章选择股票错误定价这一金融异象视角，拓展了资本市场开放经济后果的研究视角。（3）本章发现沪深港通制度主要通过提高公司信息披露质量、减少公司内部代理成本以及降低股价滞后性等路径来改善股票错误定价水平，打开了资本市场开放影响股票错误定价的黑箱。

第二节　理论分析与假设提出

有效市场假说认为市场有效的关键在于信息可以完全反映在股价中，此时股票价格与其内在价值保持一致。但中国的资本市场尚未达到完全有效，公司与投资者之间存在信息不对称问题，导致股票价格不能反映所有的信息，股票偏离其内在价值的现象更加常见。而作为资本市场对外开放关键步骤，沪深港通制度的正式实施，既满足了中国新一轮金融开放的需求，也为上市公司带来了大量的境外资本和成熟的境外机构投资者（杨雪峰，2021）。境外投资者的加入不仅可以优化投资者结构（钟覃琳和陆正飞，2018），还可以发挥有效的监督作用（Aggarwal et al.，2011），有助于提高上市公司信息透明度（何瑛和李塽爽，2021），降低其内部代理成本（Tsang et al.，2019）；此外，与境内投资者相比，境外投资者在信息获取和投资经验上可能具有相对优势，其交易行为能够及时向市场投资者传递信号，一方面可以使股价随市场信息及时调整，提高资本市场信息传递效率（Bae et al.，2012），另一方面可以使股价中所包含的信息更全面，更加接近上市公司的真实价值，从而减少股票错误定价的现象（戴鹏毅等，2021）。具体的影响机制如下：

首先，沪深港通可能从形成外部监督压力和激发内部动机两个方面提高上市公司的信息披露质量，进而改善股票市场错误定价。从形成外部监督压力上看，一方面，沪深港通制度的实施将香港交易所的信息披露规范和要求引入A股市场，加强对标的企业信息披露行为的行政监管，迫使标的企业提高信息披露质量（齐堡垒，2021）。另一方面，沪深港通制度实施后，标的公司受到媒体、分析师等诸多信息中介的关注，在众目睽睽的压力之下，为保持良好的"形象"，标的公司不得不保持较高的信息透明度（郭阳生等，2018）。从激发内部动机上看，一方面，资本市场对外开放后，北上资金成为A股上市公司获得增量资金的重要来源之一（李沁洋和许年行，2019）。管理层为获得融资，必须吸引境外投资者的关注，而成熟的境外投资者更青睐信息透明度高的公司（Ferreira and Matos，2008），因此，管理层会更加主动地改善自身的信息披露质量，甚至会主动披露财务信息，以获得境外投资者的关注（Tsang et al.，2019）。另一方面，沪深港通制度引入的境外投资者，具有丰富的投资经验和信息处理技术，可以及时挖掘企业的特质信息，并通过交易行为反映到股价中。为了避免股价剧烈波动对公司产生的不利影响，管理层倾向于主动改善其信息披露质量，提升上市公司的信息环境（何瑛和李塽爽，2021），提升公司信息透明度。信息透明度的提高，一方面可以缓解信息不对称引发的管理者机会主义和逆向选择的问题（谢志华等，2014），为投资者提供充分和全面的信息识别上市公司的内在价值，减少公司内部操纵股价导致的资产误定价的现象（徐寿福和邓鸣茂，2020）；另一方面可以缓解市场投资者的非理性情绪，减少因羊群效应和跟风炒作等非理性行为导致的股价偏离真实价值的状况。综上所述，沪深港通制度的实施能够通过引入境外投资者对上市公司进行外部监督并激发管理层主动改善信息披露质量，提高上市公司的信息透明度，进而改善股票错误定价水平。

其次，沪深港通可能通过降低内部代理成本进而改善股票市场错误定价。股票错误定价现象不仅可能由外部市场因素产生，还可能受到公司内部代理成本的影响。原因在于：在固有的信息不对称程度下，内部代理成本越高的公司，其内部的利益冲突越严重，管理者很可能为一己私利采取盈余管理或迎合投资者非理性情绪等各种不利于公司长远发展的策略（徐寿福和邓鸣茂，2020），进而加剧上市公司的信息不对称程度，使投资者所能获取的上市公司的未来现金流量分布信息更加不透明（Pantzalis and Park，2014），造成股票价格与内在价值的偏离程度加大，股票错误定价水平更高。而沪深港通制度实施后，引入的境外投资者具备足够的意愿及能力可以监督和约束上市公司管理层的机会主义行为（齐堡垒等，2021），有效降低上市公司的内部代理成本。究其原因，一方面，与境内投资者相比，境外投资者与A股上市公司的关联性更弱，相对更为独立，较少受到管理层关系网络的约束（Davis and Kim，2007），因此境外投资者监督的意愿更强烈。另一方面，境外投资者具备丰富的投资经验和信息搜集能力（Deng et al.，2018），一旦发现管理层存在盈余管理等不当行为，可以及时将该类负面信息反映到股价中去（何瑛和李塽爽，2021），境外投资者“减持”或者“不购买”的行为可能引发其他投资者的追随行为，造成对股价的负面连锁反应（陈运森等，2019）。综上所述，沪深港通制度的实施能够通过引入境外投资者对上市公司的管理层进行有效的外部监督，在一定程度上缓解管理层代理问题（赵东和王爱群，2019），减少其内部代理成本，进而改善股票错误定价水平。

最后，沪深港通可能通过降低股价滞后性进而改善股票市场错误定价。股价滞后性是指股票价格滞后反映市场信息的现象。股价发生延迟意味着信息融入股价的速度较慢，资本市场价格发现功能存在时滞。以往研究发现，对于投资者而言，股价滞后性越高的公司，其内在价值的不确定性更大，投资的风险相对较高，导致该类股票的流动性相对较小，很难获得分析师及媒体的关注（Lin et al.，2014），而分析师的关注不仅能够使股价包含更多的基本面的信息，并会在一定范围内引导投资者的决策和情绪变化，因此分析师和投资者的关注减少会进一步降低股票的流动性，带动市场的悲观情绪，而市场的一致唱衰会导致股价过度下降，使股票价格在市场机制的作用下偏离其内在价值，进而加大股票错误定价的程度，因此，股价滞后性越高，股票错误定价的水平可能越高。而沪深港通制度的实施，可以通过改善股价调整的速度，增加自愿性信息披露，提高资本市场的定价效率（戴鹏毅等，2021），进而降低股价滞后程度。究其原因，第一，入选沪深港通的公司，往往受到媒体和分析师等中介机构多方关注（唐建新等，2021），而以往的研究发现被大量分析师跟踪的公司，其股价调整的速度会更快，股价对于信息的变化会更加敏感。第二，成熟的境外投资者在搜集、处理、分析信息方面具有相对优势，可以及时通过二级市场的交易向市场传递信号，将获得的信息反馈到股价中，在一定程度上降低股价对信息调整响应的滞后（Kacperczyk et al.，2021）。第三，入选沪深港通的公司为了获得资金支持并降低融资成本，需要获得境外投资者的关注，而境外投资者为规避风险，往往偏好于持有信息披露质量和治理水平较高的公司的股票（Ferreira and Matos，2008）。因此管理层会倾向于增加自愿性信息披露（Tsang et al.，2019），使股价的信息含量增加，股价滞后性降低（唐建新等，2021）。综上所述，沪深港通制度的实施可以提高资本市场的定价效率，降低股价滞后性，进而改善股票错误定价水平（Edmans，2009）。

基于以上的理论分析，本章提出以下研究假设：

沪深港通制度的实施有利于改善标的公司的股票错误定价现象。

第三节　研究设计

一、数据来源与处理

本章选取中国2008—2020年沪市和2012—2020年深市A股上市公司为初始样本①，并对样本数据进行如下处理：剔除金融行业的值；剔除ST股票的值；删除缺失值；参考陈运森和黄健峤（2019）的研究剔除2014年11月17日以后移除或移进沪港通的沪市样本和2016年12月5日以后移除或移进深港通的深市样本；为排除异常值的影响，对所有连续变量进行1%和99%的缩尾处理。最终，我们得到14840个有效观测值。

本章所有上市公司财务相关数据来自国泰安（*CSMAR*）数据库；沪深港通标的股票数据来自香港联合交易所官网。

① 沪港通机制是2014年实施的，深港通机制是2016年实施的，为保证样本在政策实施前后的对称性，沪市A股样本起始时间是2008年；深市A股样本起始时间是2012年。

二、变量定义与度量

（一）因变量：股票错误定价（*Absmis*）

参考 Shin 和 Stulz（1998）、Goyal 和 Yamada（2004）、谭跃和夏芳（2011），本章的股票错误定价（*Absmis*）通过分解托宾 Q 值的方法进行度量，具体计算方式见式（10－1），对托宾 Q 值与企业基本面的变量组进行回归，同时控制行业和年份，将得到的残差绝对值作为股票错误定价的替代变量。

$$Tobin'Q_{i,t} = \alpha_0 + \alpha_1 ROE_{i,t} + a_2 Lev_{i,t} + a_3 Growth_{i,t} + a_4 Size_{i,t} + Year + Industry + \varepsilon \quad \text{式（10－1）}$$

其中，*ROE* 为净资产收益率，*Lev* 为资产负债率，*Growth* 为营业收入增长率，*Size* 为企业规模。*Absmis* 值越大，说明上市公司错误定价的程度越高。

（二）自变量：*Treat* 和 *Post*

Treat 为沪深港通的虚拟变量，当股票为沪深港通标的股票时，取值为 1，否则，取值为 0。*Post* 为沪深港通启动时点的虚拟变量，当公司为沪市 A 股上市公司且年份大于等于 2014 时，取值为 1，否则，取值为 0；当公司为深市 A 股上市公司且年份大于等于 2016 时，取值为 1，否则，取值为 0。*Treat*×*Post* 表示 *Post* 与 *Treat* 的交互项。

（三）控制变量

借鉴王俊领和李海燕（2020）的研究，本章选取的控制变量包括资产负债率（*Lev*）、净资产收益率（*ROE*）、营业收入增长率（*Growth*）、换手率（*Ret*）、第一大股东持股比例（*Top*1）、两职合一（*Dual*）、独立董事比例（*Indep*）、上市年限（*ListAge*）。

三、实证模型

为检验提出的假设，本章构建的多时点双重差分模型见式（10－2）：

$$\begin{aligned} Absmis_{i,t} = {} & n_0 + n_1 Treat_{i,t} + n_2 Post_{i,t} + n_3 Treat_{i,t} \times Post_{i,t} \\ & + n_4 \sum Controls_{i,t} + \sum (n_n Industry) + \sum (n_m Year) + \varepsilon_{i,t} \end{aligned} \quad \text{式（10－2）}$$

式（10－2）用于考察资本市场对外开放对股票错误定价的影响。*Absmis* 是本章的因变量股票错误定价。*Treat*×*Post* 是本章的自变量，如果 *Treat*×*Post* 的系数为负且显著，则说明资本市场开放会改善股票错误定价程度；反之，则说明资本市场开放会加剧股票错误定价程度。本章涉及的主要变量及其定义如表 10－1 所示：

表 10－1　　主要变量及其定义

符号	变量名称与定义
Absmis	股票错误定价，采用式（10－1）计算得出
Post	哑变量，当股票为沪市 A 股且年份大于等于 2014 时，则取值为 1，否则，取值为 0；当股票为深市 A 股且年份大于等于 2016 时，则取值为 1，否则，取值为 0
Treat	哑变量，股票为沪深港通标的股票时，则取值为 1，否则，取值为 0
Treat × *Post*	*Post* 与 *Treat* 交互项
Lev	资产负债率，年末总负债与年末总资产之比
ROE	净资产收益率，年末净利润与所有者权益之比
Growth	营业收入增长率，本年营业收入/上一年营业收入－1
Ret	换手率，每月的交易股数与流通股数的均值
*Top*1	第一大股东持股比例，第一大股东持股数量/总股本
Dual	公司董事长与总经理是否两职合一，若是取值为 1，反之，取值为 0
Indep	独立董事比例，独立董事人数/董事人数
ListAge	上市年限，*ln*（当年年份－上市年份＋1）
Year	年度虚拟变量
Industry	行业虚拟变量

第四节　实证结果与分析

一、描述性统计

表 10－2 展示了主要变量的描述性统计结果。其中，*Absmis* 的最大值为 7.590，最小值为 0.017，这说明不同公司的股票错误定价存在较大差异。沪深港通标的股票的虚拟变量 *Treat* 的均值为 0.383，这说明在研究样本中，沪深港通标的公司占全样本的 38.3%。

表 10－2　　主要变量描述性统计

变量名称	样本量	均值	中位数	标准差	最大值	最小值
Absmis	14840	1.255	0.980	1.196	7.590	0.017
Treat	14840	0.383	0.000	0.486	1.000	0.000

续表

变量名称	样本量	均值	中位数	标准差	最大值	最小值
Post	14840	0.630	1.000	0.483	1.000	0.000
Treat × *Post*	14840	0.215	0.000	0.411	1.000	0.000
Lev	14840	0.437	0.428	0.210	0.983	0.054
ROE	14840	0.054	0.068	0.158	0.375	-0.927
Growth	14840	0.161	0.093	0.447	2.966	-0.675
Ret	14840	47.820	30.770	50.450	355.600	2.203
*Top*1	14840	0.338	0.319	0.144	0.726	0.083
Dual	14840	0.268	0.000	0.443	1.000	0.000
Indep	14840	0.375	0.364	0.053	0.571	0.333
ListAge	14840	2.177	2.303	0.779	3.296	0.000

二、基准回归结果

表 10-3 报告了式（10-2）的回归结果。其中，列（1）报告了不加入控制变量的回归结果，列（2）报告了加入控制变量的回归结果。由表 10-3 结果可知，无论是否控制其他变量，本章的核心解释变量 *Treat* × *Post* 的系数均在 1% 的水平下显著为负。这说明沪深港通标的公司在沪深港通开通后，股票错误定价的程度得到了显著的降低。由此可以得出结论，资本市场开放可以显著改善股票的错误定价程度。

表 10-3　　资本市场开放与股票错误定价

变量	*Absmis*	
	(1)	(2)
Treat	-0.108**	-0.114**
	(-2.182)	(-2.329)
Post	0.084	0.050
	(1.145)	(0.706)
Treat × *Post*	-0.103**	-0.137***
	(-2.054)	(-2.669)
Lev		0.618***
		(5.250)
ROE		-0.024
		(-0.210)

续表

变量	*Absmis*	
	(1)	(2)
Growth		0.083**
		(2.045)
Ret		0.000
		(0.936)
*Top*1		-0.184
		(-1.302)
Dual		0.094**
		(2.354)
Indep		1.001***
		(2.911)
ListAge		0.059**
		(2.158)
Constant	1.242***	0.424*
	(6.735)	(1.739)
Industry	Yes	Yes
Year	Yes	Yes
N	14840	14840
R^2	0.094	0.110

注：*、**、*** 分别表示显著水平为 10%、5%、1%，括号内的数字为 *t* 值，本章下同。

三、稳健性检验

（一）平行趋势检验

采用双重差分模型的前提是处理组和控制组在政策实施前具有共同的变化趋势。本章借鉴黄小勇和查育新（2022）的做法，通过绘制平行趋势图进行检验。图 10-1 报告了沪深两市受政策影响的处理组和未受影响的控制组的股票错误定价变化趋势。图 10-1 显示，在沪深港通启动之前（0 时点之前），处理组和控制组的股票错误定价（*Absmis*）变化趋势基本一致，但在沪深港通启动后（0 时点之后），处理组和控制组的股票错误定价（*Absmis*）的差距逐步扩大。因此，双重差分的平行趋势基本通过了检验。

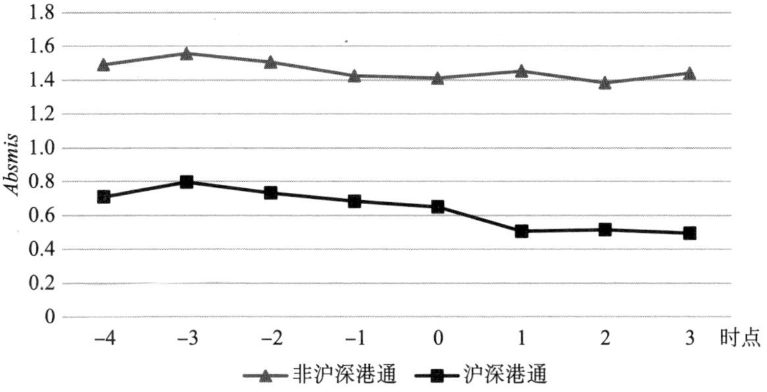

图 10-1　平行趋势检验

（二）倾向得分匹配

为了减少样本选择偏差对回归结果的影响，本章采用倾向得分匹配法进行稳健性检验。参考何瑛和李塽爽（2021）的做法，通过 Logit 回归模型得到每个观测值的倾向得分后，再采用最近邻匹配（一对一）和卡尺匹配（半径为 0.01）相结合的方法，得到匹配后的样本。平衡性检验的结果如表 10-4 所示，可以看出除资产收益率（*ROE*）和上市年限（*ListAge*）外，大部分变量匹配后标准化差异的绝对值低于 10%，说明该匹配较好地满足了平衡性假设。

匹配后样本的回归结果如表 10-5 所示。由表 10-5 可知，无论是否加入控制变量，*Treat*×*Post* 的系数都在 1% 的水平下显著为负，与前文结论相符。

表 10-4　　　　平衡性检验

变量	样本	均值		标准偏差		t 检验	
		处理组	控制组	%	%	t 值	p 值
Lev	匹配前	0.468	0.425	20.6	50.1	12.400	0.000
	匹配后	0.449	0.470	-10.3		-4.700	0.000
ROE	匹配前	0.109	0.018	62.0	82.7	35.660	0.000
	匹配后	0.087	0.071	10.7		6.820	0.000
Growth	匹配前	0.199	0.137	14.0	93.4	8.330	0.000
	匹配后	0.190	0.186	0.9		0.400	0.691
Ret	匹配前	35.847	35.291	-41.0	88.8	-23.840	0.000
	匹配后	41.220	41.045	4.6		2.470	0.014
*Top*1	匹配前	0.369	0.323	31.4	74.1	19.430	0.000
	匹配后	0.338	0.350	-8.1		-3.770	0.000

续表

变量	样本	均值		标准偏差		t 检验	
		处理组	控制组	%	%	t 值	p 值
Dual	匹配前	0.208	0.296	-20.4	75.3	-12.230	0.000
	匹配后	0.234	0.212	5.0		2.410	0.016
Indep	匹配前	0.374	0.376	-2.8	49.7	-1.750	0.080
	匹配后	0.374	0.373	1.4		0.660	0.508
ListAge	匹配前	2.390	2.066	44.1	63.8	26.010	0.000
	匹配后	2.270	2.388	-16.0		-7.810	0.000

表 10-5　　倾向得分匹配

变量	*Absmis*	
	(1)	(2)
Treat	-0.165***	-0.182***
	(-2.933)	(-3.421)
Post	0.094	0.088
	(1.022)	(0.982)
Treat × *Post*	-0.163***	-0.170***
	(-2.787)	(-2.815)
Constant	1.141***	0.433*
	(7.369)	(1.742)
Control	No	Yes
Industry	Yes	Yes
Year	Yes	Yes
N	8442	8442
R^2	0.100	0.119

（三）变更被解释变量度量方式

在上述回归中，利用式（10-1）残差的绝对值度量股票错误定价指标。为检验稳健性，本章借鉴 Berger 等（1995）、李倩等（2018）的研究，选择另一种方式度量因变量，即根据上市公司价值与行业价值的偏离水平作为股票错误定价的代理变量。具体的表达式为：$Mis_{i,t} = \ln[Capital_{i,t} / (Asset_{i,t} \times Ratio_{i,t})]$，其中，*Capital* 为上市公司普通股的市值和负债的账面价值之和，*Asset* 为上市公司总资产，*Ratio* 为上市公司所在行业中各个公司 *Capital* 与 *Asset* 比值的中位数。回归结果如表 10-6 所示。无论是否加入控制变量，*Treat* × *Post* 的系数都在 1% 的水平下显著为负，与前文结论一致。

表 10-6　　变更被解释变量度量方式

变量	Absmis	
	(1)	(2)
Treat	-0.071***	-0.032*
	(-3.657)	(-1.757)
Post	0.008	0.038
	(0.297)	(1.450)
Treat × *Post*	-0.087***	-0.110***
	(-4.897)	(-5.999)
Constant	0.049	0.089
	(0.803)	(1.010)
Control	No	Yes
Industry	Yes	Yes
Year	Yes	Yes
N	14840	14840
R^2	0.032	0.117

（四）变更样本范围

在沪深港通制度实施之前，中国资本市场已经通过 B 股、"A + H" 交叉上市、合格境外机构投资者（QFII）等制度引入了境外投资者，这些引入境外投资者的上市公司可能已经受到优化治理结构、改善信息环境等的影响（邹洋等，2019），为排除事前外资持股的影响，保证前文回归结果的稳健性，本章剔除 AB 股、AH 股交叉上市、QFII 持股的样本，重新进行回归。结果如表 10-7 所示，无论是否加入控制变量，*Treat* × *Post* 的系数都在 1% 的水平下显著为负，与前文结论一致。

表 10-7　　变更样本范围

变量	(1)	(2)
Treat	-0.142***	-0.139***
	(-2.640)	(-2.579)
Post	0.175**	0.122
	(2.163)	(1.553)
Treat × *Post*	-0.164***	-0.207***
	(-2.957)	(-3.629)

续表

变量	(1)	(2)
Constant	1.171***	0.332
	(6.130)	(1.314)
Control	No	Yes
Industry	Yes	Yes
Year	Yes	Yes
N	12443	12443
R^2	0.115	0.136

（五）安慰剂检验

为验证本章的实证结果是由于沪深港通机制的实施而产生的，不是随时间推移自动发生的，在进行稳健性检验时，采用了安慰剂检验。假设沪深港通制度实施的时间为实际实施时间的前两年并重新对模型进行回归，即假设沪港通实施时间是2012年，深港通实施时间是2014年。表10－8的列（1）报告了安慰剂检验的结果，可以发现 *Treat* × *Post* 的系数不显著，表明本章的研究结论是稳健的。

（六）固定效应模型

为了进一步控制公司的特征，本章采用固定效应模型进行检验。固定效应模型是一种在回归分析中考虑个体效应的统计方法，它能够控制不随时间变化的个体特征，从而减少遗漏变量偏误，提高估计的准确性。检验结果如表10－8列（2）所示，在控制了公司的固定效应后，*Treat* × *Post* 的系数仍然在1%的水平上显著为负，与前文结论一致。

表10－8　　安慰剂检验和固定效应模型

变量	*Absmis*	
	安慰剂检验	固定效应模型
	(1)	(2)
Treat	－0.102**	
	(－2.213)	
Post	0.012	0.012
	(0.654)	(0.269)
Treat × *Post*	－0.109	－0.190***
	(－1.227)	(－5.845)

续表

变量	*Absmis*	
	安慰剂检验	固定效应模型
	(1)	(2)
Constant	0.878	0.175
	(1.088)	(0.417)
Control	Yes	Yes
Firm fixed effect	No	Yes
Year	Yes	Yes
N	14840	0.095
R^2	0.110	0.175

注：列（2）中，*Treat* 与公司的固定效应特征产生了多重共线性，因此该变量被模型自动剔除。

四、异质性检验

根据前文的研究，我们发现资本市场开放能够显著改善股票错误定价水平。那么，这一作用在不同的上市公司中是否会有所不同呢？下面本章将从机构投资者、管理层持股及合格境外机构投资者三个维度，进行资本市场开放与股票错误定价的异质性检验，具体如下：

（一）机构投资者的异质性

以往研究发现，机构投资者能够在一定程度上对管理层进行监督，提升公司的治理水平（He et al.，2019），进而降低上市公司的内部代理成本。因此，本章推断，相比于机构投资者持股比例较高的公司而言，资本市场开放改善股票错误定价的作用在机构投资者持股比例较低的公司更为显著。

借鉴以往学者的研究，机构投资者持股比例高低的虚拟变量（*Institution*）根据该年度机构投资者对应行业的中位数进行赋值，高于行业年度中位数的赋值为1，反之，则赋值为0。表10－9展示了分组检验的结果，列（1）中 *Treat*×*Post* 的系数显著为负，但是列（2）中的 *Treat*×*Post* 的系数不显著为负，说明那些机构投资者持股比例较低的公司，其股票错误定价的情况得到了显著的改善。相反，对于持股比例较高的公司而言，资本市场开放对这些公司股票错误定价的改善作用并不明显，即资本市场开放对股票错误定价的改善作用主要存在于机构投资者持股比例较低的样本中。

表 10-9　　　　异质性检验之一：机构投资者的异质性

变量	*Absmis*	
	(1)	(2)
	持股比例较低	持股比例较高
Treat	-0.119**	-0.019**
	(-2.236)	(-2.003)
Post	0.002	0.014
	(0.020)	(0.278)
Treat × *Post*	-0.256***	-0.005
	(-3.359)	(-0.571)
	(3.027)	(5.525)
Constant	0.828***	0.729***
	(3.218)	(4.782)
Control	Yes	Yes
Industry	Yes	Yes
Year	Yes	Yes
N	5785	5785
R^2	0.107	0.093

（二）管理层是否持股的异质性

研究发现，当管理层持有本公司股票时，其有动机为实现自身利益的最大化，采取不当的手段甚至违法手段，操纵公司利润和提升股价，通过行使股票期权达到在高位套现的目的（高芳，2016）。因此，管理层持股的公司代理问题可能更加严重，内部代理成本更高，股票错误定价的现象更严重（徐寿福和邓鸣茂，2020）。因此，本章推断，相比于管理层持股的公司而言，当管理层未持有公司股份时，沪深港通制度的实施对股票错误定价的改善作用更大。

根据 CSMAR 数据库发布的数据，管理层是否持股（*Dshare*）根据年末在职人员中董事会、监事会和高级管理人员持有股份之和是否大于 0 定义，管理层持股则赋值为 1，反之，则赋值为 0，并根据管理层是否持股进行分组回归。表 10-10 展示了异质性检验的结果，管理层未持股组中，*Treat* × *Post* 的系数显著为负，但是管理层持股组中，*Treat* × *Post* 的系数不显著，说明资本市场开放对股票错误定价的改善作用在管理层未持股的样本中更明显。

表 10 - 10　　　　　异质性检验之二：管理层是否持股的异质性

变量	*Absmis*	
	(1)	(2)
	管理层未持股	管理层持股
Treat	-0.098**	-0.185*
	(-2.024)	(-1.751)
Post	0.030	0.018
	(0.425)	(0.400)
Treat × *Post*	-0.431***	-0.284
	(-4.425)	(-0.752)
Constant	0.570**	0.111
	(2.548)	(0.274)
Control	Yes	Yes
Industry	Yes	Yes
Year	Yes	Yes
N	4369	10230
R^2	0.087	0.154

（三）合格境外机构投资者的异质性

2002 年推出的合格境外投资者制度（QFII）是中国开放资本市场的首次尝试。QFII 和沪深港通这两种对外开放的制度互为补充，为中国资本市场引入了大量的境外投资者（杨雪峰，2021）。在沪深港通开通之前已经引入境外投资者的上市公司，可能已经受到优化治理结构、改善信息环境等的影响。因此，本章推断，相比于存在合格境外投资者的公司而言，沪深港通这一制度改善股票错误定价的作用在不存在合格境外投资者的公司中更为显著。

参考马亚明等（2021）的研究，根据合格境外投资者持有上市公司股份的数量的中位数进行分组回归。表 10 - 11 展示了异质性检验的结果，QFII 持股比例低的组中，*Treat* × *Post* 的系数显著为负，但是 QFII 持股比例高的组中，*Treat* × *Post* 的系数不显著，说明资本市场开放对股票错误定价的改善作用主要存在于合格境外投资者持股比例低的公司中。

表 10－11　　　　异质性检验之三：合格境外投资者的异质性

变量	Absmis	
	QFII 持股比例低	QFII 持股比例高
	(1)	(2)
Treat	−0.100**	−0.069**
	(−2.041)	(−2.332)
Post	0.063	0.032
	(0.951)	(0.735)
Treat × Post	−0.196***	−0.031
	(−3.734)	(−0.990)
Constant	0.432*	0.058
	(1.953)	(0.145)
Control	Yes	Yes
Industry	Yes	Yes
Year	Yes	Yes
N	7779	7780
R^2	0.111	0.097

五、影响机制检验

前文的回归结果表明，资本市场开放能够显著改善股票的错误定价水平，那么，具体的作用机制是什么呢？根据理论分析与假设提出中分析的影响机制，借鉴温忠麟等（2004）提出的中介效应检验三步法，本章将从提高上市公司信息披露质量、减少企业内部代理成本、降低股价滞后性三个维度检验沪深港通开放改善股票错误定价水平的作用机制。

（一）信息披露质量

参照齐保垒等（2021）的研究，上市公司信息披露质量通过应计项目盈余管理（*Da*）度量，具体的计算模型参考截面修正琼斯模型（Jones，1991），见式（10－3）。

$$\frac{TA_{i,t}}{Asset_{i,t-1}} = a_0 \frac{1}{Asset_{i,t-1}} + a_1 \frac{\Delta Sale_{i,t} - \Delta Rec_{i,t}}{Asset_{i,t-1}} + a_2 \frac{PPE_{i,t}}{Asset_{i,t-1}} + \varepsilon_{i,t}$$

式（10－3）

其中，$TA_{i,t}$是企业 i 第 t 年的净利润与经营活动产生现金流量净额之差；$Asset_{i,t}$表示企业 i 第 t 年的资产总额，$\Delta Sale_{i,t}$是企业 i 第 t 年的营业收入相比上期增加额，$\Delta Rec_{i,t}$是企业 i 第 t 年的应收账款相比上期增加额，

$PPE_{i,t}$是企业 i 第 t 年的固定资产净额，应计项目盈余管理（*Da*）即式（10－3）进行分年度分行业回归后的残差取绝对值。

表 10－12 展示了信息披露质量作为中介变量的检验结果。第一步，自变量 *Treat*×*Post* 显著负向影响因变量 *Absmis*，与前文结果一致。第二步，*Treat*×*Post* 的系数为－0.011，在 1%的水平上显著为负，说明资本市场开放有助于减少上市公司应计项目盈余管理，提高其信息披露质量；第三步，*Treat*×*Post* 的系数为－0.115，在 5%的水平上显著，*Da* 的系数为 0.726，在 1%的水平上显著，说明沪深港通这一制度可以通过提高上市公司信息披露质量来改善股票错误定价，信息披露质量作为资本市场开放对股票错误定价的影响机制是合理的。

表 10－12　　影响机制检验之一：信息披露质量的影响

变量	*Absmis*	*Da*	*Absmis*
	(1)	(2)	(3)
Treat×*Post*	－0.140***	－0.011***	－0.115**
	(－2.836)	(－5.202)	(－2.285)
Da			0.726***
			(2.914)
Constant	0.418*	0.043***	0.466**
	(1.888)	(5.142)	(2.105)
Control	Yes	Yes	Yes
Industry	Yes	Yes	Yes
Year	Yes	Yes	Yes
N	15588	15067	15067
R^2	0.109	0.113	0.109

（二）内部代理成本

借鉴 Ang 等（2000）、叶康涛等（2014）、王化成等（2019）和齐保垒等（2021）的研究成果，本章通过式（10－4）定义内部代理成本（*Cost*），具体如下：

$$GR_{i,t}=\beta_0 Size_{i,t}+\beta_1 PR_{i,t}+\beta_2 IntR_{i,t}+\beta_3 InvR_{i,t}+\beta_4 Growth_{i,t}+\beta_5 Staff+\varepsilon_{i,t}$$

式（10－4）

其中，*GR* 表示管理费用与资产之比，*Size* 表示资产的对数，*PR* 表示固定资产净额与资产之比，*IntR* 表示无形资产净额与资产之比，*InvR* 表示存货净额与资产之比，*Staff* 表示员工人数加 1 的自然对数。该模型分年度分行业回归后的残差表示管理费用偏离预期值的部分，用于度量公司内部代理成本。

表 10－13 展示了内部代理成本作为中介变量的检验结果。第一步，自变量 *Treat* × *Post* 显著负向影响因变量 *Absmis*，与前文结果一致。第二步，*Treat* × *Post* 的系数为－0.004，在 1% 的水平上显著为负，说明资本市场开放可以加强对管理者的外部监督，降低了公司的内部代理成本。第三步，*Treat* × *Post* 的系数为－0.072，但不显著，*Cost* 的系数为 4.578，在 1% 的水平下显著为正，说明沪深港通通过降低内部代理成本这一完全中介效应来改善股票错误定价，内部代理成本作为资本市场开放对股票错误定价的影响机制是合理的。

表 10－13　　　　影响机制检验之二：内部代理成本的影响

变量	*Absmis*	*Cost*	*Absmis*
	(1)	(2)	(3)
Treat × *Post*	－0.140***	－0.004***	－0.072
	(－2.836)	(－4.464)	(－1.479)
Cost			4.578***
			(3.904)
Constant	0.418*	－0.008	0.478**
	(1.888)	(－1.556)	(2.138)
Control	Yes	Yes	Yes
Industry	Yes	Yes	Yes
Year	Yes	Yes	Yes
N	15588	15056	15056
R^2	0.109	0.040	0.115

（三）股价滞后性

借鉴 Bae 等（2012）、Xu 等（2013）和戴鹏毅等（2021）的研究成果，通过式（10－5）对上市公司周收益率进行回归得到市场信息传递效率的指标——股价滞后性（*Delay*），具体如下：

$$R_{i,w,t} = \alpha_0 + \alpha_1 R_{M,w,t} + \alpha_2 R_{I,w,t} + \alpha_3 R_{M,w-1,t} + \alpha_4 R_{I,w-1,t} + \varepsilon_{i,w,t}$$

式（10－5）

其中，$R_{i,w,t}$为公司 i 不考虑现金红利再投资的第 w 周个股回报率，$R_{M,w,t}$为以流通市值加权平均法计算的不考虑现金红利再投资的周市场回报率，$R_{I,w,t}$为以流通市值加权平均法计算的不考虑现金红利再投资的周行业回报率，$R_{M,w-1,t}$和 $R_{I,w-1,t}$分别为市场收益率滞后项和行业收益率滞后项。第一步，先通过对式（10－5）回归后得到可决系数 R_1^2；第二步，将 α_3 和 α_4 设置为0后，对式（10－5）再次回归得到新的可决系数 R_2^2；第三步，根据公式 $Delay_{i,t}=1-R_2^2/R_1^2$ 得到股价滞后性（*Delay*）。

表10－14展示了股价滞后性作为中介变量的检验结果。第一步，自变量 *Treat* × *Post* 显著负向影响因变量 *Absmis*，与前文结果一致；第二步，*Treat* × *Post* 的系数为－0.014，在1%的水平上显著为负，说明资本市场开放有助于降低股价滞后性，提高市场信息的传递效率，使股票价格可以响应市场信息的变化并进行快速调整；第三步，*Treat* × *Post* 的系数为－0.139，*Delay* 的系数为0.378，均在1%的水平下显著，说明沪深港通这一制度可以通过降低股价滞后性，提高市场信息传递的效率进而改善股票错误定价，股价滞后性是资本市场开放影响股票错误定价的机制之一。

表10－14　　　　影响机制检验之三：股价滞后性的影响

变量	*Absmis*	*Delay*	*Absmis*
	(1)	(2)	(3)
Treat × *Post*	−0.148***	−0.014***	−0.139***
	(−3.459)	(−3.820)	(−3.306)
Delay			0.378***
			(7.270)
Constant	0.484***	0.032***	0.483***
	(3.633)	(2.689)	(3.629)
Control	Yes	Yes	Yes
Industry	Yes	Yes	Yes
Year	Yes	Yes	Yes
N	69016	35040	35040
R^2	0.118	0.082	0.121

第五节　结论

本章以沪深港通制度的实施作为资本市场开放的准自然实验，选取中国2008—2020年沪市和2012—2020年深市A股上市公司作为研究样本，构建多时点双重差分模型，检验资本市场开放对股票错误定价的影响及其作用机制。结论显示，资本市场开放可以显著改善股票错误定价。异质性检验结果发现，资本市场开放对股票错误定价的改善作用在机构投资者持股比例较低、管理层未持股及合格境外投资者未持股的企业更为显著。对影响机制进行深入研究发现，沪深港通制度的实施主要通过提高上市公司信息披露质量、减少内部代理成本以及降低股价滞后性三种途径来改善股票错误定价。

第五篇　资本市场开放与实体企业发展

第十一章　资本市场开放与企业融资约束

第一节　引言

资金是实体企业经营与发展的血脉，因而企业能否获得稳定的资金来源，并及时筹集生产经营所需的资金，对其长远发展至关重要。然而，融资约束却一直是困扰中国实体企业发展的普遍难题。2021 年中央经济工作会议指出，中国企业融资难、融资贵、融资慢的问题由来已久，政府应继续加大对实体经济的融资支持力度，促进提升企业融资增量和扩大企业融资覆盖面。西方学者对企业融资约束的相关理论进行了开创性的探讨。由于资本市场的不完美，企业在内部资金无法满足投资需求时，寻求外部融资时会遇到摩擦，导致企业陷入融资约束的困境（Fazzari et al.，1988）。融资约束不仅会扭曲企业的投资行为（吴丹，2016），还会对企业的经营绩效造成负面影响（李科和徐龙炳，2011），严重时甚至会威胁企业自身发展（Campello et al.，2010）。

从新兴市场向成熟市场转轨的经验来看，资本市场开放是引领价值投资理念、推动证券经营机构充分竞争、完善资本市场监管制度和促进资本市场发展的重要途径。沪深港通的启动标志着中国资本市场进入高水平双向开放新阶段，畅通了国际投资者参与中国 A 股市场的路径，激发了境外投资者参与中国 A 股市场的热情。相关学者的研究表明，资本市场开放往往会引起大量境外资金涌入，通过提高资本市场的资金运转效率（Lee and Chou，2018）和股票定价效率（Bae et al.，2012）带来活钱效应；另外，资本市场开放还有助于优化企业管理机制，提升企业的运营效率（Gupta and Yuan，2009）。

前文发现，沪深港通制度实施后，市场中各参与者的行为发生了积极变化，并进一步提升了股票定价效率。那么，上述变化是否会进一步传导至实体企业，从而影响实体企业的发展？本章将从企业融资的视角出发，探究沪深港通制度的实施是否有助于企业获取长期稳定的权益资金，从而缓解企业融资约束。此外，沪深港通影响企业融资约束的机制有哪些？对上述问题的研究能为金融市场支持实体经济高质量发展、资本与产业形成良性循环格局提供重要的理论和经验借鉴。

基于以上讨论，本章选取 2008—2020 年沪市 A 股上市公司和 2012—2020 年深市 A 股上市公司为研究样本，利用沪深港通制度实施这一准自然实验，构建多时点双重差分模型实证检验资本市场开放对上市公司融资约束的影响及其作用机制。实证结果表明，资本市场开放能够缓解企业的融资约束。进一步研究发现，提升信息披露质量、加强分析师关注度、改善企业股票错误定价和提高企业权益融资比例是资本市场开放缓解企业融资约束的主要机制。

本章的主要贡献为：在研究沪深港通开通后的政策效果中，已有文献主要分析了该政策在企业创新（刘洋和臧日宏，2021）、企业去杠杆（马永强和张志远，2021）、大股东掏空（孙泽宇等，2020）等方面的作用，而本章主要探讨沪深港通对企业融资约束的影响，并从信息披露质量、分析师关注度、股票错误定价和企业权益融资比例等方面探究沪深港通影响企业融资约束的作用机制，厘清了资本市场开放影响企业融资约束的内在机理，丰富了沪深港通开通经济后果的相关研究，为政策优化提供了参考。

第二节　理论分析与假设提出

在不完美的资本市场中，由于信息不对称产生的逆向选择和道德风险问题，企业为获取外部融资需要支付更高的成本，严重情况下企业会陷入融资约束的困境（Myers and Majluf，1984）。而在资本市场开放的情况下，一方面，市场能通过增加企业获取外源融资的方式来提升企业的融资能力，降低企业融资约束的可能性（杨晓亮等，2021）；另一方面，机构投资者也能够通过加强外部监管的方式来降低企业的债务代理成本，从而缓解企业融资约束（Hartzell and Starks，2003）。沪深港通作为中国资本市场开放的主要手段，该制度的实施不仅会加速境内外的资本流动，还会促使外资流入中国市场，缓解企业融资窘境，推动中国经济与世界经济接轨。

理论上来讲，资本市场开放能够通过多种渠道缓解企业融资约束的现状。首先，资本市场开放能够加强企业的信息披露，缓解企业与投资者之间的信息不对称问题；其次，资本市场开放能够吸引更多境外投资者和证券分析师，可以通过多方监督的方式减少企业的违规经营行为；再次，资本市场开放还能在提高企业信息含量的同时改善企业股票错误定价现象，为投资者提供高效的投资服务；最后，随着资本市场开放不断加深，企业信息环境得到改善，更加丰富了企业自身的融资渠道。这些都是缓解企业融资约束的有效措施，基于此，本章推测沪深港通可能通过提升信息披露质量、加强分析师关注度、改善企业股票错误定价和提高企业权益融资比例这四个途径来缓解企业的融资约束，具体影响机制如下：

第一，沪深港通制度可能通过提升企业信息披露质量，从而缓解企业的融资约束。根据信号传递理论，如果企业能够向外界传递公司收益性高、成长性好以及治理水平良好等信息，会帮助企业吸引更多投资者关注该企业并参与投资，更有可能使企业获得境外投资者和机构投资者投资。沪深港通开通之后，为保证资本市场业务的正常运行，所有沪深港通标的企业需要在原有信息披露的基础之上注意政策环境变动，提高信息披露质量，规范披露程序。并且，更多境外投资者和专业机构投资者在投资时，会通过自身丰富的交易经验和信息分析处理能力对市场走向产生一定的影响，引导中小投资者的投资行为，最终提高股价信息含量（Chen et al.，2013）。所以，在资本市场开放下，沪深港通市场中的标的企业会减少不当的信息披露行为，促使企业信息质量及时高效，信息披露质量的提升能够帮助企业加强自身的融资能力。

第二，沪深港通制度能够通过加强企业的分析师关注度来缓解企业的融资约束。在资本市场中，证券分析师作为信息传递的中介角色，一方面，规模较大的企业信息更加吸引证券分析师，便于分析师更好地为机构投资者提供服务；另一方面，信息披露更严格的企业也更能引起证券分析师的兴趣，即分析师的跟踪数量会随着企业非财务信息的披露而增加（王艳艳，2014）。在沪深港通开通之后，外资的进入促进券商和分析师等相关机构加入到上市公司信息的分析处理中，标的公司外界关注度会相应提高，从而带来金融机构调研增加，成为分析师跟踪的重点对象。沪深港通的开通不仅改善了标的上市公司的信息环境，还增加了国内外跟踪标的上市公司的分析师数量（Dodd and Gilbert，2016）。无论是监管当局明确的信息披露要求还是企业内部存在的信息披露压力，都会使标的企业向外部提供更多的信息，分析师关注度越高，企业内幕信息和信息成本越少，信息公开更广泛。所以，在沪深港通制度的实施下，分析师和审计师等中介机构与其他市场监管主体共同构成多方监督体制，有助于消除企业恶性经营的可能性，进而缓解企业融资约束。

第三，沪深港通制度能够通过改善股票错误定价来缓解企业的融资约束。有效资本市场中的股票价格能够反映出企业的所有真实相关信息，但在现实资本市场中，股价并非最优化。根据托宾 Q 理论，由于资本市场是金融市场与实体经济相连接的重要纽带，股票价格能够对投资者的投资行为产生重要的影响（Tobin，1969）。资本市场的重要作用之一是对企业信息和运营情况的披露，而在信息不对称的情况下，股票价格信息多种多样，投资者很难看清企业的真实经营情况。当资本市场上充斥着错误信息时，低效信息会扭曲企业股票的真实价值，从而引起股票错误定价现象（Xie，2001）。相反，从会计信息质量视角出发，资本市场上较高质量的会计信息能在一定程度上减少因投资者情绪引起的股票错误定价情况（黄霖华等，2017）。因此，在沪深港通开通之后，资本市场可能通过提高股价信息含量和质量来改善企业股票错误定价现状，减少投资者的非理性投资行为，从而缓解企业融资约束。

第四，沪深港通制度能够通过提高企业权益融资比例来缓解企业的融资约束。在资本市场中，股票价格高估或者低估均能影响企业的权益融资。当企业处于缺乏信息披露的状态时，投资者会因此要求更高的风险溢价来弥补自身面临的投资不确定性。如果企业信息披露完善，信息透明度高，那么企业的风险补偿水平就会处于较低水平（罗进辉等，2020）。因此，信息能够通过股票错误定价这一渠道来改变投资者的投资决策，从而进一步影响企业的权益融资比例。沪深港通开通后，在监管部门更严格的信息披露方式要求下，企业详尽的信息披露不仅能向投资者传递自身合规优良经营的信号，还能在一定程度上降低各投资者承担的风险和风险溢价。沪深港通开通不仅能够拓宽企业的融资渠道，降低企业的权益融资成本，还为提高企业权益融资提供了可能性和可行性。因此，在沪深港通制度实施的情况下，企业的信息环境较好，管理层行为较为透明，投资者可以更好地识别和评估企业的未来经营状况和项目投资风险，这有助于企业提高权益融资比例，缓解融资约束困境。

基于上述分析，本章提出以下假设：

沪深港通开通后，标的公司的融资约束程度有所下降。

第三节　研究设计

一、数据来源与处理

本章选取中国 2008—2020 年沪市 A 股上市公司和 2012—2020 年深市

A 股上市公司作为初始研究样本，涉及的数据除标的股票名单来自香港联合交易所官网外，其他财务数据均来自 CSMAR 和 WIND 数据库。根据以下原则对初始样本进行筛选：（1）剔除金融行业上市公司；（2）剔除 ST、*ST 和 PT 类上市公司；（3）剔除 2014 年 11 月 17 日以后移除或移进沪港通的股票数据和 2016 年 12 月 5 日以后移除或移进深港通的股票数据（陈运森和黄健峤，2019）；（4）剔除相关财务数据缺失的样本。为了避免极端值对结果的影响，本章对所有连续变量进行了上下 1% 的缩尾处理，最终得到 13507 个观测值。

二、变量定义与度量

（一）因变量：*SA* 指数

参考 Hadlock 和 Pierce（2010）、鞠晓生等（2013）设计的融资约束变量（*SA* 指数），使用企业规模和企业年龄两个随时间变化不大但具有很强外生性的变量构建。基于此，本章后续实证部分的主要回归均采用 *SA* 指数衡量企业融资约束，其中，*Size* 是指公司规模，*Age* 代表企业年龄。具体计算公式见式（11－1）：

$$SA = -0.737 \times LnSize + 0.043 \times (LnSize)^2 - 0.04 \times Age$$

式（11－1）

最终计算所得取 *SA* 指数的绝对值，绝对值越大，表明企业的融资约束越严重。

（二）自变量：*Treat* 和 *Post*

Treat 为沪深港通虚拟变量，当股票为沪深港通标的股票时，取值为 1，否则，取值为 0。*Post* 为沪深港通开通前后的虚拟变量，当公司为沪市 A 股上市公司且年份大于 2014 时，取值为 1，否则，取值为 0；当公司为深市 A 股上市公司且年份大于 2016 时，取值为 1，否则，取值为 0。*Treat* × *Post* 表示 *Post* 与 *Treat* 的交互项。

（三）控制变量

为避免其他因素对企业融资约束的干扰，本章参考杨胜刚等（2020）、黄锐等（2021）加入一系列控制变量。其中包括：企业规模（*Size*）、企业年龄（*FirmAge*）、资产收益率（*Roa*）、市账比（*MB*）、成长性（*Growth*）、审计质量（*Bigfour*）、无形资产比率（*In_ass*）。另外，还包含企业未观测到的固定效应特征：一是时间固定效应（*Year*），二是行业固定效应（*Industry*）。

三、实证模型

为检验假设，本章构建的多时点双重差分模型见式（11－2）：

$$SA_{i,t} = \beta_0 + \beta_1 Treat_i \times Post_{i,t} + \beta_2 Treat_i + \beta_3 Post_{i,t} + \sum Controls + Industry + Year + \varepsilon \quad 式（11-2）$$

式（11－2）用于考察资本市场对外开放对公司融资约束的影响。*SA* 指数是本章的因变量融资约束指标，交互项 *Treat* × *Post* 是本章的核心解释变量，如果交互项 *Treat* × *Post* 的系数为负且显著，则说明资本市场开放会降低公司的融资约束程度，企业融资成本更低；反之，则说明资本市场开放会提高公司的融资约束程度，即企业的融资成本更高。本章涉及的主要变量及其定义如表 11－1 所示：

表 11－1　主要变量及其定义

符号	变量名称与定义
SA	企业融资约束，采用式（11－1）计算得出
Post	哑变量，当股票为沪市 A 股且年份大于 2014 时，则取值为 1，否则，取值为 0；当股票为深市 A 股且年份大于 2016 时，则取值为 1，否则，取值为 0
Treat	哑变量，股票为沪深港通标的股票时，则取值为 1，否则，取值为 0
Treat × *Post*	*Treat* 与 *Post* 的交互项
Size	公司规模，年末公司总资产的自然对数
Roa	资产收益率，年末公司净利润/年末公司总资产
FirmAge	企业年龄，公司至本期上市年数的自然对数
MB	市值账面比，企业市场价值/账面价值
Bigfour	审计质量，是否由“四大”会计师事务所审计，如果是取值为 1，否则，取值为 0
Growth	成长性，（本期营业收入－上期营业收入）/上期营业收入
In_ass	无形资产比率，无形资产/总资产
Year	年度虚拟变量
Industry	行业虚拟变量

第四节　实证结果与分析

一、描述性统计

表 11－2 展示了主要变量的描述性统计结果。可以发现，企业的融资

约束指标 *SA* 指数均值为 3.733，标准差为 0.276，最小值为 1.805，最大值为 5.543，这说明企业面临的融资约束程度存在较大的差异。资产收益率（*Roa*）的均值为 0.040；成长性（*Growth*）的均值为 10.209；市值账面比（*MB*）的均值为 2.078；均超过各自的中位数，说明样本中大部分企业的经营状况良好。企业规模（*Size*）均值为 22.253；企业年龄（*FirmAge*）均值为 2.85；审计质量（*Bigfour*）均值为 0.077；无形资产比率（*In_ass*）均值为 0.050。这些公司特征变量都处于正常范围内。本章沪深港通标的股票虚拟变量（*Treat*）的均值为 0.434，这说明在研究样本中，沪深港通标的公司占全样本的 43.4%。

表 11－2　　主要变量描述性统计

变量名称	样本量	均值	中位数	标准差	最大值	最小值
SA	13507	3.733	3.749	0.276	5.543	1.805
Treat	13507	0.434	0.000	0.496	1.000	0.000
Post	13507	0.512	1.000	0.500	1.000	0.000
Treat × *Post*	13507	0.193	0.000	0.394	1.000	0.000
Size	13507	22.253	21.964	1.491	28.636	15.577
FirmAge	13507	2.850	2.890	0.343	4.127	0.693
Roa	13507	0.040	0.037	0.067	0.675	－0.987
MB	13507	2.078	1.453	3.989	349.007	0.047
Growth	13507	10.209	0.102	1158.214	134607.062	－1.309
Bigfour	13507	0.077	0.000	0.266	1.000	0.000
In_ass	13507	0.050	0.034	0.070	0.924	0.000

二、基准回归结果

本章采用式（11－2）的多时点双重差分模型检验沪深港通对企业融资约束的影响。若实证结果表明沪深港通能缓解企业融资约束，则交互项 *Treat* × *Post* 的系数应显著为负。表 11－3 报告了式（11－2）的回归结果。第（1）列为引入主回归模型的控制变量，但是未控制行业和年度效应的结果，结果显示，交互项 *Treat* × *Post* 系数为－0.011。第（2）列为进一步控制行业和年度效应的结果，在控制二者的情况下，核心变量交互项 *Treat* × *Post* 系数为－0.040，在 1% 的水平上显著，这说明相比于未进入沪深港通标的股票名单的企业来说，沪深港通开通显著降低了标的企业的融资约束。

表 11-3　　资本市场开放与公司融资约束

变量	SA	
	(1)	(2)
Treat	-0.043***	0.076***
	(-3.051)	(6.147)
Post	0.147***	0.008
	(24.302)	(0.908)
Treat × Post	-0.011	-0.040***
	(-1.339)	(-5.316)
Size		-0.036***
		(-4.916)
FirmAge		0.535***
		(30.378)
Roa		0.088**
		(2.256)
MB		-0.010***
		(-3.237)
Growth		0.000***
		(5.971)
Bigfour		-0.150***
		(-5.860)
In_ass		0.093
		(1.622)
Constant	3.679***	3.010***
	(455.085)	(18.701)
Control	No	Yes
Industry	No	Yes
Year	No	Yes
N	13507	13507
R^2	0.079	0.613

注：括号内的数值为经公司层面聚类调整后的 *t* 值，*、**、*** 分别表示检验的显著性水平为 10%、5% 和 1%，本章下同。

在控制变量方面，企业规模（*Size*）的系数显著为负，说明企业规模越大，企业的融资约束越低。审计意见（*Bigfour*）的系数也显著为负，说明没有重大财务问题的企业，其债务融资约束较低。由此可见，沪深港通这一资本市场开放举措能够提高企业的融资能力，缓解了企业融资约束的困境，验证了本章的假设。

三、稳健性检验

为保证结果的稳健性，本章进行如下检验：

（一）平行趋势检验

采用双重差分模型的前提是处理组和控制组在政策实施前具有共同的变化趋势。本章借鉴黄小勇和查育新（2022）的做法，通过绘制平行趋势图进行检验。图 11－1 报告了沪深两市受政策影响的处理组和未受影响的控制组的公司融资约束变化趋势。图 11－1 显示，在沪深港通启动之前（0 时点之前），处理组和控制组的公司融资约束（*SA*）变化趋势基本一致，但是沪深港通启动后（0 时点之后），处理组和控制组的公司融资约束（*SA*）的差距逐步扩大。因此，双重差分的平行趋势基本通过了检验。

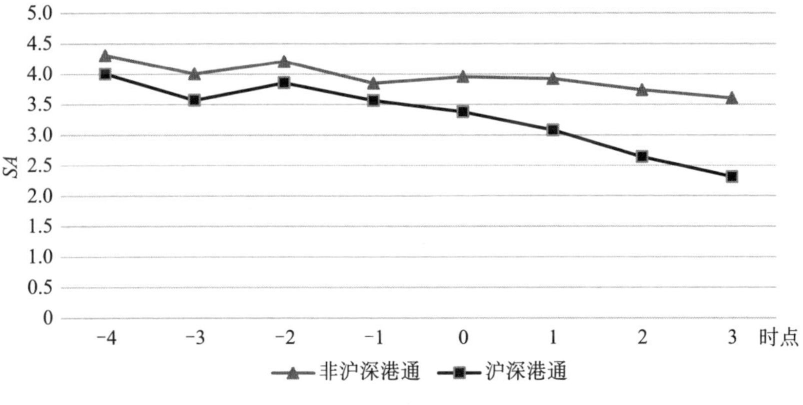

图 11－1　平行趋势检验

（二）剔除沪市 2014 年数据和深市 2016 年数据

由于沪港通正式开通时间是 2014 年，深港通正式开通时间是 2016 年，考虑稳健性因素，将 2014 年的所有沪 A 样本企业以及 2016 年所有深 A 样本企业的观测值删去，并重新对模型进行回归检验。表 11－4 的第（2）列结果显示，主要回归结果仍然成立，交互项 *Treat* × *Post* 的系数依然显著为负，该结果与前文结论基本一致。

表 11－4　　剔除沪市 2014 年数据和深市 2016 年数据

变量	剔除当年数据	
	SA	*SA*
	(1)	(2)
Treat	-0.039***	0.079***
	(-2.747)	(6.348)
Post	0.168***	0.011
	(26.221)	(1.172)
Treat × Post	-0.015*	-0.045***
	(-1.654)	(-5.443)
Constant	3.658***	2.985***
	(439.213)	(18.874)
Control	No	Yes
Industry	No	Yes
Year	No	Yes
N	12195	12195
R^2	0.096	0.614

（三）改变样本区间

为避免时间区间选择对实验结果的影响，将沪市、深市的样本区间变更为三个不同类型，再次重新估计双重差分模型。其中，区间 1：深市沪市样本区间均为 2008—2020 年；区间 2：深市样本区间为 2013—2019 年，沪市样本区间为 2009—2019 年；区间 3：深市样本区间为 2013—2020 年，沪市样本区间为 2009—2020 年。表 11－5 的第（1）列、第（2）列、第（3）列结果均与前文一致，即沪深港通对融资约束的缓解作用在不同样本区间均存在。

表 11－5　　改变样本区间

变量	*SA*		
	样本区间 1	样本区间 2	样本区间 3
	(1)	(2)	(3)
Treat	0.067***	0.076***	0.081***
	(5.604)	(6.003)	(6.335)
Post	0.013	0.003	0.005
	(1.444)	(0.386)	(0.606)

续表

变量	SA		
	样本区间 1	样本区间 2	样本区间 3
	(1)	(2)	(3)
Treat × *Post*	-0.047***	-0.031***	-0.034***
	(-5.965)	(-4.368)	(-4.650)
Constant	2.922***	3.022***	3.073***
	(19.326)	(17.375)	(18.054)
Control	Yes	Yes	Yes
Industry	Yes	Yes	Yes
Year	Yes	Yes	Yes
N	15150	11599	12464
R^2	0.611	0.609	0.614

注：区间 1：深市沪市样本区间均为 2008—2020 年；
区间 2：深市样本区间为 2013—2019 年，沪市样本区间为 2009—2019 年；
区间 3：深市样本区间为 2013—2020 年，沪市样本区间为 2009—2020 年。

（四）倾向得分匹配

虽然本章已经采用多时点双重差分模型进行因果识别，但是仍然可能存在由于沪深港通标的企业选择的非随机性，或是遗漏变量所导致的内生性问题。因此，本章参考杨克智和李思哲（2021）的做法，选择采用倾向得分匹配（PSM）法，进一步对本章的因果关系进行识别，以缓解内生性问题。首先，将式（11-1）中资产收益率（*Roa*）、企业年龄（*FirmAge*）、审计质量（*Bigfour*）、成长性（*Growth*）、无形资产比率（*In_ass*）这五个控制变量作为 PSM 的协变量，再使用 Logit 模型估算倾向性得分，采用卡尺范围为 0.01 的一对四近邻匹配方法，对处理组（沪深港通标的公司）进行非处理组（非沪深港通标的公司）的样本匹配。根据表 11-6 中 Panel A 的回归结果，经过 PSM 匹配后共得到 5853 个样本企业数量，平衡性结果显示处理组与非处理组根据以上五个协变量在匹配后的标准化偏差（% bias）均低于 10%，表明两组差异显著性降低，匹配效果较好。平均处理效应 ATT 值为 -5.25，在 1% 的水平下显著，表示匹配后的样本企业在沪深港通开通后对其融资约束的负向影响依旧显著。其次，基于 PSM 后得到的新样本重新进行回归估计，结果如表 11-6 中 Panel B 第（1）列和第（2）列所示，其中，交互项 *Treat* × *Post* 的系数分别为 -0.040 和 -0.080，均在 1% 的水平上显著为负，说明经过 PSM 后的样本中，沪深港通制度的实施显著降低了标的企业的融资约束，通过了稳健性检验，保证了本章研究结论的可靠性。

表 11－6　　倾向得分匹配检验结果

Panel A：PSM 平衡性检验				
变量	匹配前后（U/M）	处理组	控制组	% bias
FirmAge	U	2.820	2.873	－15.2
	M	2.820	2.833	－3.9
Roa	U	0.061	0.024	57.2
	M	0.061	0.063	－2.8
Growth	U	0.241	17.839	－1.6
	M	0.240	0.278	－0.0
Big four	U	0.152	0.019	49.0
	M	0.152	0.147	2.1
In_ass	U	0.053	0.047	8.6
	M	0.053	0.048	7.1

Panel B：倾向得分匹配后的回归结果		
变量	*SA*	*SA*
	OLS 回归	固定效应模型
	(1)	(2)
Treat	0.076***	
	(6.147)	
Post	0.008	0.035***
	(0.908)	(13.546)
Treat × *Post*	－0.040***	－0.080***
	(－5.316)	(－40.573)
Constant	3.010***	3.295***
	(18.701)	(96.936)
Control	Yes	Yes
Industry	Yes	No
Year	Yes	Yes
N	13507	13507
R^2	0.613	0.828

（五）安慰剂检验

为验证本章的实证结果是由于沪深港通机制的实施而产生的，不是随时间推移自动发生的，在进行稳健性检验时，采用了安慰剂检验。假设沪深港通制度实施的时间为实际实施时间的前两年并重新对模型进行回归，即假设沪港通实施时间是2012年，深港通实施时间是2014年。表11-7的列（1）报告了安慰剂检验的结果，可以发现 *Treat* × *Post* 的系数不显著，表明本章的研究结论是稳健的。

（六）固定效应模型

使用固定效应模型是为了吸收一些不随时间、行业、地区变化的变量的影响，在避免标的企业虚拟变量指标 *Treat* 多重共线性问题的前提下，采用固定效应模型进行检验。表11-7的第（2）列结果显示，回归结果与上文相同，即沪深港通开通能够显著降低企业融资约束程度。

表11-7　　安慰剂检验和固定效应模型

变量	*SA*	
	安慰剂检验	固定效应模型
	（1）	（2）
Treat	0.068***	
	(5.954)	
Post	0.212**	0.035***
	(10.146)	(13.546)
Treat × *Post*	-0.065	-0.080***
	(-1.603)	(-40.573)
Constant	3.637***	3.295***
	(6.382)	(96.936)
Control	Yes	Yes
Industry	Yes	No
Firm	No	Yes
Year	Yes	Yes
N	13507	13507
R^2	0.619	0.828

（七）替换被解释变量

为了能够更好地计量企业的融资约束，参考 Whited 和 Wu（2006），采用系统广义矩 GMM 对投资欧拉方程进行参数估计构建 *WW* 指数，具体模型见式（11-3）：

$$WW_{i,t} = -0.091 \times CF_{i,t} - 0.062 \times DDiv_{i,t} - 0.021 \times Lev_{i,t} - 0.044 \times Size_{i,t} + 0.102 \times ISG_{i,t} - 0.035 \times SG_{i,t} + \varepsilon \quad 式（11-3）$$

其中，$DDiv_{i,t}$为公司支付股利的哑变量，当企业支付股利时为1，否则为0；$ISG_{i,t}$为行业营业收入增长率，$SG_{i,t}$为公司 i 第 t 期营业收入增长率。本章对 *WW* 指数进行了正向处理，处理后 *WW* 指数值越大，则表明企业受到融资约束程度越深。以 *WW* 指数作为衡量企业融资约束的代理变量，回归结果如表 11－8 所示，与前文回归结果并无实质性的差异。

表 11－8　　替换被解释变量检验结果

变量	*WW*	
	(1)	(2)
Treat	0.090***	0.011***
	(29.801)	(8.109)
Post	0.013***	0.001
	(9.494)	(0.719)
Treat × *Post*	0.022***	－0.006***
	(12.127)	(－5.652)
Constant	0.090***	0.011***
	(29.801)	(8.109)
Control	No	Yes
Industry	No	Yes
Year	No	Yes
N	13507	13507
R^2	0.426	0.857

四、异质性检验

由于不同企业自身性质和所处的经济环境等因素影响，沪深港通的作用强度存在一定的差别。因此，本章分别从企业利润率、市场化发展水平以及 QFII 持股等角度出发，采用分组回归的方法考察沪深港通开通对企业融资约束影响的横截面差异。

（一）企业利润率的异质性

企业的净利润能够反映自身经营绩效，较高的净利润可以提高企业的内源融资，相比之下，利润率较低的企业则更需外源融资。因此，我们考察经营利润率不同的企业，沪深港通对其融资约束的影响是否不同。根据企业净利润率的高低，按中位数进行分组回归，结果见表 11－9 第（1）列和第（2）列。可以发现，对于利润率较低的企业，其交互项 *Treat* ×

Post 系数在 1% 的水平上显著为负，而对利润率较高的企业，其交乘项系数在统计上不显著。进一步进行组间系数差异检验，通过自体抽样（Bootstrap），共重复抽样 1000 次，得到经验 *p* 值为 0.000，在 1% 水平上显著，证实两组回归中交互项 *Treat* × *Post* 系数差异在统计上是显著的，即沪深港通开通对企业融资约束的缓解作用在利润率较低的企业中表现更加明显。表明该机制的实施能够帮助利润率较低、内源融资不足的企业获得更多的外源融资。

（二）市场化发展水平的异质性

市场化程度的高低与市场各要素、资源分配效率密切相关。市场化进程越高，表明该地区的各类制度和体系环境越好，企业的社会责任履行水平也就越高（彭珏和陈红强，2015），企业越容易受外部制度影响。资本市场开放政策可能对这部分企业的融资约束影响相对较大。根据胡李鹏等（2019）发布的《中国分省份市场化指数报告》，将样本按照各省份市场化指数排序分为两组进行回归，所得结论类似。表 11 - 9 第（3）列和第（4）列显示，市场化水平较高和较低的企业，其交互项 *Treat* × *Post* 系数均在 1% 的水平上显著为负，进一步进行组间系数差异检验，通过自体抽样（Bootstrap），共重复抽样 1000 次，得到经验 *p* 值为 0.000，在 1% 水平上显著，证实两组回归中交互项 *Treat* × *Post* 系数差异在统计上是显著的。其中，市场化水平较高的企业交互项系数绝对值相对较大，可以得出，沪深港通开通之后，市场化水平较高的企业受到沪深港通的影响更大，该类企业融资约束的缓解作用更明显。

（三）QFII 持股的异质性

QFII 制度与沪深港通制度类似，都是在中国资本市场未完全开放的情况下作出的制度安排，旨在放松跨境投资限制。在沪深港通实施之前，国外投资者主要是通过 QFII 制度进入 A 股市场，因此有 QFII 持股的企业已经获得了境外投资者持股，沪深港通开通后，境外投资者对其融资约束的改善作用可能相对较小。以企业披露的机构投资者中是否有 QFII 持股为依据，将样本分为两组分别进行回归，结果见表 11 - 9 第（5）列和第（6）列。可以看到，沪深港通实施后，无 QFII 持股的企业在 1% 水平上显著为负，QFII 持股企业结果不显著，通过组间系数差异检验可知，经验 *p* 值为 0.000，证实两组回归中交互项 *Treat* × *Post* 系数差异在统计上是显著的。结果表明，沪深港通的实施能够扩大企业的境外投资者规模，优化企业的投资者结构，即非 QFII 持股企业融资受沪深港通开通的缓解程度相对 QFII 持股企业更大。

综上所述，对利润率较低、市场化水平较高、无 QFII 持股的企业而言，沪深港通这一资本市场开放政策能够更显著地缓解其融资约束问题。

表 11-9　　异质性检验

变量	SA					
	利润率低	利润率高	市场化水平低	市场化水平高	QFII 持股	非 QFII 持股
	(1)	(2)	(3)	(4)	(5)	(6)
Treat	0.027*	0.128***	-0.002	0.118***	0.100***	0.053***
	(1.912)	(7.446)	(-0.230)	(6.089)	(3.845)	(3.501)
Post	0.027**	-0.022	0.030**	0.053***	0.077**	0.126***
	(2.412)	(-1.435)	(2.385)	(3.515)	(2.282)	(8.660)
Treat × *Post*	-0.079***	-0.008	-0.065***	-0.132***	0.030	-0.046***
	(-7.002)	(-0.662)	(-3.647)	(-6.786)	(1.194)	(-5.486)
Constant	2.667***	3.373***	2.563***	3.547***	3.277***	2.357***
	(16.332)	(16.403)	(16.416)	(14.818)	(11.287)	(12.567)
Control	Yes	Yes	Yes	Yes	Yes	Yes
Industry	Yes	Yes	Yes	Yes	Yes	Yes
Year	Yes	Yes	Yes	Yes	Yes	Yes
N	6895	6603	3422	4079	1277	6364
R^2	0.647	0.621	0.683	0.642	0.586	0.572
系数差异检验	-0.088***		0.084***		-0.096***	
经验 *p* 值	0.000		0.000		0.000	

注：“经验 *p* 值”用于检验组间调整系数差异的显著性，交互项 *Treat* × *Post* 系数的组间差异则参考连玉君等（2010）的研究通过自体抽样（Bootstrap）得到，共重复抽样 1000 次。

五、影响机制检验

本章利用温忠麟等（2004）提出的中介效应检验三步法来分析资本市场开放对企业融资约束的作用机制问题。中介效应检验三步法的具体程序为：第一步，检验解释变量是否显著影响被解释变量。第二步，检验解释变量是否显著影响中介变量。第三步，同时检验解释变量和中介变量对被解释变量的影响，如果解释变量的系数不再显著，仅中介变量的系数显著，则说明存在完全中介效应；如果解释变量和中介变量的系数都显著，则说明存在部分中介效应。

前文的实证结果表明，在沪深港通制度实施以后，标的企业的融资约束有所缓解，但是其中的影响路径需要进一步讨论。是否如前文推测，在沪深港通制度下，资本市场进一步开放，企业提高了自身的信息披露质量？严格的信息披露是否会使得企业的分析师关注度相应提高？资本市场上企业股票的错误定价程度是否得到缓解？在此情况下，企业是否能够降低权益融资成本，从而提高权益融资比例？为进一步探讨沪深港通对企业融资约束的影响路径，本章将分别从企业信息披露质量、分析师关注度、股票错误定价、权益融资比例这四个维度进行考察。

（一）影响机制一：信息披露质量

信息披露质量是影响公司融资约束的一个重要因素（杨胜刚等，2020），详尽的信息披露能够降低企业内外信息不对称性和减少自身未来发展的不确定性，投资者也可以通过信息披露来分析企业的经营成果和发展状态，从而影响到企业的融资状况（Hadlock and Pierce，2010）。沪深港通市场中的标的企业可能会基于政府和机构投资者等多方监督的隐形压力，减少不当的信息披露行为，主动提升自身的信息披露质量，从而影响企业的融资约束。所以，第一条影响途径是：沪深港通—信息披露质量—融资约束。为了检验这一传导路径，本章以应计项目盈余管理来衡量企业信息披露质量，应计项目盈余管理参考截面修正琼斯模型（Jones，1991）分年度分行业回归得到，具体计算见式（11－4）和式（11－5）：

$$\frac{TA_{i,t}}{Asset_{i,t-1}}=\alpha_1\frac{1}{Asset_{i,t-1}}+\alpha_2\frac{\Delta REV_{i,t}}{Asset_{i,t-1}}+\alpha_3\frac{\Delta PPE_{i,t}}{Asset_{i,t-1}}+\varepsilon_{i,t}$$

式（11－4）

$$DA_{i,t}=\frac{TA_{i,t}}{Asset_{i,t-1}}-\frac{\hat{\alpha}_1}{Asset_{i,t-1}}-\hat{\alpha}_2\frac{\Delta REV_{i,t}-\Delta REC_{i,t}}{Asset_{i,t-1}}-\hat{\alpha}_3\frac{\Delta PPE_{i,t}}{Asset_{i,t-1}}$$

式（11－5）

其中，$TA_{i,t}$表示公司 i 第 t 期的总应计利润，定义为营业利润与经营活动产生的现金净流量之间的差额；$Asset_{i,t-1}$表示公司 i 第 $t-1$ 期末的资产总额；$\Delta REV_{i,t}$表示公司 i 第 t 期和第 $t-1$ 期主营业务收入的变动额；$\Delta PPE_{i,t}$表示公司 i 第 t 期期末的固定资产原值，$\Delta REC_{i,t}$表示公司 i 第 t 期和第 $t-1$ 期应收账款的变动额。本章采用的指标应计项目盈余管理是对式（11－5）进行分年度分行业回归残差的绝对值，即 $AbsDA$。

表 11－10 报告了信息效应渠道检验的结果。第一步，回归结果与上文相同；第二步，交互项 $Treat\times Post$ 对信息披露质量（$AbsDA$）的回归系数为－0.007，在1%的水平上显著；第三步，交互项 $Treat\times Post$ 的回归系数为－0.039，在1%的水平上显著，同时，企业信息披露质量（$AbsDA$）的回归系数为0.091，在5%的水平上显著。这验证了沪深港通开通对企

业融资约束的缓解效应主要依靠信息渠道发挥作用，资本市场开放能够通过提高信息披露质量来缓解企业的融资约束程度。

表 11－10　　信息披露质量检验结果

变量	第一步	第二步	第三步
	SA	*AbsDA*	*SA*
	(1)	(2)	(3)
Treat	−0.013	0.005**	0.075***
	(−0.989)	(2.454)	(6.049)
Post	0.049***	−0.002	0.009
	(3.762)	(−0.710)	(1.007)
Treat × Post	−0.027***	−0.007***	−0.039***
	(−3.292)	(−3.540)	(−5.173)
AbsDA			0.091**
			(2.465)
Constant	3.525***	0.121***	3.019***
	(80.622)	(5.899)	(18.629)
Control	Yes	Yes	Yes
Industry	Yes	Yes	Yes
Year	Yes	Yes	Yes
N	13507	13122	13122
R^2	0.24	0.083	0.613

（二）影响机制二：分析师关注度

证券分析师作为信息传递的中介角色，规模较大、信息披露较为全面的企业更能引起证券分析师的兴趣，即分析师的跟踪数量会随着企业非财务信息的披露而增加（王艳艳，2014）。在沪深港通制度实施后，分析师、审计师等可能成为企业的外部监督主体，与其他市场经济主体相结合构成多方位监督体系，消除管理层的不良经营动机，缓解企业的融资约束。所以，第二条影响途径是：沪深港通—分析师关注度—融资约束。本章参考王攀娜和徐博韬（2017）、郭阳生等（2018），选取企业分析师关注度这个反映企业信息状况的指标作为中介变量，考察资本市场开放对缓解企业融资约束问题的机制影响。

表 11－11 报告了企业分析师关注度检验的结果。第一步，回归结果与上文相同；第二步，交互项 *Treat × Post* 对分析师关注度（*Analysis*）的估计系数为 2.035，通过 1% 的显著性检验；第三步，分析师关注度

(*Analysis*) 对 *SA* 指数的估计系数为 -0.001，在 5% 的水平下显著为负，这意味着，在资本市场开放条件下，企业分析师关注度的提高能够显著缓释企业融资压力，最终达成融资约束的缓解效应。

表 11-11　　分析师关注度检验结果

变量	第一步	第二步	第三步
	SA	*Analysis*	*SA*
	(1)	(2)	(3)
Treat	-0.013	3.885***	0.081***
	(-0.989)	(8.184)	(6.603)
Post	0.049***	-2.467***	0.005
	(3.762)	(-6.645)	(0.541)
Treat × Post	-0.027***	2.035***	-0.037***
	(-3.292)	(4.803)	(-4.855)
Analysis			-0.001**
			(-2.546)
Constant	3.525***	-53.658***	2.939***
	(80.622)	(-9.095)	(18.555)
Control	Yes	Yes	Yes
Industry	Yes	Yes	Yes
Year	Yes	Yes	Yes
N	13507	13507	13507
R^2	0.24	0.478	0.614

（三）影响机制三：股票错误定价

资本市场上的股票价格能够反映投资者对企业现金流和业务经营的预期，而投资者的非理性投资会影响到企业股价的真实价值，从而影响企业的外部融资环境。当企业披露的信息质量较高时，由投资者非理性情绪所引起的股票错误定价程度会得到缓解（黄霖华等，2017）。因此，在沪深港通制度实施后，企业可能通过缓解内外部信息不对称问题，提高信息质量，改善股价的错误定价现状，从而缓解企业的融资约束。所以，第三条影响途径是：沪深港通—股票错误定价—融资约束。本章借鉴汪玉兰和周守华（2018），采用分解托宾 Q 值的方法对股票错误定价进行计量。具体采用托宾 Q 值与反映企业基本面的变量组进行回归，同时设置年度和行业虚拟变量，以拟合值作为基本托宾 Q 值的替代变量，以残差的绝对值作为股票错误定价（*AbsmisA*）的替代变量。

$$Tobin'Q_{i,t} = \alpha_0 + \alpha_1 Roe_{i,t} + \alpha_2 Lev_{i,t} + \alpha_3 Growth_{i,t} + \alpha_4 Size_{i,t} + Year + Industry + \varepsilon_{i,t} \quad \text{式（11-6）}$$

式（11－6）是股票错误定价的计算模型，其中，托宾 Q 值＝企业市值/企业重置成本。对式（11－6）进行回归，得到各企业 t 年度预期的托宾 Q 值，然后用企业实际托宾 Q 值减去预期托宾 Q 值，便可得到企业未预期托宾 Q 值，再对未预期托宾 Q 值取绝对值，命名为 *AbsmisA*，以此表示企业股票错误定价。

表 11－12 报告了股票错误定价检验的结果。第一步，回归结果与上文相同；第二步，资本市场开放对股票错误定价（*AbsmisA*）的估计系数为－0.030，未能通过显著性检验；第三步，股票错误定价（*AbsmisA*）对 *SA* 指数的估计系数在 10% 的水平下显著为正。再利用温忠麟等（2004）提出的中介效应检验方法，依次构建如下三个检验模型，见式（11－7）、式（11－8）和式（11－9）。

$$SA = C + \alpha_1 Treat_i \times Post_{i,t} + \alpha_2 Treat_i + \alpha_3 Post_{i,t} + \mu_1 Controls + \varepsilon \quad \text{式（11-7）}$$

$$AbsmisA = C + \beta_1 Treat_i \times Post_{i,t} + \beta_2 Treat_i + \beta_3 Post_{i,t} + \mu_2 Controls + \varepsilon \quad \text{式（11-8）}$$

$$SA = C + \gamma_1 Treat_i \times Post_{i,t} + \gamma_2 Treat_i + \gamma_3 Post_{i,t} + \delta AbsmisA + \mu_3 Controls + \varepsilon \quad \text{式（11-9）}$$

回归结果显示，在资本市场开放通过股票定价来影响企业融资约束的中介效应检验中，Sobel 检验中的 Z 统计量绝对值为 3.555，大于 5% 显著性水平上的临界值 0.97，因而存在以 *AbsmisA* 为中介变量的中介效应，该中介效应在总效应中所占比例为 94.21%。该结果表明，沪深港通机制的实施能够缓解企业股票的错误定价程度，从而进一步缓解企业的融资约束程度。

表 11－12　　股票错误定价检验结果

变量	第一步	第二步	第三步
	SA	*AbsmisA*	*SA*
	(1)	(2)	(3)
Treat	－0.013	－0.525***	0.080***
	(－0.989)	(－10.191)	(6.243)
Post	0.049***	0.497***	0.002
	(3.762)	(5.195)	(0.216)

续表

变量	第一步	第二步	第三步
	SA	*AbsmisA*	*SA*
	(1)	(2)	(3)
Treat × *Post*	−0.027***	−0.030	−0.037***
	(−3.292)	(−0.703)	(−4.818)
AbsmisA			0.010*
			(1.837)
Constant	3.525***	−10.006***	3.112***
	(80.622)	(−19.063)	(17.602)
Control	Yes	Yes	Yes
Industry	Yes	Yes	Yes
Year	Yes	Yes	Yes
N	13507	13049	13049
R^2	0.24	0.862	0.613
Sobel 检验		0.0004*** (*Z* = 3.555)	
中介效应系数		0.0000*** (*Z* = 4.729)	
中介效应比例		94.21%	

（四）影响机制四：权益融资比例

提高资本市场效率的主要手段是降低企业的信息不对称性，因此，市场环境和信息环境都会对企业的融资结构产生重要影响。由信息效应引起的企业股票错误定价还会影响企业的权益融资成本，从而改变管理者对企业投资项目收益的预期判断，最终会作用于企业的融资行为。在沪深港通开通的情况下，投资者可能会更好地识别和评估企业的未来经营状况和项目投资风险，从而降低企业的权益融资成本，提高权益融资比例，进而缓解企业融资约束的困境。所以，第四条影响途径是：沪深港通—权益融资比例—融资约束。本章采用企业的权益融资比例（*Equity*）作为衡量企业融资约束的指标，其中，权益融资比例 = 归属于母公司所有者权益合计/总资产。

表 11 - 13 报告了企业权益融资比例检验的结果。第一步，回归结果与上文相同；第二步，交互项 *Treat* × *Post* 对企业权益融资比例（*Equity*）的回归系数为 0.035，在 1% 的水平上显著，说明资本市场开放能够提升企业的权益融资比例；第三步，交互项 *Treat* × *Post* 的回归系数为 −0.037，在 1% 的水平上显著，同时权益融资比例（*Equity*）的回归系数为 −0.094，

在1%的水平上显著。这验证了沪深港通开通能够通过提高企业的权益融资比例来缓解企业的融资约束程度的结论。

表11－13　　权益融资比例检验结果

变量	第一步	第二步	第三步
	SA	*Equity*	*SA*
	(1)	(2)	(3)
Treat	－0.013	0.041***	0.080***
	(－0.989)	(4.253)	(6.329)
Post	0.049***	－0.031***	0.005
	(3.762)	(－3.268)	(0.591)
Treat×Post	－0.027***	0.035***	－0.037***
	(－3.292)	(5.041)	(－4.890)
Equity			－0.094***
			(－3.864)
Constant	3.525***	2.416***	3.236***
	(80.622)	(28.701)	(17.461)
Control	Yes	Yes	Yes
Industry	Yes	Yes	Yes
Year	Yes	Yes	Yes
N	13507	13507.000	13507.000
R^2	0.24	0.497	0.615

第五节　结论

“十四五”纲要指出，为促进国民经济良性循环发展，要着力提高金融服务实体的经济能力，研发服务于实体经济的相关金融产品，加强多层次的资本市场融资功能。沪深港通制度作为中国资本市场对外开放的重要措施之一，将之前相对独立的上海、深圳和香港三地证券交易所建立起密切的联系，使投资者能够以更加方便快捷的方式进行跨境证券交易。本章以2008—2020年沪市A股上市公司和2012—2020年深市A股上市公司作为研究样本，首先，实证检验了沪深港通制度的实施对企业融资约束的影响，研究表明，沪深港通开通能够缓解企业的融资约束。其次，影响机制分析表明，资本市场开放通过提升企业信息披露质量、加强分析师关注度、改善股票错误定价和提高企业权益融资比例这四条路径来缓解企业的融资约束。最后，异质性分析发现，这一缓解作用在利润率较低、市场化程度较高、非 QFII 持股的企业中尤为明显。

第十二章　资本市场开放与企业创新

第一节　引言

现阶段，中国经济已由高速增长阶段转向高质量增长阶段，创新已成为企业高质量发展的第一驱动力。需要更深入地实施企业创新驱动发展战略，以激发市场活力和社会创造力，打造企业高质量发展的新引擎。企业作为一国实体经济的微观创新主体，在提高一国科技创新水平中发挥着重要的作用。在中国坚持创新驱动发展战略的背景下，企业的创新数量年年攀升，取得了丰硕的创新成果。但是相比于创新数量的增加，中国企业创新成果的创造性和运用价值较低，说明企业的创新质量水平还处于较低层面（申宇等，2018）。现有研究结论也显示，中国企业的创新质量与发达国家存在明显差距（诸竹君等，2020），部分企业通过追求创新“数量”和“速度”来释放创新信号，迎合政府的监管和创新战略要求，却忽视了创新质量（黎文靖和郑曼妮，2016）。

沪深港通允许中国香港和中国内地的投资者通过当地证券公司买卖规定范围内在对方交易所上市的股票，以此加快内地资本市场融入国际资本市场步伐。一方面，境外投资者持股能够加强对境内企业的监督和治理效应（Lel，2019；庄明明和梁权熙，2021），改善其信息环境（Fang et al.，2014），产生知识溢出效应（Luong et al.，2017），从而促使企业创新水平得到提升（罗宏和陈小运，2020）；另一方面，由于资本市场对外开放过程中频繁流动的外资也会加剧国际资本市场风险传染和波动，部分境外投资者同样具有投机性和短视行为（Bae et al.，2004），可能不利于企业进行高风险的创新活动。因此，资本市场对外开放能否促进企业创新是一个值得深入探讨的话题。

前文发现，沪深港通有助于增加企业的股价信息含量、缓解企业的融资约束。已有研究发现，企业创新活动会受到股票定价效率和融资约束等因素的重要影响（董竹和张欣，2021）。沪深港通标的公司是否会将新增融资投向研发创新领域呢？常州星宇车灯股份有限公司在2014年加入沪港通标的，其2015年的研发投入相比于2014年增加了近50%，并且这一投入在后续几年一直保持30%左右的高速增长。与此同时，该公司2016年全年的专利申请数也大幅增加，由2015年的58项增加至2016年的171项，2017年增加到267项，2018年则进一步提升至427项，相比于2014年，专利申请增长幅度高达636.2%。那么，沪深港通制度的实施是否会促进企业创新活动呢？上述问题是本章研究的重点内容。

本章借助沪港通实施这一外生冲击，构建双重差分模型，从创新数量和质量双重视角，研究资本市场对外开放对企业创新的影响及其作用路径。研究发现，沪港通开通后，相比于非沪港通标的公司，沪港通标的公司的专利申请数量显著增加，并且主要表现为发明专利、实用新型专利两类较高质量的申请数量增加，外观设计专利申请则无显著变化；同时，沪港通标的公司的专利引用量也显著提升。在通过倾向得分匹配-双重差分模型（PSM-DID）等一系列稳健性检验后，结论依然成立。这说明资本市场对外开放不仅能促进企业的创新数量增加，还能有效提高企业的创新质量。并且，上述促进效应主要在民营企业和成立年限较短的企业中较为显著。进一步，影响机制检验结果表明，资本市场对外开放主要通过提高公司治理水平、增强企业风险承担、增加公司股价特质信息以及缓解融资约束四个方面促进了企业创新。

本章的主要贡献在于以下三个方面。第一，丰富了资本市场对外开放的实证研究。现有文献关于资本市场对外开放对一国经济和金融产生的影响存在分歧，部分认为资本市场对外开放能提升企业价值（Mitton，2006），提高国内金融市场流动性（Lee and Chou，2018），对经济增长产生正面效应（Bekaert et al.，2005），但也有部分学者发现资本市场对外开放对经济增长的作用效果不明显（Fowowe，2013），甚至会因风险传染带来不利影响（Semmler and Young，2010）。不同于以往文献主要通过跨国横截面数据研究资本市场对外开放的经济后果，本章采用同一国家的公司作为研究样本进行分析，能够控制国家层面其他经济政策的影响，以及制度因素等遗漏变量造成的估计偏误；并且利用沪港通提供的天然实验组和对照组，构建双重差分模型，能大幅度缓解反向因果等内生性问题。

第二，拓展了企业创新影响因素的研究视角。已有文献对影响企业创新的外部条件和内部特征展开了研究，如金融发展水平（Hsu et al.，

2014）、政策不确定性（Bhattacharya et al.，2017）、宏观产业政策（黎文靖和郑曼妮，2016）、卖空制度安排（林志帆和龙晓旋，2019）、融资约束（张璇等，2017）、风险投资（Chemmanur et al.，2014）、公司治理（杨道广等，2017）、知识产权保护（龙小宁等，2018）等。与以往文献不同，本章主要是从沪港通出发，探讨企业创新数量和质量是否受到资本市场对外开放中的特定制度变化的影响，并且深入探讨其影响机制，为资本市场服务科技创新提供理论支撑。

第三，为沪港通这一宏观经济政策产生的微观经济效应提供了新的经验证据。已有文献主要针对沪港通与两市融合及联动性（谭小芬等，2017）、市场稳定性和波动性（纪彰波和臧日宏，2019）、市场效率（吕大永和万孝园，2017）、企业投资（陈运森和黄健峤，2019）、股权资本成本（庞家任等，2020）、公司治理（阮睿等，2021）、信息披露（张立民等，2018）、企业避税（支晓强等，2021）、企业创新数量（罗宏和陈小运，2020）等方面展开分析。不同于上述研究，本章从企业创新数量和创新质量的双重视角进行研究，发现沪港通制度能产生创新激励效应，对理论界和实务界理解沪港通政策效应具有一定启示作用。

第二节　理论分析与假设提出

结合已有文献可知，影响企业创新绩效的主要因素可以分为组织管理、技术、人员资金、外部环境四大类。因此，本章将主要从公司治理机制、风险承担机制、信息反馈机制、融资约束机制等角度出发，研究沪港通这一资本市场对外开放政策对企业创新可能带来的影响。

首先，沪港通可能通过提高公司治理水平缓解委托代理问题，从而促进企业创新。企业创新作为一项高风险高收益的活动，极易产生委托代理问题。从股东利益来看，股东享有企业的所有权，因此他们倾向于开展创新使企业在市场中保持长久的竞争力，从而长久地实现其作为股东应有的权益。而从经理人的利益来看，他们更倾向于作出能获得短期利润的决策以提高自身声誉和薪酬（Narayanan，1985），对于投资回报期长且不确定性较高的创新活动则会采取回避态度。当提升对早期失败的容忍度和长期成功的奖励时，可以有效减轻管理层短视，促进企业创新（Manso，2011）。资本市场对外开放能够引入成熟的境外投资者，他们更注重公司的长期发展，因此其所作的决策也会从提升企业价值的角度考虑，从而更愿意进行创新。并且，境外投资者会通过参与公司治理发挥有效监督作用（Khanna and Palepu，1999），减少盈余管理和市场操纵（Bae et al.，2006），优化公司治理结构（邹洋等，2019）等途径规范公司内部治理，缓解委托代理问题，从而减少管理层短视对企业创新的抑制作用。除此之外，资本市场对外开放也能通过改善外部信息环境等外部治理手段促进企业创新。沪港通制度实施后，增加了上市公司分析师跟踪人数，提高了分析师预测精度，改善了上市公司的信息环境（郭阳生等，2018）。而分析师跟踪能缓解信息不对称问题，提升管理层创新投入意愿和监督管理层使用创新资金，从而促进企业开展创新和提高创新效率（陈钦源等，2017）。沪港通也通过提升审计独立性提高了上市公司的信息披露水平（张立民等，2018），从而使管理层在更加独立的外部审计师的监督下开展诸如创新之类的符合企业长期利益的活动。因此，资本市场对外开放可能会通过缓解管理层短视问题、委托代理问题，以及改善外部信息环境等方面，提高公司治理水平，从而促进企业创新。

其次，沪港通可能通过增强企业风险承担促进企业创新。企业创新是一个高风险的过程并且结果通常难以预料（Manso，2011），而大部分企业的管理者都是厌恶风险的，因此，创新活动的高风险特征在一定程度上会抑制企业创新。企业最终是否决定创新则与企业风险承担意愿相关。资本市场对外开放引入的境外投资者更为成熟，更注重企业长远发展，而创新通常有助于企业的长远发展。因此，当境外投资者加入企业时，他们更注重企业创新所带来的价值提升，因而具有更高的风险承担意愿，从而使企业更愿意开展创新活动。并且，由于境外机构投资者更偏向于价值投资（李蕾和韩立岩，2014），具有创新潜质的企业更易成为境外投资者的投资对象，因此企业会更主动地承担风险进行创新以吸引更多境外投资。此外，沪港通为公司引入更多的境外投资者，使公司的风险在境外股东和境内股东之间得到进一步分散（Moshirian et al.，2021），从而鼓励公司承担创新风险。并且，沪港通可能通过改善信息环境，提高外部治理水平（郭阳生等，2018），提高企业风险承担水平（罗宏和陈小运，2020），从而有助于开展符合公司利益的创新活动。此外，沪港通的实施也可能通过加强两市融合（刘海飞等，2018）使企业外部风险水平降低，从而提高企业承担风险开展创新的意愿。

再次，沪港通可能通过信息反馈机制向投资者传递创新信号和反映创新成果，从而促进企业创新。在资本市场股价波动过程中，企业的创新特质如创新投入会反映为公司特质信息（Chun et al.，2008），开展创新后就会增加股价中包含的公司创新方面的特质信息。对于投资者而言，股价特质信息的增加一定程度上缓解了信息不对称，有助于投资者识别具有创新潜质的企业，从而增加对该企业的投资，促进企业创新。对于上市公司而言，管理层会通过股价获取私有信息了解企业基本面并据此作出投资决策（Chen et al.，2006）。因此，当企业增加创新投入时，该决策以特质信息的形式反映到股价中。当股价反馈良好时，会让企业认可所开展的创新活动，从而进一步增加创新投入。沪港通使境外投资者能更加自由地参与中国资本市场股票交易，促进股票市场自由化，从而增加国内上市公司股票的特质信息含量（Bae et al.，2006）。并且，在间接的作用机制方面，资本市场对外开放可以提高公司治理水平（李蕾和韩立岩，2014），而公司治理水平与股价特质波动正相关（钟凯等，2018），因此沪港通这一资本市场对外开放制度能增加公司股价中的特质信息。沪港通制度的实施加速了公司基本面信息融入股价（钟覃琳和陆正飞，2018），减少了股价同涨同跌现象的发生，因而也增加了股价特质信息。因此，资本市场对外开放可以增加股价特质信息，而股价特质信息又通过缓解信息不对称和反馈创新成果分别作用于投资者和管理层，从而增加企业创新投入，促进创新活动的开展。

最后，沪港通可能通过缓解企业的融资约束促进企业创新。创新作为一项风险高、周期长、投入多的活动，需要大量资金持续投入。当企业难以获得外部资金或外部融资成本较高时，企业就面临融资约束。由于融资约束的存在，企业难以获得支持 R&D 投入的大量稳定现金流，企业的创新活动就会受到抑制。当本国金融市场融资约束程度较高时，资本市场对外开放可以通过提高本国资本市场发展水平和引入外资两种途径缓解企业融资约束，从而增加企业创新投入（王昱和成力为，2013）。中国之前的跨境资本市场投资主要通过 QFII 制度实现。沪港通启动后开辟了新的投资渠道，有助于更多境外资金的流入。同时，资本市场对外开放也有助于企业获取低成本的外源融资投资于盈利项目（孔宁宁和闫希，2009），降低股权资本成本（庞家任等，2020），从而为企业创新活动提供低成本且稳定的资金，推动企业创新活动的开展。

基于上述分析，本章提出以下假设：

相比于非沪港通标的公司而言，沪港通能显著提升沪港通标的公司的创新产出。

第三节 研究设计

一、数据来源与处理

本章选取2007—2017年沪市A股上市公司作为初始样本，同时按以下标准对样本进行筛选：（1）剔除2014年的所有样本①。（2）剔除非首批加入沪港通的样本。（3）剔除首批加入沪港通，随后又被调整移出沪港通的样本。（4）剔除财务数据缺失的样本。（5）剔除PT类和ST类上市公司。（6）剔除金融行业上市公司。经过以上筛选，最终得到7269个公司－年度样本②。

为控制极端值对研究结果的影响，本章对连续变量在1%的水平上进行了Winsorize处理。本章与沪港通相关的数据来自港交所官网，其他数据来自国泰安数据库。

二、变量定义与度量

（一）因变量：企业创新

本章从创新数量和创新质量两方面进行度量。第一，参考Atanassov等（2007）与黎文靖和郑曼妮（2016）的研究，本章选取专利申请数（*Apply*）作为衡量企业创新数量的指标，该指标能够更稳定及时地反映企业创新产出成果。第二，本章选取两方面指标衡量企业创新质量。首先，创新质量表现为企业创新成果转化的水平，本章参考Fang等（2014）和诸竹君等（2020）的研究，选取企业专利引用量（*Cite*）作为创新质量的衡量指标。其次，现有专利分为发明专利、实用新型专利和外观设计专利，发明专利和实用新型专利具有更高的技术含量（田轩和孟清扬，2018）。因此，本章选取发明专利申请数（*IApply*）和实用新型专利申请数（*UApply*）作为高质量的创新产出，将外观设计专利申请数（*DApply*）作为低质量的创新产出，分别考察以上三种类型的专利申请数量的变化。

通常而言，企业创新是一个较为漫长的过程，其产出具有一定滞后性

① 由于“沪港通”宣布启动的日期为2014年4月，正式开通时间为2014年11月，因此2014年的部分时间段属于沪港通开通后，部分时间段属于沪港通开通前，为了保证定义准确，我们剔除了该年度的样本。

② 稳健性检验中，本章采用PSM配对后的样本重新检验，结论不变。

(Fang et al. , 2014)。因此，本章采取滞后一期和两期，即 $t+1$ 和 $t+2$ 期的专利申请数、各类专利申请数和专利引用数作为因变量。

（二）自变量：沪港通相关变量

本章设置两个虚拟变量衡量沪港通制度是否实施。*Treat* 衡量公司是否为沪港通标的股票，若公司为沪港通标的股票，则 *Treat* 取值为 1，否则为 0。*Post* 衡量公司开通沪港通的时间点，沪港通开通之后的年度即 2015—2017 年，*Post* 取值为 1；沪港通开通之前的年度即 2007—2013 年，*Post* 取值为 0。*Treat* × *Post* 表示 *Treat* 与 *Post* 的交互项。

（三）控制变量

借鉴已有文献（Fang et al. , 2014；温军和冯根福，2018），本章加入影响企业创新的控制变量，包括公司规模（*Size*）、公司年龄（*Age*）、企业杠杆（*Lev*）、企业盈利（*Roa*）、企业成长（*Growth*）、股权性质（*Nature*）、是否有政府补助（*Gov*）。此外，还控制了年度固定效应（*Year*）和行业固定效应（*Industry*）。具体定义如表 12 -1 所示。

表 12 -1　　主要变量及其定义

符号	变量名称与定义
$Apply_{i,t+1}$	公司滞后一年的专利申请数
$Apply_{i,t+2}$	公司滞后两年的专利申请数
$IApply_{i,t+1}$	公司滞后一年的发明专利申请数
$IApply_{i,t+2}$	公司滞后两年的发明专利申请数
$UApply_{i,t+1}$	公司滞后一年的实用新型专利申请数
$UApply_{i,t+2}$	公司滞后两年的实用新型专利申请数
$DApply_{i,t+1}$	公司滞后一年的外观设计专利申请数
$DApply_{i,t+2}$	公司滞后两年的外观设计专利申请数
$Cite_{i,t+1}$	公司滞后一年的专利引用数
$Cite_{i,t+2}$	公司滞后两年的专利引用数
Treat	哑变量，若公司股票为沪港通标的股，则 *Treat* 为 1，否则为 0
Post	哑变量，若年份为沪港通开通之后的年度，则 *Post* 为 1，否则为 0
Treat × *Post*	*Treat* 与 *Post* 的交互项
Size	公司规模，公司总资产的自然对数
Age	公司年龄，公司成立年限
Lev	企业杠杆，资产负债率，等于总负债/总资产
Roa	企业盈利，资产回报率，等于净利润/总资产
Growth	企业成长，营业收入增长率，等于营业收入增长额/上期营业收入

续表

符号	变量名称与定义
Nature	股权性质，若为国有企业，*Nature* 为 1，其他类型，*Nature* 为 0
Gov	虚拟变量，若公司有政府补助，则 *Gov* 为 1，否则为 0
Year	年度虚拟变量，涉及 9 个年度，设置 8 个虚拟变量
Industry	行业虚拟变量，行业分类为证监会行业分类 2012 年版

三、实证模型

为了检验沪港通对企业创新数量和创新质量的影响，本章运用双重差分模型（DID）进行回归分析，见式（12－1）和式（12－2）。

$$Apply_{i,t+1}(Apply_{i,t+2}) = \alpha + \beta_1 Treat_i + \beta_2 Post_{i,t} + \beta_3 Treat_i \times Post_{i,t} + \sum \beta_i Control_{i,t} + \varepsilon_{i,t} \quad \text{式（12－1）}$$

$$Cite_{i,t+1}(Cite_{i,t+2}) = \alpha + \beta_1 Treat_i + \beta_2 Post_{i,t} + \beta_3 Treat_i \times Post_{i,t} + \sum \beta_i Control_{i,t} + \varepsilon_{i,t} \quad \text{式（12－2）}$$

本章采用式（12－1）和式（12－2）对样本进行估计，分别研究沪港通对企业创新数量和质量的影响。如果沪港通制度的实施能够导致企业创新数量增加，式（12－1）中 $Treat \times Post$ 的系数 β_3 应显著为正。如果沪港通制度的实施能够提高企业创新质量，式（12－2）中 $Treat \times Post$ 的系数 β_3 应显著为正。

第四节　实证结果与分析

一、描述性统计

表 12－2 给出了主要变量的描述性统计。从表 12－2 可以看出，样本公司在当期一年后专利申请数（$Apply_{i,t+1}$）的均值为 45.831，标准差为 121.864，最小值为 0.000，最大值为 805.000，说明不同公司之间创新产出数量差异较大。公司当期两年后专利申请数（$Apply_{i,t+2}$）也呈现同样的分布特征。对于各类专利申请，公司当期一年后发明专利申请数（$IApply_{i,t+1}$）均值为 19.274，当期一年后实用新型专利申请数（$UApply_{i,t+1}$）均值为 21.187，当期一年后外观设计专利申请数（$DApply_{i,t+1}$）均值为 3.604，远低于同期的发明专利申请和实用新型专利申请。公司当期两年

后的各类专利申请也呈现类似的分布特征。此外，样本公司当期一年后的专利引用数（$Cite_{i,t+1}$）的均值为19.698，远低于当期一年后专利申请数的均值，标准差为50.999，最小值为0.000，最大值为268.000。公司当期两年后专利引用数（$Cite_{i,t+2}$）也呈现同样的分布特征。对于控制变量，公司规模（*Size*）的均值为22.265；公司年龄（*Age*）的均值为15.502；资产负债率（*Lev*）的均值为0.523；资产回报率（*Roa*）的均值为0.036；营业收入增长率（*Growth*）的均值为0.210，这些公司特征变量都处于正常范围内。对于是否有政府补助（*Gov*）的虚拟变量，其均值为0.910，说明大部分公司都接受过政府补助。

表12－2　　主要变量描述性统计

变量	样本量	平均值	中位数	标准差	最小值	最大值
$Apply_{i,t+1}$	7269	45.831	6.000	121.864	0.000	805.000
$Apply_{i,t+2}$	6281	48.094	7.000	125.764	0.000	805.000
$IApply_{i,t+1}$	7269	19.274	2.000	52.657	0.000	343.000
$IApply_{i,t+2}$	6281	20.243	2.000	54.072	0.000	343.000
$UApply_{i,t+1}$	7269	21.187	1.000	58.041	0.000	362.000
$UApply_{i,t+2}$	6281	22.408	1.000	60.139	0.000	362.000
$DApply_{i,t+1}$	7269	3.604	0.000	13.619	0.000	103.000
$DApply_{i,t+2}$	6281	3.535	0.000	13.399	0.000	103.000
$Cite_{i,t+1}$	7269	19.698	1.000	50.999	0.000	268.000
$Cite_{i,t+2}$	6281	21.424	2.000	52.710	0.000	268.000
Treat	7269	0.385	0.000	0.487	0.000	1.000
Post	7269	0.254	0.000	0.435	0.000	1.000
Size	7269	22.265	22.106	1.395	19.194	25.910
Age	7269	15.502	15.000	4.839	4.000	29.000
Lev	7269	0.523	0.527	0.205	0.051	1.033
Roa	7269	0.036	0.032	0.059	－0.181	0.232
Growth	7269	0.210	0.100	0.649	－0.617	4.503
Gov	7269	0.910	1.000	0.286	0.000	1.000

注：作者根据CSMAR上市公司数据库整理。

二、基准回归结果

（一）资本市场对外开放与创新数量

本章采用式（12－1）的双重差分模型检验沪港通对企业创新数量的

影响。若实证结果支持沪港通开通促进企业创新，则 *Treat* × *Post* 的系数应显著为正。

表 12－3 给出了对假设检验的回归结果。列（1）和列（2）为不含控制变量的基础回归，结果显示，企业当期滞后一年的专利申请数（$Apply_{i,t+1}$）和企业当期滞后两年的专利申请数（$Apply_{i,t+2}$）交互项 *Treat* × *Post* 的系数分别为 48.566 和 41.234，均在 1% 的水平上显著，表明在不考虑其他因素的情况下，沪港通显著提升了企业创新水平。加入控制变量后，列（3）中企业当期一年后的专利申请数（$Apply_{i,t+1}$），*Treat* × *Post* 的系数为 36.854，在 1% 的水平上显著，说明平均而言，沪港通开通后，沪股通标的公司滞后一年的专利申请数比非沪股通标的公司增加了 36.854 个，相当于所有样本平均专利产出数量的 80%，因此无论从统计意义还是经济含义上来讲，沪港通对于企业创新数量的正向影响都是非常显著的。同样，列（4）中企业当期两年后的专利申请数（$Apply_{i,t+2}$），*Treat* × *Post* 的系数为 29.703，仍在 1% 的水平上显著。这说明相对于非沪股通标的公司，沪股通标的公司滞后两期的专利申请量在沪港通开通之后也显著增加。由此可见，沪港通这一资本市场对外开放举措增加了企业创新产出数量，资本市场对外开放有助于发挥中国资本市场对科技创新的金融支持作用，验证了本章的假设。

对于变量 *Treat* 和 *Post*，列（3）中 *Treat* 的系数为 11.443，列（4）中 *Treat* 的系数为 17.610，都在 1% 的水平上显著。这说明沪股通标的公司的专利申请量比非沪股通标的公司的专利申请量多，相对而言，沪股通标的公司创新数量更多。*Post* 的系数同样也在 1% 的水平上显著为正。这说明沪港通开通后，上海证券交易所所有上市公司的专利申请量都有所增加。

表 12－3　　　　沪港通与专利申请量

变量	(1)	(2)	(3)	(4)
	$Apply_{i,t+1}$	$Apply_{i,t+2}$	$Apply_{i,t+1}$	$Apply_{i,t+2}$
Treat	53.555***	61.162***	11.443***	17.610***
	(15.892)	(16.814)	(4.250)	(6.095)
Post	37.269***	36.369***	27.204***	27.914***
	(8.679)	(9.060)	(5.209)	(5.275)
Treat × *Post*	48.566***	41.234***	36.854***	29.703***
	(5.584)	(3.489)	(4.592)	(2.718)

续表

变量	(1)	(2)	(3)	(4)
	$Apply_{i,t+1}$	$Apply_{i,t+2}$	$Apply_{i,t+1}$	$Apply_{i,t+2}$
Size			35.147***	36.064***
			(19.055)	(17.764)
Age			-2.405***	-2.441***
			(-6.100)	(-5.452)
Lev			4.593	4.825
			(0.860)	(0.797)
Roa			89.166***	89.331***
			(4.422)	(3.935)
Growth			-3.654***	-2.256
			(-2.708)	(-1.403)
Gov			-24.486***	-21.542***
			(-6.356)	(-5.366)
Nature			1.220	-0.625
			(0.512)	(-0.228)
Constant	-25.054***	-25.638***	-719.404***	-741.435***
	(-6.649)	(-6.575)	(-19.502)	(-18.207)
Industry	Yes	Yes	Yes	Yes
Year	Yes	Yes	Yes	Yes
N	7269	6281	7269	6281
R^2	0.171	0.166	0.285	0.279

注：括号内的数值为经公司层面聚类调整后的 *t* 值，*、**、*** 分别表示检验的显著性水平为10%、5%和1%，本章下同。

对于控制变量，企业总资产（*Size*）和资产收益率（*Roa*）对企业专利申请量都存在正影响，且在1%的水平上显著。这说明规模越大且盈利能力越强的企业，创新数量越多。公司年龄（*Age*）对企业专利申请量的影响在1%的水平上显著为负。这表明企业成立时间越长，创新数量越少，可见，处于成长阶段的企业更有创新动力，创新水平越高。此外，资产负债率（*Lev*）和企业产权性质（*Nature*）对企业当期一年后和两年后的创新产出量无显著关系，说明短期内企业财务结构和产权性质对企业创新数量无显著影响。

（二）资本市场对外开放与创新质量

1. 沪港通与不同类别的创新产出

《中华人民共和国专利法》中将专利分为发明专利、实用新型专利和外观设计专利三类：其中，发明专利是在技术开发和新产品研制过程中产生的成果，技术含量最高、新颖性最强，质量最高；实用新型专利则是为改进产品形状和产品构造所提出的实用性技术方案，技术含量和新颖性次之，质量相对较高；外观设计专利是对工业品外观如形状、图案和色彩进行的改进，技术含量和创新质量相对较低。由于外观设计专利主要是对一项产品的外观美感和艺术感的改造，并不涉及技术创新；而发明专利和实用新型专利技术含量更高，因此反映了企业技术创新水平，创新质量更高（田轩和孟清扬，2018）。本章按照《中华人民共和国专利法》将专利进一步细分为发明专利、实用新型专利、外观设计专利，检验沪港通这一资本市场对外开放政策到底促进了企业哪种类型的创新，从而检验是否促进了创新质量的提升。具体而言，本章将发明专利申请量（*IApply*）、实用新型专利申请量（*UApply*）、外观设计专利申请量（*DApply*）分别作为被解释变量，采用式（12－1）进行回归并对上述问题展开分析。

表12－4列示了沪港通与分类专利申请的回归结果。对于当期一年后的发明专利申请量（$IApply_{i,t+1}$），交互项 $Treat \times Post$ 的系数为16.743，在1%的水平上显著为正。对于当期两年后发明专利申请量（$IApply_{i,t+2}$），交互项 $Treat \times Post$ 的系数为12.230，在5%的水平上显著为正。这说明沪股通标的公司在沪港通开通后发明专利申请数显著增长。列（3）显示了当期一年后的实用新型专利申请量（$UApply_{i,t+1}$），$Treat \times Post$ 的系数为14.761，在1%的水平上显著为正。列（4）显示了当期两年后的实用新型专利申请量（$UApply_{i,t+2}$），交互项 $Treat \times Post$ 的系数为12.729，在5%的水平上显著为正。这说明沪股通标的公司在沪港通开通后实用新型专利申请数也显著增长。对于当期一年后的外观设计专利申请数（$DApply_{i,t+1}$）和当期两年后的外观设计申请数（$DApply_{i,t+2}$），交互项 $Treat \times Post$ 的系数并不显著，说明沪港通开通并未使沪股通标的公司增加外观设计专利产出。通过对分类专利申请数的回归检验，结果表明，沪港通开通后主要提升了沪股通标的公司发明专利和实用新型专利申请量，资本市场对外开放更多地促进了企业的高质量的创新产出。这可能是因为沪港通引入的境外投资者更注重价值投资，他们会对有技术创新实力的企业进行投资并参与公司治理，从而推动这类企业增加高质量创新产出。并且，Hsu等（2014）研究发现，资本市场越发达，科技密集型企业的创新水平越高。沪港通开通后提升了中国资本市场发展水平，为科技密集型企业提供了更好的创新环境，也有助于增加高质量创新产出。

对于变量 *Treat* 和 *Post*，*Treat* 的系数在列（1）—列（6）中都显著为正，说明沪股通标的公司的发明专利、实用新型专利、外观设计专利产出相较于非沪股通标的公司更多。*Post* 的系数在列（1）—列（4）都在 1% 的水平上显著为正，在列（5）和列（6）中都不显著。这说明沪港通开通后，企业的发明专利申请量和实用新型专利申请量都显著增加，而外观设计专利无明显增加。由此可见，沪港通有助于沪市所有标的公司的创新质量提升。

表 12－4　　沪港通与分类专利申请

变量	(1)	(2)	(3)	(4)	(5)	(6)
	$IApply_{i,t+1}$	$IApply_{i,t+2}$	$UApply_{i,t+1}$	$UApply_{i,t+2}$	$DApply_{i,t+1}$	$DApply_{i,t+2}$
Treat	7.488***	10.986***	2.822**	4.974***	1.288***	1.579***
	(6.443)	(8.766)	(2.113)	(3.424)	(3.335)	(4.018)
Post	11.493***	12.933***	15.537***	14.645***	0.080	0.282
	(5.051)	(5.727)	(6.371)	(5.821)	(0.099)	(0.341)
Treat × *Post*	16.743***	12.230**	14.761***	12.729**	1.247	1.169
	(4.642)	(2.450)	(3.953)	(2.513)	(1.361)	(0.952)
Size	14.366***	14.679***	16.957***	17.473***	1.667***	1.538***
	(18.568)	(17.360)	(19.682)	(18.441)	(9.044)	(7.813)
Age	−0.942***	−0.959***	−1.304***	−1.317***	0.074	0.082
	(−5.571)	(−4.964)	(−6.973)	(−6.187)	(1.438)	(1.507)
Lev	0.431	1.345	5.220**	5.513*	0.635	0.573
	(0.189)	(0.547)	(2.035)	(1.923)	(0.968)	(0.820)
Roa	35.453***	34.263***	28.283***	33.813***	22.531***	22.115***
	(4.103)	(3.581)	(2.913)	(3.005)	(7.466)	(7.021)
Growth	−1.362**	−0.979	−1.646**	−0.924	−0.254	−0.128
	(−2.314)	(−1.493)	(−2.504)	(−1.143)	(−1.508)	(−0.736)
Gov	−10.559***	−9.716***	−11.405***	−9.672***	−0.359	−0.163
	(−6.516)	(−5.635)	(−6.485)	(−5.270)	(−1.246)	(−0.553)
Nature	2.231**	1.735	−0.734	−1.920	−0.183	−0.030
	(2.155)	(1.499)	(−0.624)	(−1.409)	(−0.500)	(−0.075)
Constant	−296.010***	−304.184***	−348.297***	−360.204***	−34.167***	−32.083***
	(−19.174)	(−17.902)	(−20.155)	(−18.862)	(−8.834)	(−7.769)
Industry	Yes	Yes	Yes	Yes	Yes	Yes
Year	Yes	Yes	Yes	Yes	Yes	Yes
N	7269	6281	7269	6281	7269	6281
R^2	0.278	0.276	0.280	0.274	0.086	0.083

2. 沪港通与企业专利引用

采用式（12－2）检验沪港通对企业创新质量的影响。若实证结果支持沪港通开通提高企业创新质量，则 *Treat* × *Post* 的系数应显著为正。

表 12－5 列示了沪港通与企业专利引用量的回归结果。列（1）中当期一年后企业专利引用量，交互项 *Treat* × *Post* 的系数为 29.593，在 1% 的水平上显著。列（2）中当期两年后企业专利引用量，交互项 *Treat* × *Post* 的系数为 22.507，在 1% 的水平上显著。这说明沪港通开通后，沪港通标的企业的专利引用增加数显著多于非沪港通标的企业的专利引用增加数。说明中国资本市场开放政策使创新质量得到了显著提升。

对于变量 *Treat*，列（1）中的系数为 2.030，在 10% 的水平上显著；列（2）中的系数为 5.402，在 1% 的水平上显著，这说明沪股通标的企业的专利引用量显著多于非沪股通标的企业，其创新质量更高。对于变量 *Post*，列（1）和列（2）的系数都显著为正，说明沪港通开通后，沪市整体专利引用量得到提升，整体创新质量显著提高。

表 12－5　　沪港通与专利引用

变量	(1)	(2)
	$Cite_{i,t+1}$	$Cite_{i,t+2}$
Treat	2.030 *	5.402 ***
	－1.945	－4.404
Post	21.995 ***	25.969 ***
	－9.760	－10.991
Treat × *Post*	29.593 ***	22.507 ***
	－8.245	－4.508
Size	13.335 ***	15.245 ***
	－20.573	－20.745
Age	－0.718 ***	－0.941 ***
	(－4.812)	(－5.431)
Lev	1.407	－0.877
	－0.623	(－0.352)
Roa	12.035	16.578 *
	－1.532	－1.896
Growth	－2.776 ***	－2.260 ***
	(－5.323)	(－3.710)

续表

变量	(1)	(2)
	$Cite_{i,t+1}$	$Cite_{i,t+2}$
Gov	−10.990***	−10.540***
	(−8.318)	(−7.431)
Nature	1.450	−0.225
	−1.371	(−0.189)
Constant	−277.619***	−316.220***
	(−21.125)	(−21.143)
Industry	Yes	Yes
Year	Yes	Yes
N	7269	6281
R^2	0.322	0.326

三、稳健性检验

（一）平行趋势检验

采用双重差分模型的前提是处理组和控制组在政策实施前具有共同的变化趋势。本章借鉴黄小勇和查育新（2022）的做法，通过绘制平行趋势图进行检验。图 12－1 报告了沪深两市受政策影响的处理组和未受影响的控制组的公司创新水平变化趋势。图 12－1 显示，在沪深港通启动之前（0 时点之前），处理组和控制组的公司创新变化趋势基本一致，但是沪深港通启动后（0 时点之后），处理组和控制组的创新水平的差距逐步加大。因此，双重差分的平行趋势基本通过了检验。

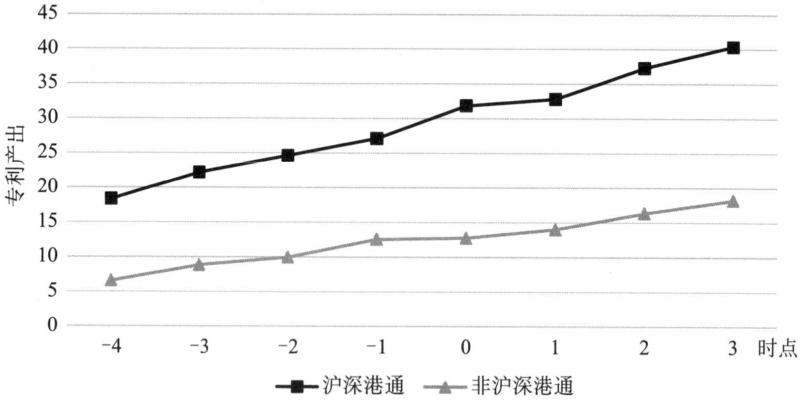

图 12－1　平行趋势检验

（二）倾向得分匹配—双重差分模型（PSM - DID）

为进一步降低由于选择性偏差带来的内生性问题，本章在全样本的基础上，对于处理组（沪股通标的公司）还采用了倾向得分匹配（PSM）法进行控制组（非沪股通标的公司）的配对筛选。具体而言，本章以沪港通开通前一年为基准，以式（12 - 1）中的控制变量为协变量，构建 Probit 模型，拟合出样本公司进入试点范围的概率。然后，根据计算出的倾向性得分，对处理组和控制组进行一一匹配，从而得到本章的 PSM 样本。

（1）平衡性检验。样本进行 PSM 配对后的平衡性检验（Balance Test）结果如表 12 - 6 Panel A 所示，从表 12 - 6 中可以看出，处理组（沪股通标的企业）和控制组（非沪股通标的企业）在沪港通开通前一年，各控制变量基本上无显著差异。

（2）沪港通与专利申请及专利引用的回归分析。本章使用 PSM 样本并再次运用式（12 - 1）和式（12 - 2）检验沪港通与企业专利申请及专利引用的关系。表 12 - 6 的 Panel B 中的列（1）和列（2）展示了 PSM 样本下专利申请的回归结果。对于当期一年后的专利申请（$Apply_{i,t+1}$）和当期两年后的专利申请（$Apply_{i,t+2}$），$Treat \times Post$ 的系数分别为 31.868 和 25.319，分别在 1% 的水平上和 5% 的水平上显著。这说明相对于公司特征相似的非沪股通标的公司，纳入沪股通的公司在沪港通开通后创新数量显著增加。表 12 - 6 的 Panel B 中的列（3）和列（4）展示了 PSM 样本下专利引用的回归结果。其中，公司当期一年后的专利引用量和当期两年后的专利引用量所对应的 $Treat \times Post$ 的系数分别为 22.993 和 17.850，都在 1% 的水平上显著。这说明沪股通标的公司在沪港通开通后，其创新质量也显著高于特征类似的非沪股通标的公司的创新质量。以上结论与全样本的回归结果一致。

（3）沪港通与分类专利申请的回归分析。本章再次使用 PSM 样本，分别运用双重差分模型检验发明专利申请、实用新型专利申请和外观设计专利申请与沪港通相关变量的关系。表 12 - 6 的 Panel C 展示了相关回归结果。其中，公司当期一年后的发明专利申请所对应的 $Treat \times Post$ 的系数为 15.272，在 1% 的水平上显著；当期两年后的发明专利申请所对应的 $Treat \times Post$ 的系数为 10.720，在 5% 的水平上显著。当期一年后和当期两年后的实用新型专利申请所对应的 $Treat \times Post$ 的系数也显著为正。而当期一年后和当期两年后的外观设计专利申请所对应的 $Treat \times Post$ 的系数并不显著。这与全样本的结论一致，说明对于公司特质类似的非沪股通标的企业，沪股通标的企业的发明专利申请数和实用新型专利申请数在沪港通开通后都显著更多，创新质量更高。

表 12－6　　倾向得分匹配—双重差分模型回归结果

Panel A：处理组和控制组的平衡性检验

变量	处理组	控制组	T 检验	P 值
Size	3.150	3.148	0.43	0.666
Age	16.204	16.772	－1.5	0.133
Lev	0.526	0.539	－0.86	0.393
Roa	0.054	0.055	－0.39	0.697
Growth	0.180	0.218	－0.93	0.352
Gov	0.967	0.985	－1.52	0.129
Nature	0.658	0.694	－0.99	0.321

Panel B：匹配后样本的回归结果：沪港通与专利申请及专利引用

变量	(1)	(2)	(3)	(4)
	$Apply_{i,t+1}$	$Apply_{i,t+2}$	$Cite_{i,t+1}$	$Cite_{i,t+2}$
Treat	9.580***	16.163***	1.620	5.112***
	(3.263)	(5.185)	(1.426)	(3.883)
Post	24.049***	24.342***	28.077***	29.357***
	(3.215)	(3.306)	(8.318)	(8.580)
Treat × Post	31.868***	25.319**	22.993***	17.850***
	(3.847)	(2.231)	(5.944)	(3.342)
Constant	－943.783***	－954.882***	－350.105***	－394.769***
	(－18.657)	(－17.439)	(－20.040)	(－20.381)
Control	Yes	Yes	Yes	Yes
Industry	Yes	Yes	Yes	Yes
Year	Yes	Yes	Yes	Yes
N	5545	4876	5545	4876
R^2	0.303	0.294	0.339	0.344

Panel C：匹配后样本的回归结果：沪港通与分类专利申请

变量	(1)	(2)	(3)	(4)	(5)	(6)
	$IApply_{i,t+1}$	$IApply_{i,t+2}$	$UApply_{i,t+1}$	$UApply_{i,t+2}$	$DApply_{i,t+1}$	$DApply_{i,t+2}$
Treat	7.065***	10.649***	1.969	4.358***	0.831**	1.129***
	(5.656)	(7.984)	(1.349)	(2.776)	(1.998)	(2.703)

续表

变量	(1)	(2)	(3)	(4)	(5)	(6)
	$IApply_{i,t+1}$	$IApply_{i,t+2}$	$UApply_{i,t+1}$	$UApply_{i,t+2}$	$DApply_{i,t+1}$	$DApply_{i,t+2}$
Post	9.416***	11.066***	15.606***	13.946***	-0.227	0.351
	(2.922)	(3.570)	(4.477)	(3.973)	(-0.205)	(0.319)
Treat × *Post*	15.272***	10.720**	11.605***	10.067*	1.011	0.842
	(4.133)	(2.083)	(2.963)	(1.890)	(1.022)	(0.632)
Constant	-393.228***	-398.593***	-451.331***	-456.624***	-40.249***	-37.154***
	(-18.682)	(-17.526)	(-19.204)	(-17.903)	(-7.408)	(-6.577)
Control	Yes	Yes	Yes	Yes	Yes	Yes
Industry	Yes	Yes	Yes	Yes	Yes	Yes
Year	Yes	Yes	Yes	Yes	Yes	Yes
N	5545	4876	5545	4876	5545	4876
R^2	0.299	0.294	0.299	0.288	0.090	0.086

（三）固定效应模型

由于不同企业的特质不同，企业创新水平也存在明显的个体差异。本章采取固定效应模型，消除不随时间变化的特质差异对回归结果的影响，从而检验沪港通开通对企业创新的实际影响。表 12-7 Panel A 的回归结果显示，专利申请与专利引用所对应的核心变量 *Treat* × *Post* 的系数仍在 1% 的水平上显著为正，说明在控制个体效应后，沪港通开通增加了标的公司的专利申请量和专利引用量，企业创新产出的数量和质量都有明显提升。表 12-7 Panel B 的回归结果显示，发明专利申请和实用新型专利申请所对应的 *Treat* × *Post* 的系数仍在 1% 的水平上显著为正，且系数值都在 10 以上。而滞后一期的外观设计专利所对应的 *Treat* × *Post* 的系数为 1.188，在 10% 的水平上显著，但其系数值远低于前两类专利申请所对应的系数值。滞后两期的外观设计专利申请所对应的 *Treat* × *Post* 的系数则不显著。因此，在控制了个体差异后，发明专利申请和实用新型专利申请的结论与前文一致；滞后一期的外观设计专利申请显著性虽有变化，但所对应的系数值较低。这说明沪港通开通后，沪股通标的企业在发明专利申请和实用新型专利申请方面，仍显著好于非沪股通标的企业；在外观设计专利申请数量方面无较大差异。

表 12 -7 固定效应模型

Panel A：沪港通与专利申请及专利引用

变量	(1)	(2)	(3)	(4)
	$Apply_{i,t+1}$	$Apply_{i,t+2}$	$Cite_{i,t+1}$	$Cite_{i,t+2}$
Post	166.555	126.439	170.055 **	144.595 ***
	(1.543)	(1.464)	(2.521)	(2.591)
Treat × *Post*	36.306 ***	29.684 ***	28.400 ***	21.601 ***
	(6.024)	(5.003)	(7.415)	(6.686)
Constant	-36.336	-22.689	127.620	54.803
	(-0.239)	(-0.162)	(1.395)	(0.617)
Control	Yes	Yes	Yes	Yes
Year	Yes	Yes	Yes	Yes
N	7269	6281	7269	6281
R^2	0.130	0.095	0.266	0.238

Panel B：沪港通与分类专利申请

变量	(1)	(2)	(3)	(4)	(5)	(6)
	$IApply_{i,t+1}$	$IApply_{i,t+2}$	$UApply_{i,t+1}$	$UApply_{i,t+2}$	$DApply_{i,t+1}$	$DApply_{i,t+2}$
Post	78.521	60.867	50.342	17.074	9.218	4.134
	(1.616)	(1.529)	(1.311)	(0.640)	(0.955)	(0.550)
Treat × *Post*	17.890 ***	13.871 ***	13.737 ***	11.929 ***	1.188 *	1.042
	(5.936)	(4.618)	(4.880)	(4.231)	(1.935)	(1.570)
Constant	-12.326	-5.100	-54.398	-79.774 *	1.859	0.779
	(-0.177)	(-0.079)	(-0.961)	(-1.675)	(0.152)	(0.068)
Control	Yes	Yes	Yes	Yes	Yes	Yes
Year	Yes	Yes	Yes	Yes	Yes	Yes
N	7269	6281	7269	6281	7269	6281
R^2	0.128	0.098	0.105	0.080	0.010	0.007

（四）安慰剂检验

为验证本章的实证结果是由于沪深港通机制的实施而产生的，不是随时间推移自动发生的，在进行稳健性检验时，采用了安慰剂检验。假设沪深港通制度实施的时间为实际实施时间的前两年并重新对模型进行回归，即假设沪港通实施时间是 2012 年。表 12 -8 报告了安慰剂检验的结果，可以发现 *Treat* × *Post* 的系数不显著，表明本章的研究结论是稳健的。

表 12-8 安慰剂检验

变量	$Apply_{i,t+1}$	$Apply_{i,t+2}$	$Cite_{i,t+1}$	$Cite_{i,t+2}$
	(1)	(2)	(3)	(4)
Treat	11.492***	12.576***	7.785***	8.000***
	(7.864)	(8.134)	(7.953)	(7.868)
Post	20.470***	20.493***	14.020***	13.599***
	(10.016)	(8.654)	(10.314)	(8.838)
Treat × *Post*	7.889	6.883	3.814	4.236
	(1.538)	(1.203)	(1.456)	(1.137)
Constant	-20.843***	-18.669***	-13.156***	-11.942***
	(-4.256)	(-3.492)	(-4.175)	(-3.472)
Control	Yes	Yes	Yes	Yes
Industry	Yes	Yes	Yes	Yes
Year	Yes	Yes	Yes	Yes
N	7269	6281	7269	6281
R^2	0.286	0.274	0.287	0.270

（五）更换创新指标测度

为了保证创新数量衡量指标的稳健性，参照权小锋和尹洪英（2017）的研究，本章使用以下两种测度方式衡量企业创新数量：①企业专利申请总数加 1 的自然对数（*LnPATa*）；②三类专利申请数加权总数加一的自然对数（*LnPATb*）。其中，发明专利、实用新型专利和外观设计专利按 3∶2∶1 的比例赋权。对于企业创新质量，本章参照诸竹君等（2020）的研究，选取企业专利引用量自然对数值（*LnCite*）和各类专利申请量自然对数值作为衡量指标。

表 12-9 Panel A 的结果显示，列（1）中 *Treat* × *Post* 的系数为 0.230，在 1% 的水平上显著；列（2）中 *Treat* × *Post* 的系数为 0.208，在 5% 的水平上显著。列（3）中 *Treat* × *Post* 的系数为 0.235，在 1% 的水平上显著；列（4）中 *Treat* × *Post* 的系数为 0.210，在 5% 的水平上显著。列（5）和列（6）展示了企业专利引用量自然对数值的回归结果，*Treat* × *Post* 的系数分别为 0.534 和 0.365，都在 1% 的水平上显著。表 12-9 Panel B 展示了三类专利申请对数值的回归结果。其中，列（1）和列（2）中的发明专利申请对数值（*LnIAP*）所对应的 *Treat* × *Post* 的系数分别显著为 0.278 和 0.219。列（3）和列（4）中的实用新型专利申请对数值（*LnUAP*）所对应的 *Treat* × *Post* 的系数分别显著为 0.268 和 0.285。列（5）滞后一期

的外观设计专利申请（$LnDAP_{i,t+1}$）所对应的 $Treat \times Post$ 的系数在10%的显著性水平上为0.118，低于前两类专利申请的系数值。列（6）滞后两期的外观设计专利申请（$LnDAP_{i,t+2}$）所对应的 $Treat \times Post$ 的系数不显著。因此，在更换了创新数量和质量的衡量指标后，本章的结论依旧成立。

表12-9　更换创新指标测度

Panel A：沪港通与专利申请及专利引用						
变量	(1)	(2)	(3)	(4)	(5)	(6)
	$LnPATa_{i,t+1}$	$LnPATa_{i,t+2}$	$LnPATb_{i,t+1}$	$LnPATb_{i,t+2}$	$LnCite_{i,t+1}$	$LnCite_{i,t+2}$
Treat	0.505***	0.578***	0.419***	0.482***	0.296***	0.368***
	(11.771)	(13.037)	(11.984)	(13.171)	(8.436)	(9.699)
Post	0.890***	0.763***	0.750***	0.645***	1.616***	1.668***
	(10.868)	(8.510)	(11.381)	(8.929)	(23.632)	(21.935)
Treat × Post	0.230***	0.208**	0.235***	0.210**	0.534***	0.365***
	(2.929)	(1.985)	(3.505)	(2.338)	(6.863)	(3.485)
Constant	−10.008***	−9.749***	−8.615***	−8.425***	−8.044***	−8.795***
	(−28.458)	(−25.889)	(−29.364)	(−26.642)	(−25.720)	(−25.835)
Control	Yes	Yes	Yes	Yes	Yes	Yes
Industry	Yes	Yes	Yes	Yes	Yes	Yes
Year	Yes	Yes	Yes	Yes	Yes	Yes
N	7269	6281	7269	6281	7269	6281
R^2	0.487	0.482	0.482	0.474	0.499	0.496
Panel B：沪港通与分类专利申请						
变量	(1)	(2)	(3)	(4)	(5)	(6)
	$LnIAP_{i,t+1}$	$LnIAP_{i,t+2}$	$LnUAP_{i,t+1}$	$LnUAP_{i,t+2}$	$LnDAP_{i,t+1}$	$LnDAP_{i,t+2}$
Treat	0.503***	0.573***	0.283***	0.336***	0.169***	0.195***
	(12.873)	(13.978)	(6.743)	(7.621)	(5.784)	(6.512)
Post	0.749***	0.658***	0.861***	0.699***	0.038	0.055
	(10.232)	(8.225)	(11.146)	(8.095)	(0.659)	(0.915)
Treat × Post	0.278***	0.219**	0.268***	0.285***	0.118*	0.128
	(3.687)	(2.150)	(3.316)	(2.611)	(1.955)	(1.558)
Constant	−8.765***	−8.533***	−9.354***	−9.368***	−2.313***	−2.083***
	(−27.396)	(−24.582)	(−27.461)	(−25.297)	(−9.712)	(−8.165)
Control	Yes	Yes	Yes	Yes	Yes	Yes
Industry	Yes	Yes	Yes	Yes	Yes	Yes
Year	Yes	Yes	Yes	Yes	Yes	Yes
N	7269	6281	7269	6281	7269	6281
R^2	0.436	0.427	0.383	0.375	0.136	0.136

四、异质性检验

由于不同企业自身性质和所处的经济环境等因素影响，沪深港通的作用强度存在一定的差别。因此，本章分别从企业产权性质和企业成立年限等角度出发，采用分组回归的方法考察沪深港通开通对企业创新影响的横截面差异。

（一）产权性质的异质性

国有企业往往存在行政方面的诸多干预，除了盈利等目标外还担负着社会责任，例如保障就业、维护社会稳定和刺激经济增长等（薄仙慧和吴联生，2009）。同时，背后有政府的信誉与支持作为依靠，因此国有企业面临的竞争压力相较于民营企业较小（吴非等，2021），民营企业的创新积极性更高。但是民营企业的融资约束更大，导致其创新投入受限，创新产出也较弱。因此，本章推断，由于国有企业的天然政策性特征，资本市场开放对民营企业创新的影响更大。

本章根据企业的产权性质将样本划分为国有企业与民营企业两组，并且进行分组回归，回归结果如表 12 – 10 所示。由表 12 – 10 的结果可知，*Treat* × *Post* 的回归系数在民营企业样本中在 5% 的水平上显著为正，在国有企业样本中 *Treat* × *Post* 的回归系数虽然也为正值，但是不显著。因此，资本市场开放能提高民营企业的创新水平，而对国有企业的创新水平影响不显著。

表 12 – 10　　产权性质的异质性

变量	$Apply_{i,t+1}$	
	(1)	(2)
	民营企业	国有企业
Treat	7.509***	11.633***
	(2.829)	(5.971)
Post	11.555***	23.419***
	(4.590)	(6.818)
Treat × *Post*	13.221**	4.201
	(2.395)	(0.962)
Constant	−15.755**	−20.272***
	(−2.112)	(−3.238)
Control	Yes	Yes
Industry	Yes	Yes

续表

变量	$Apply_{i,t+1}$	
	(1)	(2)
	民营企业	国有企业
Year	Yes	Yes
N	3536	5698
R^2	0.096	0.103

（二）企业成立年限的异质性

首先，成立年限较短的企业，即处于初创期或成长期的企业，往往充满了创新的活力和动力。这些企业通常由具有前瞻性和创新精神的团队领导，他们对于市场变化具有敏锐的洞察力，并且愿意尝试新的想法和方法。这种创新的活力是企业在激烈的市场竞争中获得优势的关键因素。然而，这些企业往往面临资金短缺的问题，因为它们尚未建立起稳定的收入来源，且在资本市场上的信誉和融资能力有限。相比之下，成立年限较长的企业，尤其是那些已经进入成熟期或稳定期的企业，可能在创新活力和动力方面表现得不那么积极。随着企业规模的扩大和市场份额的稳固，这些企业可能会更加注重维护现有的业务和客户关系，而不是追求高风险的创新活动。此外，这些企业往往拥有较为充足的资金储备，可以通过内部积累或外部融资来支持其运营和发展。因此，本章推断，由于较为年轻的企业有更强的创新活力，并且其融资较为困难，资本市场开放后，由于融资约束的缓解，这类企业的创新程度会得到更大幅度的提升。

本章根据样本企业成立年限的中位数将样本划分为成立年限较短和较长的两组，并进行分组回归，回归结果如表 12－11 所示。由表 12－11 的结果可知，在成立年限较短的样本中，*Treat* × *Post* 的回归系数在 1% 的水平上显著为正，在成立年限较长的样本中 *Treat* × *Post* 的回归系数不显著。因此，资本市场开放能显著提高成立年限较短的公司创新水平，而对成立年限较长的公司创新水平的影响不显著。

表 12－11　　企业成立年限的异质性

变量	$Apply_{i,t+1}$	
	(1)	(2)
	成立年限较短	成立年限较长
Treat	7.414***	12.286***
	(3.454)	(5.911)

续表

变量	$Apply_{i,t+1}$	
	(1)	(2)
	成立年限较短	成立年限较长
Post	17.047***	18.736***
	(6.510)	(4.834)
Treat × *Post*	10.866***	5.676
	(2.798)	(0.771)
Constant	-15.257*	-23.588***
	(-1.922)	(-3.219)
Control	Yes	Yes
Industry	Yes	Yes
Year	Yes	Yes
N	4822	4412
R^2	0.094	0.099

五、影响机制检验

本章分别从公司治理、风险承担、股票特质信息含量以及融资约束四条路径对沪港通开通对企业创新的影响机制进行检验。本章采用三步法检验上述影响机制。

(一) 公司治理机制

本章采用修正 Jones 模型计量的可操纵性应计利润（$DA_{i,t}$）衡量公司盈余管理程度（Dechow et al.，1995），可操纵性应计利润越低，公司盈余管理程度越低，治理水平越高。指标构建步骤如下：

首先，根据式（12-3）计算出企业第 $t-1$ 年的总应计利润。其中，TA_{t-1}为第 $t-1$ 年总应计利润；$EBXI_{t-1}$为第 $t-1$ 年非经常性项目前利润；CFO_{t-1}为第 $t-1$ 年经营活动现金流量净额。

$$TA_{t-1}=EBXI_{t-1}-CFO_{t-1} \quad \text{式（12-3）}$$

其次，根据式（12-4）估计系数 β_0、β_1、β_2、β_3。其中，$Asset_{i,t-1}$为企业 i 第 $t-1$ 年总资产；$\Delta REV_{i,t}$为第 t 年营业收入和第 $t-1$ 年营业收入的差额；$PPE_{i,t}$为第 t 年年末固定资产价值；$\varepsilon_{i,t}$表示各公司的可操纵应计利润。

$$\frac{TA_{i,t}}{Asset_{i,t-1}}=\beta_0+\beta_1\frac{1}{Asset_{i,t-1}}+\beta_2\frac{\Delta REV_{i,t}}{Asset_{i,t-1}}+\beta_3\frac{\Delta PPE_{i,t}}{Asset_{i,t-1}}+\varepsilon_{i,t}$$

式（12-4）

再次，将估计得出的系数 β_0、β_1、β_2、β_3 代入式（12－5）估计得出非操纵性应计利润（$NA_{i,t}$）。其中，$\Delta AR_{i,t}$为第 t 年应收账款和第 $t-1$ 年的应收账款的差额。

$$NA_{i,t}=\beta_0+\beta_1\frac{1}{Asset_{i,t-1}}+\beta_2\frac{\Delta REV_{i,t}-\Delta AR_{i,t}}{Asset_{i,t-1}}+\beta_3\frac{\Delta PPE_{i,t}}{Asset_{i,t-1}}$$

式（12－5）

最后，根据式（12－6）计算得出各公司各年度的可操纵性应计利润（$DA_{i,t}$）。

$$DA_{i,t}=\frac{TA_{i,t}}{Asset_{i,t-1}}-NA_{i,t}$$ 式（12－6）

控制变量除了公司特征变量，还加入了第一大股东持股比例（*Shrcr*1）、董事会人数（*Noboard*）、独立董事占董事会人数比例（*Indirector*）、审计意见是否为标准无保留意见（*Audit*）、是否有境外投资者持股（*Forlisting*）的公司治理变量。模型见式（12－7）：

$$DA_{i,t}=\alpha+\beta_1 Treat_i+\beta_2 Post_{i,t}+\beta_3 Treat_i\times Post_{i,t}+\sum\beta_i Control_{i,t}+\varepsilon_{i,t}$$

式（12－7）

表 12－12 的实证结果表明，列（2）中 $Treat\times Post$ 的系数为－0.010，在 5% 的水平上显著，说明相对于非沪股通标的公司，沪股通标的公司在沪港通开通后显著降低了公司盈余管理程度。沪港通政策通过引入更有经验的成熟境外投资者，使其发挥有效监督作用，减少公司盈余管理（Bae et al.，2006）和公司违规行为（邹洋等，2019），从而提高公司治理水平。列（3）中，$DA_{i,t}$的系数显著为负（*DA* 是一个负向指标），说明公司治理越好，公司创新水平越高。因此，可以得出结论，沪深港通制度的实施通过改善公司治理进而提升了企业创新水平。

表 12－12　　基于公司治理的影响机制检验结果

变量	(1)	(2)	(3)
	$Apply_{i,t+1}$	$DA_{i,t}$	$Apply_{i,t+1}$
Treat	11.443***	－0.002	10.915***
	(4.250)	(－0.768)	(6.183)
Post	27.204***	－0.010*	19.605***
	(5.209)	(－1.769)	(8.384)
Treat×*Post*	36.854***	－0.010**	6.101*
	(4.592)	(－2.441)	(1.716)

续表

变量	(1)	(2)	(3)
	$Apply_{i,t+1}$	$DA_{i,t}$	$Apply_{i,t+1}$
$DA_{i,t}$			-18.677***
			(-4.164)
Constant	-25.054***	-0.137***	-19.607***
	(-6.649)	(-4.967)	(-3.457)
Control	Yes	Yes	Yes
Industry	Yes	Yes	Yes
Year	Yes	Yes	Yes
N	7269	7269	7269
R^2	0.171	0.109	0.098

（二）风险承担机制

根据已有研究（何瑛等，2019），本章选取企业盈利波动性（$Risk_{i,t}$）即企业连续三年资产收益率的标准差来衡量企业承担风险的意愿，企业盈利波动性越大，表明其越愿意承担风险。控制变量中除公司特征变量，也对资本性支出（$LnCapital_{i,t}$）这个影响公司风险承担意愿的变量进行控制。模型见式（12-8）：

$$Risk_{i,t} = \alpha + \beta_1 Treat_i + \beta_2 Post_{i,t} + \beta_3 Treat_i \times Post_{i,t} + \sum \beta_i Control_{i,t} + \varepsilon_{i,t}$$

式（12-8）

表12-13列（2）中交互项 *Treat*×*Post* 的系数为0.016，在5%的水平上显著，说明沪股通标的公司在沪港通开通后盈利波动性显著提高，企业主动承担风险的意愿提高。这可能是因为引入的境外投资者拥有较高的风险承担意愿（Moshirian et al.，2021），而境外投资者对于价值投资的追求也会使其要求沪股通标的企业开展一些收益高但风险大的活动。列（3）中，$Risk_{i,t}$的系数在1%的水平上显著为正，说明公司承担风险有利于增强其创新能力，并且沪深港通制度会通过提高标的公司的风险承担意愿进而促进公司创新，风险承担这一影响机制成立。

表12-13　　基于公司风险承担的影响机制检验结果

变量	(1)	(2)	(3)
	$Apply_{i,t+1}$	$Risk_{i,t}$	$Apply_{i,t+1}$
Treat	11.443***	-0.007	10.514***
	(4.250)	(-0.903)	(6.645)

续表

变量	(1)	(2)	(3)
	$Apply_{i,t+1}$	$Risk_{i,t}$	$Apply_{i,t+1}$
Post	27.204***	-0.779***	20.284***
	(5.209)	(-38.577)	(8.742)
Treat × *Post*	36.854***	0.016**	7.462**
	(4.592)	(2.094)	(2.149)
$Risk_{i,t}$			6.003***
			(3.070)
Constant	-25.054***	0.906***	-18.348***
	(-6.649)	(15.640)	(-3.501)
Control	Yes	Yes	Yes
Industry	Yes	Yes	Yes
Year	Yes	Yes	Yes
N	7269	7170	7170
R^2	0.171	0.582	0.096

（三）信息反馈机制

参照 Hutton 等（2009）与钟覃琳和陆正飞（2018）的研究，本章选择股价非同步性（*PI*）作为衡量个股信息含量的指标，*PI* 的数值越高，股价同步性越低，个股信息含量就越多。具体构建步骤如下：

首先，根据式（12-9）的回归模型估计出可决系数 R^2。其中，$r_{i,t}$和$r_{m,t}$分别为股票 i 的日收益率和市场的日收益率。可决系数 R^2 表示个股收益率变动被市场解释的部分，而未被解释的部分（$1-R^2$）则代表了个股的特质信息。

$$r_{i,t} = \alpha_i + \beta_i \times r_{m,t} + \varepsilon_{i,t} \qquad 式（12-9）$$

其次，根据式（12-10）构建股价非同步性指标（PI_i）。

$$PI_i = \log\left(\frac{1-R_i^2}{R_i^2}\right) \qquad 式（12-10）$$

控制变量包括公司特征变量和股利支付率（$Divipay_{i,t}$）、市账比（$MB_{i,t}$）、股票换手率（$Turnover_{i,t}$）等影响个股特质信息的变量。模型见式（12-11）：

$$PI_{i,t} = \alpha + \beta_1 Treat_i + \beta_2 Post_{i,t} + \beta_3 Treat_i \times Post_{i,t} + \sum \beta_i Control_{i,t} + \varepsilon_{i,t} \qquad 式（12-11）$$

实证结果如表 12-14 所示，列（2）中交互项 *Treat* × *Post* 的系数为

0.200，在1%的水平上显著为正，说明沪股通标的公司在沪港通开通后显著提高了股价非同步性，降低了股价同步性，从而增加了股价中的特质信息含量。因此，沪港通使更多公司层面的信息反映在股价波动中，增加了股价特质信息，有利于其更好地发挥信息传递和信息反馈功能；列（3）中，$PI_{i,t}$的系数显著为正，说明公司股价信息含量越高，创新水平越高。实证结果表明，沪深港通可以通过提升标的公司股价信息含量，从而促进企业创新。

表12-14　　基于公司股价信息含量的影响机制检验结果

变量	(1)	(2)	(3)
	$Apply_{i,t+1}$	$PI_{i,t}$	$Apply_{i,t+1}$
Treat	11.443***	-0.017	11.462***
	(4.250)	(-1.012)	(6.909)
Post	27.204***	-0.400***	10.176***
	(5.209)	(-10.825)	(7.771)
Treat × Post	36.854***	0.200***	6.599*
	(4.592)	(6.498)	(1.861)
$PI_{i,t}$			2.841***
			(4.385)
Constant	-25.054***	0.429**	-7.711
	(-6.649)	(2.224)	(-1.593)
Control	Yes	Yes	Yes
Industry	Yes	Yes	Yes
Year	Yes	Yes	Yes
N	7269	7021	7021
R^2	0.171	0.556	0.047

（四）融资约束机制

本章采用现金-现金流敏感性模型检验沪港通与企业融资约束的关系。具体而言，本章将企业现金流指标（$CF_{i,t}$）和沪港通相关变量（*Treat*和*Post*）相乘构造交互项（$CP_{i,t}$、$CT_{i,t}$、$CPT_{i,t}$），并将其与企业现金持有量变动进行回归。本章选取现金及现金等价物变化量与期初总资产的比值（$\Delta Cash_{i,t}$）作为衡量企业现金持有变化量的指标（Almeida et al.，2004）。同时，除了选取公司规模（*Size*）、公司年龄（*Age*）、资产负债率（*Lev*）、盈利能力（*Roa*）、成长能力（*Growth*）、产权性质（*Nature*）这些公司特征变量作为控制变量，本章还选取了董事会人数（*Noboard*）和公司第一大股东持股比例（*Shrcr*1）作为影响企业融资约束的控制变量。模型见式（12－12）：

$$\Delta Cash_{i,t} = \alpha + \beta_1 Treat_i + \beta_2 Post_{i,t} + \beta_3 Treat_i \times Post_{i,t} + \beta_4 CT_{i,t} + \beta_5 CP_{i,t} + \beta_6 CPT_{i,t} + \beta_7 CF_{i,t} + \sum \beta_i Control_{i,t} + \varepsilon_{i,t} \quad \text{式（12－12）}$$

实证结果如表 12－15 所示，列（2）中，$CPT_{i,t}$的系数为－0.255，在 5%的水平上显著。这说明沪港通开通后，沪股通标的企业的现金－现金流敏感性显著下降，企业外部融资约束得到缓解。因此，沪港通开通可能通过引进更多境外资金（Moshirian et al.，2021）和降低融资成本（庞家任等，2020；Errunza and Miller，2000）缓解企业融资约束，从而增加企业创新投入，提高企业创新水平。

表 12－15　　基于公司融资约束的影响机制检验结果

变量	(1)	(2)	(3)
	$Apply_{i,t+1}$	$\Delta Cash_{i,t}$	$Apply_{i,t+1}$
Treat	11.443***	0.000	9.981***
	(4.250)	(－0.064)	(6.486)
Post	27.204***	0.020***	23.935***
	(5.209)	－2.952	(10.113)
Treat × Post	36.854***	0.009	5.645*
	(4.592)	－1.126	(1.665)
$CT_{i,t}$		－0.021	
		(－0.403)	
$CP_{i,t}$		0.123*	
		－1.686	
$CPT_{i,t}$		－0.255**	
		(－2.386)	
$CF_{i,t}$		0.194***	0.014***
		(5.231)	(3.592)
Constant	－25.054***	－0.041	－17.307***
	(－6.649)	(－1.486)	(－3.367)
Control	Yes	Yes	Yes
Industry	Yes	Yes	Yes
Year	Yes	Yes	Yes
N	7269	7226	7226
R^2	0.171	0.213	0.118

第五节　结论

沪港通政策深化了两地金融合作交流，扩大了两地投资者的投资渠道，对推动中国资本市场加速融入国际市场，增强其综合竞争力意义重大。中国经济已步入转型期，如何提高中国企业创新水平，以发挥其推动经济提质增速的作用已成为重要的理论和现实问题。本章基于沪港通政策的视角，选取2007—2017年沪市A股上市公司作为样本，运用双重差分模型检验了资本市场对外开放对企业创新数量和质量的影响。研究发现，沪港通开通后，沪股通标的公司的创新数量明显增加，创新质量明显提高。具体而言，沪港通开通后，沪股通标的公司的专利申请数显著增加，而增加的专利申请主要来自发明专利申请和实用新型专利申请，外观设计专利申请则无显著变化，这说明资本市场对外开放确实能有效促进企业创新。并且，沪股通标的企业的专利引用量也在沪港通开通后明显增长。进一步，上述效应主要在民营企业和成立年限较短的企业中较为显著。本章通过影响机制检验发现，沪港通主要通过提高公司治理水平缓解委托代理问题、提高企业风险承担意愿、增加股价特质信息发挥创新信号传递作用和反馈作用，以及缓解企业融资约束的机制促进企业创新。

第十三章 资本市场开放与企业价值

第一节 引言

“十四五”规划中明确指出：“坚持把发展经济着力点放在实体经济上，加快推进制造强国、质量强国建设，促进先进制造业和现代服务业深度融合，强化基础设施支撑引领作用，构建实体经济、科技创新、现代金融、人力资源协同发展的现代产业体系。”由此可见，实体经济的发展已成为当前中国经济发展的主要着力点。企业价值的提升是实体经济实现高质量发展的微观体现，也是企业开展一系列经营活动的终极目标。前文的研究结论显示，沪深港通制度的实施缓解了企业发展中面临的融资约束问题，并且促进了企业创新数量和质量的提升。也就是说，实体企业发展中所面临的融资和投资问题都在沪深港通的制度背景下得到了显著改善。既然实体企业发展的最终目标是价值提升，那么，沪深港通制度的实施会如何影响企业价值？其作用机制有哪些？这是本章将要探究的核心问题。

现有研究表明，外部政策环境是影响企业价值的重要因素。例如，良好的法制环境能够对企业的盈利能力产生积极效应，促进企业价值增长（Lombardo et al.，2000）；较快的市场化进程和较少的政府干预均有助于提升该地区企业价值（夏立军和方轶强，2005）；金融发展能降低企业的融资约束（Rajan and Zingales，1998），从而提升企业价值（李科和徐龙炳，2011）。近年来，随着中国资本市场对外开放程度不断深化，境外投资者加速涌入 A 股市场，强化了对企业的外部监督作用（孙志红等，2021），提升了企业股价信息含量（钟覃琳和陆正飞，2018），也可能会对企业价值产生影响。

为此，本章选取 2008—2020 年上海证券交易所的上市公司以及 2012—2020 年深圳证券交易所的上市公司相关数据，利用沪深港通制度的实施作为准自然实验，并以企业是否为沪深港通标的为依据划分处理组与控制组，构建多时点双重差分模型，检验资本市场开放对企业价值的影响。实证结果表明，沪深港通制度的实施对企业价值产生了显著正向影响，并且当企业的前十大股东中包含香港投资者、香港投资者对企业持股比例越高时，企业价值的提升程度越大。此外，沪深港通与企业价值的正相关关系在规模较小、融资成本较高、机构持股比例较低的企业更加显著。进一步，沪深港通提升企业价值的路径在于：沪深港通提升了企业的股价信息含量，激励企业加大创新投入，优化公司治理结构，从而提升了企业价值。

本章主要的研究贡献在于：第一，深入探讨了沪深港通对企业价值影响的传导机制。选取股价信息含量、企业研发投入和股权制衡度作为中介影响因素，研究了股价信息含量、企业研发投入和股权制衡度的作用路径，拓宽了资本市场开放影响企业价值的研究思路。第二，从微观角度丰富了资本市场开放能够有效促进经济增长的实证依据。现有研究对于一国金融市场的开放能否促进其经济增长存在分歧。本章采用中国最新的对外开放制度变化，证明资本市场开放能有效提高企业价值，从而为相关研究提供了新的经验证据。第三，方法上选取沪深港通制度的实施作为准自然实验，采用多时点双重差分模型，基于最新数据实证检验了资本市场开放对企业价值的提升效应。

第二节　理论分析与假设提出

首先，沪深港通制度的实施能够促使股票价格中的信息含量提高，从而有利于管理层制定正确决策并减少股票错误定价现象，可能有利于提升企业价值。根据“股价信息反馈效应”，沪深港通制度的实施将更多的企业基本面信息纳入股价当中，使股票价格向利益相关者传递信号的作用更显著。当股价中的信息含量较高时，管理层不仅会依据企业内部信息来制定投资决策，还会依据股价中的有用信息修改决策，提高决策准确性，进而提升企业价值（Bond，2012）。沪深港通制度的实施还使得境外投资者能够发挥其信息优势，将其获取的信息反馈到资本市场，通过买入价值被低估的股票、卖出价值被高估的股票，减少股票错误定价现象，进而提高企业价值（钟覃琳和陆正飞，2018）。

其次，沪深港通制度的实施能够优化公司治理结构，随着外资的加入，可能使企业价值得到提升。在企业外部层面，根据约束假说，资本市场开放通过引进更多的境外投资者，加强对上市公司的外部监督作用，能够提高上市公司的治理质量（马亚明等，2021）。资本市场开放也引进更多的审计师、分析师等第三方机构对上市公司进行后续跟踪（Bae et al.，2006），从而约束了企业管理层的决策行为，促使决策者作出有利于提升企业价值的决策。同时，在企业内部层面，沪深港通制度的实施也具有"治理效应"（Mitton，2006）。外资的涌入能够增加企业不同治理主体的权益，促使企业管理层致力于创造更多的企业价值：一方面，通过股东对管理层的监督，保障管理层的决策能够使企业价值最大化；另一方面，将管理者的个人利益与企业价值相捆绑，使管理层利益与股东利益相一致，促使企业价值得到提升。

最后，资本市场开放能够促进企业研发增长，研发创造的新产品有利于企业抢占更大市场，进而可能实现企业价值的增长。沪深港通的实施作为资本市场开放的政策之一，有利于资本在国际间的自由流动，进而实现境外投资者在本国市场进行投资以及本国投资者在境外市场进行资源配置（Bekaert et al.，2005）。投资增加和资源配置进一步优化，能够促进企业研发增长（马妍妍等，2019）。企业的研发增长伴随着研发投入金额的增长和 R&D 活动的开展，能够促进企业价值提升（杨中环，2013）。根据企业资源基础理论，企业控制的异质性资源决定企业的异质性，是企业能够在竞争中持续占据优势地位的主要原因。由于企业研发创造出的资产具有异质性资源的特征，故企业研发增长能够提升企业的竞争优势，从而有利于企业抢占更多市场，获得更大利润并提升自身价值。

基于以上分析，提出本章的研究假设：

沪深港通制度的实施能提升标的企业的价值。

第三节　研究设计

一、数据来源与处理

本章选取中国 2008—2020 年沪市 A 股上市公司和 2012—2020 年深市 A 股上市公司为初始样本①，并对样本数据进行如下处理：剔除 ST 股票的

① 沪港通机制是 2014 年实施的，深港通机制是 2016 年实施的，为保证样本在政策实施前后的对称性，沪市 A 股样本起始时间是 2008 年；深市 A 股样本起始时间是 2012 年。此外，在稳健性检验中，本研究统一时间起点为 2008 年，研究结论不变。

值；剔除金融行业的值；删除缺失值；参考陈运森和黄健峤（2019）剔除2014年11月17日以后移除或移进沪港通的沪市股票数据和2016年12月5日以后移除或移进深港通的深市股票数据；对所有连续变量进行1%和99%的缩尾处理，排除异常值的影响。最终，得到共计12594个有效观测值。

本章与上市公司相关的数据来源于CSMAR和Wind数据库；沪深港通标的股票的数据来源于香港联合交易所官网。

二、变量定义与度量

（一）因变量：企业价值（Q）

参考Domsetz等（1985）、张叶青等（2021），本章的企业价值选取*Tobin's Q*，*Tobin's Q*等于企业市场价值与总资产的比值，即（股权市场价值+债务市场价值）/总资产。

（二）自变量：*Treat*和*Post*

*Treat*为“沪深港通”虚拟变量，当股票为沪深港通标的股票时，取值为1，否则，取值为0。*Post*为“沪深港通”实施时点的虚拟变量，当企业为沪市A股上市公司且年份大于2014时，取值为1，否则，取值为0；当企业为深市A股上市公司且年份大于2016时，取值为1，否则，取值为0。*Treat*×*Post*表示自变量*Treat*与*Post*的交互项。

（三）控制变量

借鉴Morck等（1988）、徐玉德等（2022），选取的控制变量有企业规模（*Size*）、资产负债率（*Lev*）、流动比率（*Ratio*）、前十大股东持股比例（*CRIO*）、产权性质（*Soe*）、总资产周转率（*Operation*）、独立董事比例（*Indep*）、净资产收益率（*Roe*）。

三、实证模型

为对本章假设进行检验，构建基准多时点双重差分模型，见式（13-1）：

$$Q_{i,t} = n_0 + n_1 Treat_{i,t} + n_2 Post_{i,t} + n_3 Treat_{i,t} \times Post_{i,t} + n_4 \sum Controls_{i,t} + \sum Industry + \sum Year + \varepsilon_{i,t} \qquad \text{式（13-1）}$$

式（13-1）用于考察资本市场对外开放对企业价值的影响。企业价值（*Tobin's Q*）为本章的被解释变量，*Treat*×*Post*为本章的核心解释变量，如果*Treat*×*Post*的系数为正且显著，则说明资本市场开放会增加企业价值；反之，则说明资本市场开放会降低企业价值。

此外，由于标的企业的香港投资者持股①情况能直接反映企业受到沪深港通制度实施的影响。因此，本章在基准多时点双重差分模型的基础上，构建相关模型以进一步探究香港投资者持股情况是否影响沪深港通制度实施与企业价值之间的关系以及增长的影响是否显著，具有更加重要的意义。为了对此进行检验，本章在基准多时点双重差分模型的基础上引入香港投资者是否为企业前十大股东哑变量 *FS*、香港投资者对企业持股比例 *FSRatio* 以及它们与 DID 估计量的交互项 $Treat \times Post \times FS$、$Treat \times Post \times FSRatio$，并将基准模型分别扩展为式（13－2）和式（13－3）。

$$Q_{i,t} = n_0 + n_1 Treat_{i,t} + n_2 Post_{i,t} + n_3 Treat_{i,t} \times Post_{i,t} + n_4 Treat_{i,t} \times Post_{i,t} \times FS_{i,t} + n_5 \sum Controls_{i,t} + \sum Industry + \sum Year + \varepsilon_{i,t} \quad 式（13-2）$$

$$Q_{i,t} = n_0 + n_1 Treat_{i,t} + n_2 Post_{i,t} + n_3 Treat_{i,t} \times Post_{i,t} + n_4 Treat_{i,t} \times Post_{i,t} \times FSRatio_{i,t} + n_5 \sum Controls_{i,t} + \sum Industry + \sum Year + \varepsilon_{i,t} \quad 式（13-3）$$

其中，式（13－2）用于考察上市公司前十大股东中是否包含香港投资者对沪深港通与企业价值之间关系的影响，*FS* 是指香港投资者是否为企业前十大股东哑变量。式（13－3）用于考察上市公司股本结构中香港投资者对企业持股比例对沪深港通与企业价值之间关系的影响，*FSRatio* 是指香港投资者对企业持股比例。$Treat \times Post \times FS$、$Treat \times Post \times FSRatio$ 是本章的衍生解释变量。如果 $Treat \times Post \times FS$ 的系数为正且显著，则说明企业前十大股东中包含香港投资者时，沪深港通制度的实施能更大程度地提升企业价值。如果 $Treat \times Post \times FSRatio$ 的系数为正且显著，则说明香港投资者对企业的持股比例越大，该企业在沪深港通制度实施后的价值增加更多。

本章涉及的主要变量及其定义如表 13－1 所示：

表 13－1　主要变量及其定义

符号	变量名称与定义
Q	企业价值，（股权市场价值＋债务账面价值）／总资产
Post	哑变量，当股票为沪市 A 股且年份大于 2014 时，则取值为 1，否则，取值为 0；当股票为深市 A 股且年份大于 2016 时，则取值为 1，否则，取值为 0

① 本章特指通过沪深港通渠道进入的投资者。

续表

符号	变量名称与定义
Treat	哑变量，股票为沪深港通标的股票时，则取值为1，否则，取值为0
FS	哑变量，前十大股东中含香港投资者时，则取值为1，否则，取值为0
FSRatio	香港投资者对企业持股比例
Treat × *Post*	*Treat* 与 *Post* 的交互项
Treat × *Post* × *FS*	*Treat* 与 *Post* 与 *FS* 的交互项
Treat × *Post* × *FSRatio*	*Treat* 与 *Post* 与 *FSRatio* 的交互项
Size	企业规模，年末企业总资产的自然对数
Lev	资产负债率，总负债/总资产
Ratio	偿债能力，流动比率
CRIO	股权集中度，前十大股东持股比例
Soe	产权性质，若为国有企业，取值为1；否则为0
Operation	营运能力，总资产周转率
Indep	独立董事比例，独立董事人数/董事人数
Roe	盈利能力，用净资产收益率表示，企业净利润与净资产之比
Year	年度虚拟变量
Industry	行业虚拟变量

第四节　实证结果与分析

一、描述性统计

表13－2为主要变量的描述性统计结果。*Q* 的最大值和最小值分别为10.150和0.842，均值为2.393，标准差为1.662，说明不同样本企业的价值存在较大差异。沪深港通标的股票虚拟变量 *Treat* 的均值为0.448，说明沪深港通标的企业在全样本企业中所占的比例为44.8%。*Post* 的均值0.536，说明约有53.6%企业样本处于实验期内。*Ratio* 的均值为2.314，中位数为1.627，说明企业流动比率总体右偏，短期偿债能力较好。

表13－2　主要变量描述性统计

变量名称	样本量	均值	中位数	标准差	最大值	最小值
Q	12594	2.393	1.863	1.662	10.150	0.842
Treat	12594	0.448	0.000	0.497	1.000	0.000

续表

变量名称	样本量	均值	中位数	标准差	最大值	最小值
Post	12594	0.536	1.000	0.499	1.000	0.000
FS	12594	0.121	0.000	0.326	1.000	0.000
FSRatio	1618	2.518	1.430	3.092	27.510	0.009
Size	12594	22.310	22.030	1.446	26.330	19.980
Lev	12594	0.428	0.420	0.201	0.863	0.059
Ratio	12594	2.314	1.627	2.200	14.170	0.311
CRIO	12594	0.589	0.600	0.150	0.906	0.239
Soe	12594	0.403	0.000	0.490	1.000	0.000
Operation	12594	0.677	0.571	0.452	2.544	0.093
Indep	12594	0.376	0.364	0.054	0.571	0.333
Roe	12594	0.087	0.075	0.063	0.321	0.002

二、基准回归

表13－3列（1）报告了式（13－1）的回归结果。$Treat \times Post$ 的系数为0.373，在1%的水平上显著，说明沪深港通标的企业在沪深港通实施后，企业价值得到了显著的提升。由此可以证实本章假设，即沪深港通的实施可以提高企业价值。进一步，表13－3列（2）为式（13－2）的回归结果，是在式（13－1）的基础上引入香港投资者是否为企业前十大股东这一哑变量来考察香港投资者持股对沪深港通与企业价值之间关系的影响。其中，表13－3列（2）的三重交互项 $Treat \times Post \times FS$ 的系数为0.510，在1%的水平上显著，说明当企业前十大股东中含香港投资者时，沪深港通的实施对企业价值提升程度更高。表13－3列（3）为式（13－3）的回归结果，是在式（13－1）的基础上引入企业中香港投资者持股比例来考察香港投资者持股对沪深港通与企业价值之间关系的影响。表13－3列（3）显示三重交互项 $Treat \times Post \times FSRatio$ 的系数为0.532，在1%的水平上显著，说明样本区间内企业的香港投资者持股比例越高，则标的企业的价值在沪港通实施以后提升程度越高。综上所述，沪深港通实施后，企业价值显著提高，并且当企业前十大股东中包含香港投资者、香港投资者所持股份比例越高，企业的价值提升效应越明显。

表 13－3　　　　　　　　　　基准回归结果

变量	Q	Q	Q
	(1)	(2)	(3)
Treat	0.354***	0.376***	0.377***
	(5.607)	(5.964)	(5.990)
Post	−0.664***	−0.579***	−0.576***
	(−7.284)	(−6.289)	(−6.272)
Treat×*Post*	0.373***	0.077	0.045
	(6.844)	(1.419)	(0.839)
Treat×*Post*×*FS*		0.510***	
		(8.883)	
Treat×*Post*×*FSRatio*			0.532***
			(9.528)
Size	−0.641***	−0.651***	−0.652***
	(−18.780)	(−19.017)	(−19.038)
Lev	−0.021	0.025	0.032
	(−0.120)	(0.142)	(0.181)
Ratio	0.085***	0.086***	0.086***
	(6.000)	(6.077)	(6.087)
CRIO	0.876***	0.890***	0.889***
	(5.800)	(5.895)	(5.891)
Soe	0.001	−0.008	−0.009
	(0.018)	(−0.171)	(−0.200)
Operation	−0.122**	−0.128**	−0.128**
	(−2.080)	(−2.195)	(−2.197)
Indep	1.884***	1.861***	1.862***
	(5.213)	(5.173)	(5.185)
Roe	7.268***	7.109***	7.113***
	(16.813)	(16.695)	(16.728)
Constant	13.762***	13.973***	13.982***
	(20.854)	(21.035)	(21.072)
Industry	Yes	Yes	Yes
Year	Yes	Yes	Yes
N	12594	12594	12594
R^2	0.504	0.508	0.508

注：*、**、*** 分别表示在 10%、5% 和 1% 的统计水平上显著，括号内为 t 值，本章下同。

三、稳健性检验

（一）固定效应模型

由于不同企业的特质不同，本章采取固定效应模型，消除不随时间变化的特质差异对回归结果的影响，从而检验沪深港通对企业价值的影响。表 13－4 的回归结果显示，核心变量 *Treat* × *Post* 的系数仍在 1% 的水平上显著为正，说明在控制个体效应后，沪深港通开通提升了标的公司的价值。

表 13－4　　固定效应模型

变量	*Q*	*Q*	*Q*
	(1)	(2)	(3)
Post	－0.794***	－0.723***	－0.719***
	(－15.672)	(－14.121)	(－14.067)
Treat × *Post*	0.405***	0.166***	0.144***
	(10.915)	(3.803)	(3.241)
Treat × *Post* × *FS*		0.783***	
		(4.966)	
Treat × *Post* × *FSRatio*			0.483***
			(11.684)
	(26.089)	(26.084)	(26.043)
Constant	16.242***	17.562***	17.778***
	(21.357)	(30.521)	(30.917)
Control	Yes	Yes	Yes
Firm	Yes	Yes	Yes
Year	Yes	Yes	Yes
N	12594	12594	12594
R^2	0.400	0.397	0.398

（二）平行趋势检验

采用双重差分模型的前提是处理组和控制组在政策实施前具有共同的变化趋势。本章借鉴黄小勇和查育新（2022）的做法，通过绘制平行趋势图进行检验。图 13－1 报告了沪深两市受政策影响的处理组和未受影响的控制组的公司价值变化趋势。图 13－1 显示，在沪深港通启动之前（0 时点之前），处理组和控制组的公司价值变化趋势基本一致，但是沪深港通启动后（0 时点之后），处理组和控制组的公司价值的差距逐步扩大。因此，双重差分的平行趋势基本通过了检验。

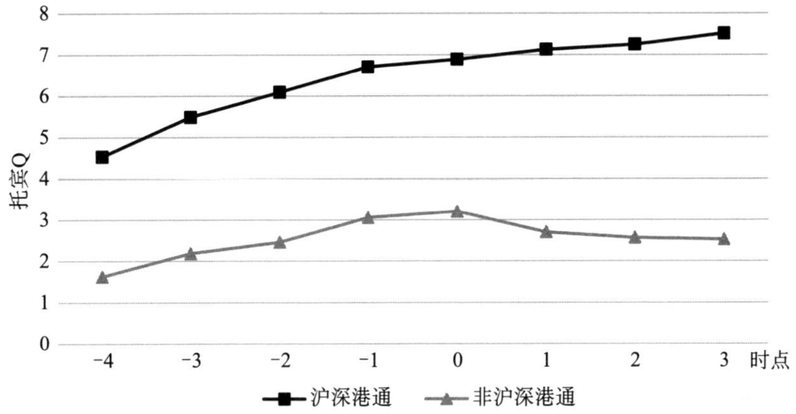

图 13－1　平行趋势检验

（三）安慰剂检验

若沪深港通标的企业价值的提升是由沪深港通制度实施引起的，当研究中沪深港通的实施时间被人为修改时，将无法体现该政策原有的企业价值提升效应。因此，在进行稳健性检验时，采用了安慰剂检验。假设沪深港通制度实施的时间为实际实施时间的前两年并重新对模型进行回归，即假设沪港通实施时间是 2012 年，深港通实施时间是 2014 年，并重新对式（13－1）进行估计，结果如表 13－5 所示。其中，表 13－5 列（1）*Treat*×*Post* 的回归系数为负且不显著，表 13－5 列（2）*Treat*×*Post* 的回归系数为负数，这充分表明沪深港通标的企业价值提升是由沪深港通制度的实施而导致的。

表 13－5　　安慰剂检验

变量	Q	
	(1)	(2)
Treat	0.554***	
	(8.864)	
Post	0.078	0.097*
	(1.250)	(1.830)
Treat×*Post*	-0.034	-0.090**
	(-0.594)	(-2.237)
Constant	13.395***	14.014***
	(20.362)	(18.080)

续表

变量	Q	
	(1)	(2)
Control	Yes	Yes
Industry	Yes	Yes
Year	Yes	Yes
N	12594	12594
R^2	0. 498	0. 385

（四）替换被解释变量

本章选择市值 *MV* 作为企业价值的替代变量，检验回归结果的稳健性。市值 *MV* 由式（13－4）计算得到：

MV＝(总股本－境内上市的 B 股）×公司年末 A 股股票收盘价

＋境内上市的 B 股×公司年末 B 股股票收盘价

＋负债合计本期期末值式　　式（13－4）

结果如表 13－6 所示。表 13－6 的列（1）和列（2）中交互项 *Treat* ×*Post* 的回归系数分别为 0. 127 和 0. 219，且均于 1% 的水平上显著，再次验证了主检验的稳健性，结论未发生改变。

表 13－6　核心变量替换

变量	MV	
	(1)	(2)
Treat	0. 246 ***	
	(10. 708)	
Post	0. 244 ***	0. 216 ***
	(12. 344)	(12. 382)
Treat × *Post*	0. 215 ***	0. 219 ***
	(11. 419)	(16. 876)
Constant	7. 088 ***	6. 170 ***
	(26. 952)	(23. 627)
Control	Yes	Yes
Industry	Yes	Yes
Year	Yes	Yes
N	7123	7123
R^2	0. 927	0. 797

（五）改变样本区间

将沪市的样本区间分别改为2009—2020年和2009—2019年；将深市的样本区间分别改为2013—2020年和2013—2019年，在新的样本区间内对数据进行回归，回归结果见表13－7。表13－7第（1）列至第（4）列中交乘项 *Treat* × *Post* 的回归系数均在1%的水平上显著为正，支持了前文研究结论。

表13－7　　改变样本区间

变量	深市A股样本区间为2013—2020年，沪市A股样本区间为2009—2020年		深市A股样本区间为2013—2019年，沪市A股样本区间为2009—2019年	
	Q			
	（1）	（2）	（3）	（4）
Treat	0.352***		0.432***	
	（4.971）		（6.053）	
Post	－0.665***	－0.760***	－0.611***	－0.755***
	（－7.318）	（－14.945）	（－6.753）	（－14.952）
Treat × *Post*	0.449***	0.467***	0.352***	0.382***
	（7.805）	（12.295）	（6.449）	（9.859）
Constant	15.353***	19.138***	16.054***	21.959***
	（21.749）	（23.332）	（22.103）	（24.466）
Control	Yes	Yes	Yes	Yes
Industry	Yes	Yes	Yes	Yes
Year	Yes	Yes	Yes	Yes
N	11625	11625	9954	9954
R^2	0.512	0.416	0.548	0.466

（六）PSM－DID

依照多时点双重差分思想，使用倾向得分匹配方法，在 *Treat* =0的样本中选取与 *Treat* =1配对的样本，对配对后的样本分别进行OLS回归和固定效应回归，结果如表13－8所示。可以发现，表13－8列（1）和列（2）中交乘项 *Treat* × *Post* 的回归系数分别在5%水平上和1%水平上显著为正，支持了前文结论。

表 13-8 PSM-DID 检验

变量	Q	
	(1)	(2)
Treat	0.431***	
	(6.158)	
Post	-0.629***	-0.701***
	(-5.616)	(-8.614)
Treat × *Post*	0.150**	0.166***
	(2.015)	(2.733)
Constant	13.499***	15.440***
	(14.868)	(16.529)
Control	Yes	Yes
Industry	Yes	No
Year	Yes	Yes
N	5177	5177
R^2	0.537	0.427

四、异质性检验

（一）企业规模的异质性

小规模企业因其体量小、变动基数小的特征，在面对外部环境冲击时敏感度更高，对外部因素变动的反应程度更大。因此，本章推断，在沪深港通制度实施的冲击下，相比于大规模企业，小规模企业价值的提升效果更显著。本章以企业规模（*Size*）为分组依据，即取企业年末总资产的自然对数，将样本划分为大规模企业与小规模企业两组，并分别对其回归。回归结果列示于表 13-9 第（1）列至第（2）列，其中，*Treat* × *Post* 的回归系数均在 1% 的水平上显著为正，说明资本市场开放对大、小规模企业的价值都有提升效果。下面主要看 *Treat* × *Post* 系数值的大小，系数值越大，企业价值提升效果越好。表 13-9 列（1）回归结果显示，小规模企业样本 *Treat* × *Post* 的回归系数值为 0.910，表 13-9 列（2）回归结果显示，大规模企业样本 *Treat* × *Post* 的回归系数值为 0.160。又通过自体抽样（Bootstrap），共重复抽样 1000 次，得到经验 p 值为 0.000，在 1% 水平上显著，证实表 13-9 列（1）和列（2）两组回归中 *Treat* × *Post* 系数差异在统计上是显著的。据此可知，相较于大规模企业来说，资本市场开放所带来的企业价值提升效应能更显著地作用于小规模企业。

（二）融资成本的异质性

在初始环境中，部分企业由于融资成本较高，在融资过程中阻碍较大。然而，随着沪深港通制度的实施，金融自由化程度进一步提高，资本更加频繁的流动于中国国内和海外的金融市场，进而使企业融资成本有所降低。此时，相比于融资成本低的企业，融资成本高的企业由于所处融资环境得到的改善幅度较大，融资约束降低的程度较大，其企业价值的提升效果也就更明显。参考齐保垒等（2021），本章选取企业融资成本（*Finance*）为分组依据，将样本划分为高融资成本企业与低融资成本企业两组。融资成本（*Finance*）通过式（13－5）计算得出：

$$Finance = \frac{Asset_{i,t} - Asset_{i,t-1}}{Asset_{i,t-1}} - \frac{Roe}{1 - Roe_{i,t}} \qquad 式（13－5）$$

其中 *Asset* 为企业资产总额，*Roe* 为企业净资产收益率。

回归结果列示于表 13－9 列（3）至列（4）。在高融资成本企业样本和低融资成本企业样本中，*Treat*×*Post* 的回归系数均在 1% 的水平上显著为正，说明资本市场开放对高融资成本、低融资成本企业的企业价值都有提升效果。下面主要看 *Treat*×*Post* 系数值的大小，系数值越大，企业价值提升效果越好。表 13－9 列（3）显示，高融资成本企业样本中 *Treat*×*Post* 的回归系数值为 0.680，表 13－9 列（4）显示，低融资成本企业样本中 *Treat*×*Post* 的回归系数值为 0.356。对此，通过自体抽样（Bootstrap），重复抽样共计 1000 次，所得经验 p 值为 0.022，在 5% 水平上显著，充分证实了表 13－9 列（3）和列（4）两组回归中 *Treat*×*Post* 的系数差异是显著的。据此，本章认为资本市场开放更能提升高融资成本企业的价值。

（三）机构持股比例的异质性

沪深港通制度的实施引入了更多的境外投资者，其中，机构投资者占大多数，且在投资方面往往更加专业化，有助于开放国资本市场降低金融风险，维持金融稳定。因此，资本市场的开放有利于开放国金融市场的发展。随着各上市公司的股本结构中机构投资者所持股份占总股本比例的增加，原本机构持股比例较低的企业，由于其治理水平低下，在面对机构投资者的专业化管理时对企业治理水平的改善作用更明显，因此企业价值的提升效果也更明显。本章以企业的机构持股比例（*Proportion*）为依据，将样本划分为机构持股比例较高的企业与机构持股比例较低的企业，并将回归结果列示于表 13－9。结果显示，在表 13－9 列（5）和列（6）两组企业样本中，*Treat*×*Post* 的回归系数均在 1% 的水平上显著为正，说明对于机构持股比例高和机构持股比例低的企业来说，沪深港通制度的实施对于企业的价值提升都有效果。下面主要看 *Treat* × *Post* 系数值的大小，系数值越大，企业价值提升效果越好。表 13 –9 列（5）显示，机构持股比例低的企业样本中 *Treat* × *Post* 的回归系数值为 0. 612，表 13 –9 列（6）显示，机构持股比例高的企业样本中 *Treat* × *Post* 的回归系数值为 0. 281。又通过自体抽样（Bootstrap），共重复抽样 1000 次，得到经验 *p* 值为 0. 016，在5%水平上显著，表明表 13 –9 中列（5）和列（6）两组回归中 *Treat* × *Post* 系数差异是显著的。基于以上分析可知，资本市场开放更能促进机构持股比例低的企业的价值提升。

表 13 –9　　异质性检验：企业规模、融资成本、机构持股比例的异质性

变量	Q					
	(1)	(2)	(3)	(4)	(5)	(6)
	规模小	规模大	高融资成本	低融资成本	机构持股比例低	机构持股比例高
Treat × *Post*	0. 910***	0. 160***	0. 680***	0. 356***	0. 612***	0. 281***
	(5. 265)	(4. 462)	(12. 896)	(6. 532)	(9. 593)	(6. 414)
Constant	28. 049***	5. 934***	15. 972***	11. 781***	13. 185***	10. 906***
	(31. 115)	(14. 587)	(31. 996)	(25. 304)	(26. 019)	(21. 438)
Control	Yes	Yes	Yes	Yes	Yes	Yes
Industry	Yes	Yes	Yes	Yes	Yes	Yes
Year	Yes	Yes	Yes	Yes	Yes	Yes
N	6297	6297	6144	6144	5759	5759
R^2	0. 553	0. 508	0. 497	0. 517	0. 499	0. 521
系数差异检验	0. 583***		0. 221**		0. 219**	
经验 *p* 值	0. 000		0. 022		0. 016	

注：“经验 *p* 值”用于检验组间调整系数差异的显著性，共重复抽样 1000 次。

五、影响机制检验

前文分析结果表明，沪深港通制度的实施具有明显的企业价值提升效应。但沪深港通制度究竟是如何提升企业价值的？为了回答这个问题，本章将进一步探究沪深港通制度对企业价值的影响路径。基于已有研究，投资者的决策会受到股价中蕴含的企业特定信息和市场信息的影响，进而波及企业价值的评估状况；同时，企业研发投入作为衡量企业创新能力的指标之一，通过体现企业创新研发能力的高低而与企业价值密切相关；企业的股权制衡度反映了企业的治理结构状况，公司治理结构的合理与否又影响着企业价值。因此，本章采用三步法检验沪深港通制度的实施对股价信息含量、研发投入和股权制衡的影响。

（一）以股价信息含量作为中介变量

下面检验沪深港通的实施能否通过增加股价信息含量从而提升企业价值。据钟覃琳和陆正飞（2018）的研究结论，沪深港通制度的实施能够提高股票价格中的企业基本面信息含量。并且，沪深港通制度实施后，境外投资者能发挥其信息优势，通过市场交易行为将信息迅速反馈至股价中，增加股价中的特质信息含量。因此，本章推断，沪深港通制度通过使股票价格的信息含量有所提升，进而提高企业价值。本章引入中介变量股价信息含量（*PI*）进行逐步回归。参考阮睿等（2021），杜建华和朱雨婷（2022），*PI* 的计算见式（13－6）：

$$r_{i,t} = \beta_0 + \beta_1 r_{m,t} + \varepsilon_{i,t} \qquad \text{式（13－6）}$$

其中，$r_{i,t}$表示企业股票价格周收益率，$r_{m,t}$表示市场周收益率。计算上述回归方程的拟合优度 R^2，并以其作为企业股价变动能够被市场整体收益率变动所解释的部分，其余部分（$1-R^2$）则用以表示企业的特质风险所决定的股价波动。将二者的比例取对数，所得即为股价信息含量的度量指标，见式（13－7）：

$$PI_i = \log\left(\frac{1-R_i^2}{R_i^2}\right) \qquad \text{式（13－7）}$$

回归结果列示于表 13－10 第（1）列至第（3）列。由表 13－10 列（1）可见，第一步回归中 *Treat*×*Post* 的回归系数 0.381 在 1% 的水平上显著，由表 13－10 列（2）可见，第二步回归中 *PI* 的回归系数 0.258 在 1% 的水平上显著，由表 13－10 列（3）可见，第三步回归中 *Treat*×*Post* 的回归系数 0.355 和 *PI* 的回归系数 0.120 均在 1% 的水平上显著，说明沪深港通制度的实施有利于提升股价信息含量，并进一步提高企业价值。

表 13－10　　影响机制检验 1：以股价信息含量作为中介变量

变量	*Q*	*PI*	*Q*
	（1）	（2）	（3）
Treat×*Post*	0.381***	0.258***	0.355***
	（7.961）	（8.758）	（7.541）
PI			0.120***
			（8.385）

续表

变量	*Q*	*PI*	*Q*
	(1)	(2)	(3)
Constant	12.188***	3.497***	11.713***
	(22.287)	(12.837)	(21.556)
Control	Yes	Yes	Yes
Industry	No	No	No
Year	No	No	No
N	12594	12535	12535
R^2	0.321	0.033	0.328

上述回归结果表明，沪深港通的实施能够提高股价信息含量，而股价信息含量可降低企业的代理成本，进而提高企业价值。具体来说，沪深港通的实施将境外机构投资者引入到中国资本市场，随着股票流动性增加、机构持股比例增加，股价信息含量得以提升。进一步，股价信息含量的提升可以降低市场信息不对称性，减少资本市场中的股票错误定价现象，继而增加企业的融资支持，最终提升企业价值。

（二）以研发投入作为中介变量

下面检验沪深港通制度的实施能否以研发投入为路径影响企业价值。参考杨松令等（2019）、白贵玉和徐鹏（2019）分别通过对中国上交所、深交所的创业板企业、民营上市公司进行研究得出结论：研发投入对企业的成长性具有积极的促进作用。因此，本章推断，沪深港通的实施可以促进企业研发投入增加，并据此实现企业价值的提升效应。本章引入中介变量研发投入 *R&D*，并将其取对数进行逐步回归，回归结果列示于表 13－11 第（1）列至第（3）列。表 13－11 列（1）显示，第一步回归中 *Treat* × *Post* 的回归系数 0.381 在 1% 的水平上显著，表 13－11 列（2）显示，第二步回归中 *lnR&D* 的回归系数 0.419 在 1% 的水平上显著，表 13－11 列（3）显示，第三步回归中 *Treat* × *Post* 的回归系数 0.298 和 *lnR&D* 的回归系数 0.092 均在 1% 的水平上显著，说明沪深港通制度可以通过促进企业增加研发投入，进而实现企业价值提升。

表 13－11　影响机制检验 2：以研发投入作为中介变量

变量	*Q*	*lnR&D*	*Q*
	(1)	(2)	(3)
Treat × *Post*	0.381***	0.419***	0.298***
	(7.961)	(7.260)	(5.794)

续表

变量	*Q*	*lnR&D*	*Q*
	(1)	(2)	(3)
lnR&D			0.092 ***
			(5.486)
Constant	12.188 ***	2.004 ***	11.413 ***
	(22.287)	(2.757)	(21.098)
Control	Yes	Yes	Yes
Industry	No	No	No
Year	No	No	No
N	12594	10018	10018
R^2	0.321	0.425	0.314

从实证结果来看，沪深港通制度促进了资本在国际间的自由流动、境内投资增加和资源配置进一步优化。同时，企业研发金额随企业接受投资的增加而相应增加，企业创新过程中形成的专利或无形资产使企业在市场上更具备竞争优势，有利于企业抢占市场份额，获取利润并提升企业价值。综上所述，沪深港通的实施能够通过增加企业研发投入，促进企业创新，使企业价值有所提升。

（三）以股权制衡作为中介变量

下面检验沪深港通制度的实施能否以公司治理为路径影响企业价值。由于资本市场的发展有利于完善公司治理结构（万寿桥和李小胜，2004），进而实现上市公司的股票市场价值提升。结合以上观点，本章推断资本市场的开放能够改善公司治理结构，从而提高企业价值。本章引入中介变量股权制衡（*EquityBalance*），即第二至第五大股东持股比例与第一大股东持股比例的比值，并对其进行逐步回归，回归结果列示于表 13－12 第（1）列至第（3）列。表 13－12 列（1）显示第一步回归中 *Treat* × *Post* 的回归系数 0.381 在 1% 的水平上显著，表 13－12 列（2）显示第二步回归中股权制衡（*EquityBalance*）的回归系数 0.050 在 5% 的水平上显著，表 13－12 列（3）显示第三步回归中 *Treat* × *Post* 的回归系数 0.377 和股权制衡（*EquityBalance*）的回归系数 0.074 分别在 1% 和 5% 的水平上显著，说明沪深港通制度可以通过改善公司治理结构进而提高企业价值。

表 13-12　　影响机制检验 3：以股权制衡作为中介变量

变量	*Q*	*EquityBalance*	*Q*
	(1)	(2)	(3)
Treat × Post	0. 381***	0. 050**	0. 377***
	(7. 963)	(2. 122)	(7. 879)
EquityBalance			0. 074**
			(2. 211)
Constant	12. 189***	0. 775***	12. 132***
	(22. 300)	(3. 074)	(22. 237)
Control	Yes	Yes	Yes
Industry	No	No	No
Year	No	No	No
N	12594	12594	12594
R^2	0. 321	0. 077	0. 321

沪深港通制度进一步开放了中国资本市场，使境外投资者可以更加自由地进入。资本市场的开放也使更多第三方机构对上市公司的行为进行监督和跟踪，改变了上市公司的信息环境，约束了企业管理层的决策行为，避免了由一股独大导致的企业整体利益损失和企业价值降低。整体而言，沪深港通制度的实施使公司的治理结构得到了进一步优化，从而实现了企业价值的提升。

第五节　结论

沪深港通制度的实施作为中国资本市场开放历程中具有里程碑意义的重要事件，对中国上市公司产生了深远影响。本章以沪深港通制度这一事件作为准自然实验，构建多时点双重差分模型，研究资本市场开放对企业价值的影响以及作用路径。实证结果表明：第一，沪深港通制度的实施显著提升了标的企业的价值，并且当企业前十大股东中含香港投资者、香港投资者持股比例越高时，沪深港通制度的实施能够更大地提升企业价值；第二，沪深港通制度的实施引起的企业价值提升效应，对于规模较小、融资成本较高、机构持股比例较低的企业更加显著；第三，沪深港通制度的实施提升企业价值的路径在于：沪深港通制度通过提升企业股价信息含量、增加企业研发投入、改善公司治理结构，最终使企业价值得以提升。

第六篇　结论与启示

第十四章　研究结论与政策建议

第一节　研究结论

资本市场开放是一国政府允许境外投资者对本国股票等证券进行投资的战略性决策，会对一国金融和经济体系产生重大影响。在中国经济结构调整不断深化、人民币国际化进程加快以及“一带一路”战略持续推进背景下，中国资本市场近年来一直致力于深层次高水平对外开放。作为中国资本市场开放最重要的制度创新，沪深港通的实施吸引了大量境外投资者，推动中国资本市场进入高水平开放新阶段，对于优化资本市场投资者结构，促进中国资本市场国际化和实现高质量发展具有重要意义。本书以沪深港通制度的实施作为切入点，研究资本市场开放的微观经济效应。首先，本书对相关文献进行综述，对资本市场开放、微观经济效应、沪深港通、市场主体行为、股票定价效率以及实体企业发展的概念进行界定，并详细介绍了金融自由化理论、信息不对称理论、信号传递理论、有效市场假说理论、委托代理理论和羊群效应理论，为后续研究提供了扎实的文献和理论基础。其次，本书全面系统地梳理了中国资本市场开放的制度背景，详细地分析了中国资本市场开放现状，充分展现了本研究的时代背景。再次，本书从市场参与主体行为、股票定价效率、实体企业发展三个方面对资本市场开放经济后果进行了深刻透彻的实证分析。其中，资本市场开放与公司信息披露行为、资本市场开放与机构投资者羊群行为、资本市场开放与证券分析师行为这三章主要检验了沪深港通对市场参与主体行为的影响；资本市场开放与股价同步性、资本市场开放与股票流动性、资本市场开放与股票错误定价这三章主要研究了沪深港通对公司股价表现的影响；资本市场开放与企业融资约束、资本市场开放与企业创新、资本市场开放与企业价值这三章主要考察了沪深港通对实体企业发展的影响。最后，本书的主要研究结论如下：

一、资本市场开放对市场参与主体行为的影响

第一，基于上市公司信息披露行为的视角。研究发现：沪深港通制度的实施会促使上市公司提高其信息披露质量。在进行更换回归模型、改变样本量、更换样本区间等稳健性检验后，以上研究结论仍成立。异质性检验发现，在董事长与总经理两职合一、两权分离度高和非国有企业中，沪深港通对信息披露质量的提升作用更为显著。

第二，基于机构投资者羊群行为的视角。结果显示：相较于非标的公司，沪深港通加剧了标的公司的机构投资者羊群行为。并且，沪深港通开通后，对于机构投资者羊群行为更严重的标的公司而言，其股票错误定价现象得到了矫正，股价滞后性也有所降低。由以上研究结果可以得出，沪深港通制度是机构投资者羊群行为的重要诱发因素，且由沪深港通引发的机构投资者羊群行为是基于共同信息驱动的伪羊群行为，有助于信息更快地融入股价，提升资本市场定价效率。异质性检验结果显示，在前十大股东含香港投资者、非国有和成长性较高的公司中，沪深港通对机构投资者羊群行为的促进作用更大。进一步研究表明，沪深港通主要通过提升标的公司的信息披露质量来加剧机构投资者的伪羊群行为。

第三，基于分析师关注和预测行为的视角。研究结果表明：沪深港通的实施使标的公司分析师关注度和预测精准度提高，分析师预测分歧度下降，在进行一系列稳健性检验以后，上述结论仍然成立。且资本市场开放对分析师关注度、预测精准度的提升效应，预测分歧度的降低效应在非国有、信息透明度较低、香港中央结算有限公司持股比例在前十的上市公司中更加显著。进一步研究发现，沪深港通通过提升股价信息含量来增加分析师关注度和预测精准度，降低分析师预测分歧度。

综上所述，沪深港通制度实施后，标的公司会提高其信息披露质量。当上市公司的信息披露质量提升后，信息透明度增加，信息不对称问题得到缓解，机构投资者更有可能获得同一股票的相同信息，促使机构投资者在同一时间段内表现出相似的交易行为，即沪深港通制度的实施加剧了机构投资者的伪羊群行为。同时，标的公司信息披露质量的提升有助于分析师对上市公司的盈利状况进行分析与预测，从而提高标的公司分析师关注度和预测精准度，降低分析师预测分歧度。

二、资本市场开放对股票定价效率的影响

第一，基于股价同步性视角。实证结果显示：相比于非沪股通标的公

司而言，沪港通制度的实施显著降低了沪股通标的公司的股价同步性。并且，沪港通对沪股通标的公司股价同步性的负面影响主要存在于对外开放程度较低的上市公司中。进一步分析表明，沪港通制度的实施降低沪股通标的公司股价同步性的影响机制在于：沪港通提升了沪股通标的公司的信息披露质量，增加了沪股通标的公司管理层的自愿披露频率。更进一步，本书发现沪港通对香港市场港股通标的公司股价同步性没有显著影响。这说明沪港通制度的实施有效改善了中国资本市场的价格发现机制，沪股通标的公司为了能吸引更多精明投资者，会主动改善公司的信息披露环境，从而提升股票信息含量。

第二，基于股票流动性视角。研究发现：与非沪深港通标的公司相比，沪深港通的实施显著提高了标的公司的股票流动性；这种正向影响主要存在于民营上市公司、没有 QFII 持股以及信息透明度较低的公司中；沪深港通的实施提高标的公司股票流动性的路径在于：沪深港通的实施，提高了分析师对标的公司的关注度，改善了公司的信息环境，从而提升股票流动性。

第三，基于股票错误定价视角。结论显示：沪深港通可以显著改善股票错误定价水平，且经过一系列稳健性检验后结论依然成立。异质性检验结果发现，沪深港通对股票错误定价的改善作用在机构投资者持股比例较低、管理层未持股及合格境外投资者未持股的公司中更为显著。对影响机制进行深入研究发现，沪深港通制度的实施主要通过提高上市公司信息披露质量、减少内部代理成本以及降低股价滞后性三种途径来改善股票错误定价的水平。上述结论表明资本市场开放有助于提升股票定价效率。

综上所述，沪深港通制度的实施会通过改变资本市场参与主体行为进而提升股票定价效率。沪深港通的实施通过吸引更多分析师关注、引入境外投资者对上市公司进行外部监督并促使管理层提升公司信息披露质量，进而导致沪深港通标的公司的股票流动性提升、股价同步性和股票错误定价水平降低，以上三方面改变说明沪深港通制度的实施对股票市场效率产生了积极影响。上述研究结论表明沪深港通制度的实施有助于股票市场风险下降。

三、资本市场开放对实体企业发展的影响

第一，基于企业融资约束视角。研究表明：沪深港通的实施能够缓解企业的融资约束程度。进行异质性检验后，发现沪港通对企业融资约束的缓解作用在利润率低、市场化程度高、非 QFII 持股企业中表现更为显著。

机制分析表明，沪港通制度通过提高企业的信息披露质量、提升分析师关注度、改善股票错误定价和提高企业股权融资这四个渠道来缓解企业的融资约束。

第二，基于企业创新视角。研究发现，沪港通开通后，沪股通标的公司的创新数量明显增加，创新质量明显提高。具体而言，沪港通开通后，沪股通标的公司的专利申请数显著增加，而增加的专利申请主要来自发明专利申请和实用新型专利申请，外观设计专利申请则无显著变化，这说明资本市场对外开放能有效促进企业创新质量提升。并且，沪股通标的企业的专利引用量在沪港通开通后明显增长。影响机制检验发现，沪港通主要通过提高公司治理水平缓解委托代理问题、提高企业风险承担意愿、增加股价特质信息发挥创新信号传递作用和反馈作用以及缓解企业融资约束来促进企业创新。

第三，基于企业价值视角。研究结果表明：沪深港通制度的实施显著提升了标的企业的企业价值；并且，对于企业规模较小、融资成本较高、机构持股比例较低的企业来说影响更加显著；沪深港通制度产生企业价值提升效应的路径在于：沪深港通制度通过引入金融知识相对丰富的境外投资者，使企业股价信息含量得到提升；同时又增加了企业的研发投入，促进了企业创新；另外，得益于资本市场开放，各标的企业的股权制衡度有所提升，公司治理结构得到改善，最终使企业价值得以提升。

综上所述，沪深港通对市场参与主体行为以及股票定价效率的影响，最终会作用于实体企业。沪深港通实施后，企业信息透明度的提升、信息披露质量与分析师关注度的提升、股票错误定价的改善能帮助企业获得更多的权益性融资，缓解融资约束；进一步，企业信息披露质量的提升和融资约束的降低能够对企业创新产生信息反馈效应和资金支持效应，从而促进企业创新水平提升。最终，沪深港通对企业信息披露质量和创新水平的提升会导致企业价值增加。

总体而言，本书基于沪深港通这一重要制度创新，构建多时点双重差分模型，检验了资本市场开放的微观经济效应。研究发现，沪深港通这一中国资本市场开放制度的实施显著改善了上市公司、机构投资者、分析师等市场主体参与者的行为；进而作用于股票定价效率，对于提高股票市场定价效率和降低股票市场风险均产生了显著效果；最终传导至实体企业的经营发展，有助于缓解实体企业的融资约束、提高实体企业的创新能力和企业价值。由以上结论可知，中国资本市场开放的制度建设有助于吸引外资持续流入，优化市场投资者结构，改善市场参与者行为，助推中国资本市场与成熟国际市场接轨，促进中国资本市场成熟发达，进一步增强资本市场服务实体经济的能力，强化资本市场支持实体经济发展的成效，实现金融市场与实体经济的良性循环。

第二节 政策建议

一、政府部门视角下的建议

本书结论表明，资本市场开放可以引入更成熟的境外投资者，具有监督和治理效应，从而完善公司信息披露行为，规范投资者和分析师行为；进一步，资本市场开放通过改变市场参与者的行为，从而改善股票定价效率，最终作用于实体企业，缓解企业融资约束，促进企业创新，提升企业价值。由此可见，资本市场开放有助于推动中国资本市场走向成熟，并促进实体经济发展。为推动中国资本市场迈入更加开放包容和高质量发展的新阶段，政府部门需进一步构建系统性、制度化的开放格局和透明、规范、预期稳定的市场环境，在保护境内外投资者合法权益的基础上扩大资本市场开放影响力度。

（一）完善资本市场开放政策

政府部门应当对沪深港通对外开放政策进行完善，进一步将互联互通机制扩展至更多境外发达成熟资本市场，从而加快中国资本市场开放进程，持续增强中国资本市场的全球吸引力和国际影响力。可采取的具体措施如下：

第一，加大沪深港通实施力度，扩大沪深港通标的股票名单。现今，沪深港通标的股票数量占比较低，导致境外投资者可以直接进行投资的股票较少，境外投资者投资范围较窄，对中国股票市场的影响力度有限。因此，有必要逐步扩大沪深港通标的名单，增加沪深港通标的公司的入选名额，扩大境外投资者可投资范围，引入更多投资经验丰富的境外投资者，这有利于规范公司行为，提高公司股票定价效率，促进公司健康发展。

第二，降低沪深港通交易费用，提高境外交易活跃度。由于境外机构投资者通过沪深港通对中国 A 股市场进行投资时，需要支付证券经手费、证管费、证券过户费等多种手续费，且交易费用比境内投资者更高。因此，可以通过降低香港投资者通过沪深港通买卖内地证券的手续费和佣金等方式，以吸引更多境外机构投资者进入内地市场进行投资。

第三，扩大互联互通交易机制范围，与更多境外成熟资本市场互联互通。现今，沪港和深港股票市场交易互联互通机制为中国资本市场引入了大量境外投资者且运行良好，但沪伦通发挥的作用有限，并且尚未建立与欧美其他发达资本市场国家的互联互通机制。因此，应该完善沪伦通交易机制，在国内外设置专门的沪伦通数据披露网站，加深境内外投资者对沪伦通的认识，扩大沪伦通的影响力度。同时，扩大互联互通范围，为更多国家资本市场投资者开通便利的投资渠道。比如，与美国纽约、新加坡、德国柏林等建立互联互通交易机制，建立沪纽通、沪新通、沪林通互联互通交易机制。以此，引入更多发达资本市场的境外成熟专业投资者，促进中国资本市场开放形成新发展格局。

（二）构建境外信息披露平台

信息披露是境内外投资者了解上市公司经营状况和盈利能力的关键。与境内投资者相比，境外投资者掌握的公司内部信息较少，如果无法获得高质量的公司信息，境外投资者会因无法准确判断公司价值，从而放弃进入中国A股市场投资。因此，政府部门应该采取以下具体举措：

第一，建设境外信息披露平台，拓宽境外投资者信息沟通渠道。现今，内地公司的信息披露集中在上海证券交易所和深圳证券交易所，披露的信息大部分是中文版，境外投资者无法知晓公司披露信息的准确含义，导致境外投资者无法深入了解沪深港通标的公司。为引入更多境外投资者，政府应该搭建境外投资者信息披露平台。比如，建立国内外信息披露相连接的网站，让沪深港通标的公司以国际信息披露标准为要求，在建立的网站上同时同步进行汉英双语版的公司公告，为境外投资者提供更便利的信息获取渠道。此外，可以建立境外投资者反馈机制，例如推出“中国境外投资网”，方便境外投资者提问和上市公司进行英文回复，如此一来，国际投资者才能更好地了解分析上市公司价值，提高投资沪深A股上市公司的意愿。

第二，强制要求沪深港通标的公司提供英文版财务报告，提高公司财务报告可读性。现阶段，上市公司的财务报告主要以中文为主，并存在披露内容冗长繁杂、可读性较差等问题，从而使境外投资者难以理解公司的财务信息。因此，政府部门应当要求沪深港通上市公司提供与国际会计准则接轨的英文版财务报告，方便境外投资者阅读理解公司的财务报告。此外，政府应该修改信息披露标准，对信息披露中冗杂的项目进行简化与分解。比如，将公司年度报告中的重要事项区分为法律诉讼、关联交易、审计师、并购等部分；将“资金占用”“面临暂停上市和终止上市风险”放入“风险因素”部分；将“重大合同及其履行情况”“承诺事项”前置到风险因素部分。报告内容简化后，信息更容易被境内外投资者理解，有利于境外投资者进入A股市场交易。

第三，加强对非财务信息的披露，披露高风险活动等重大事项。现今，信息披露体系中对财务信息披露较多，对公司创新、公司转型升级、高风险活动等非财务信息的重大事项披露较少。但非财务重大事项会影响公司发展前景，从而影响境内外投资者的利益，进一步影响投资者的判断。因此，政府部门应要求上市公司加强对公司转型升级等非财务信息的披露，保护境内外投资者的知情权。比如，要求公司详细披露创新项目现状、未来发展前景，以及创新项目过去与现在的评估结果等；此外，政府部门应出台中国版ESG信息披露要求，完善风险信息披露要求，这样不仅可以促使公司积极履行社会责任和环保责任，还可以充实非财务信息披露内容。公司信息披露越详细，境外投资者越了解公司发展实际情况，就越容易对该公司进行投资。

（三）推动中国资本市场相关规则与国际市场接轨

国际资本市场对接不仅是全球经济一体化的必然趋势，也是提升一个国家资本市场开放程度的关键途径。通过与国际市场规则对接，中国资本市场的深度和广度得以拓展，不仅能够吸引更多的国际资本，促进市场流动性和多样性，还有助于国内企业获得全球资源，提高其在全球范围内的竞争力。

第一，借鉴国际会计准则体系，实现会计准则与国际对接。中国积极借鉴国际财务报告准则（IFRS），其由国际会计准则理事会（IASB）制定，旨在提供全球通用财务报告标准，便于跨国投资者和分析师比较不同国家公司财务状况。2006年中国推出企业会计准则，与IFRS大体一致但仍有差异。为更好对接国际市场，中国可继续研究采纳IFRS最新修订的内容，确保会计信息可比性、一致性，吸引国际投资者，提升资本市场透明度。推动中国会计准则国际化，需从教育、研究、实践多方面入手。教育上，大学和培训机构增加IFRS教学研讨，培养专业人才；实践中，逐步引入实施IFRS，鼓励企业编制国际版财务报告；修订过程中，邀请国际专家参与，确保新规则接轨国际标准。同时，强化执行监督，监管部门严格监管上市公司，加强审计执法，打击违规行为，建立举报投诉机制，维护准则权威性。此外，还应与国际会计准则机构紧密合作，共享最佳实践，解决执行挑战，定期互审交流，保证实施质量效果与国际标准一致。

第二，优化交易机制，推动交易规则与国际对接。中国资本市场在交易规则国际化进程中，优化交易机制至关重要。包括调整交易时间、涨跌幅限制，探索T+0交易制度，推行盘后和夜盘交易，与全球主要金融市场同步。如延长交易时间应对全球市场动态，研究无涨跌幅限制机制提高价格发现效率，引入T+0交易提升市场流动性、活跃度和效率。同时，引入先进交易技术和平台，如电子交易平台、高频交易系统、算法交易，提升交易速度、透明度、公平性，与全球技术提供商合作，建立跨境交易数据交换标准，确保信息准确及时传递。

第三，修订相关法律法规，实现法律制度与国际接轨。深度审查现有证券法、公司法、合同法等，修改更新与国际标准不一致内容，消除监管壁垒，提高外资投资便利性，保障市场公平公正透明运行。在此基础上，加强执法力度，监管机构对违法违规行为零容忍，严格执行法律，提高违法成本，严厉打击违规交易、内幕交易、价格操纵等行为，提高执法公正性和效率，保护中小投资者利益，维护资本市场稳定。

（四）实施境外长期投资者税收优惠政策

为了进一步扩大资本市场开放力度，可以考虑针对境外长期投资者实施一系列税收优惠政策，旨在为符合条件的境外投资者提供更加有利的投资环境，具体措施如下：

第一，减免境外长期投资者股息税。股息税是指对投资者从公司获得的股息所得征收的税。对于境外投资者而言，股息税可能会成为其投资中国资本市场的额外成本。为了降低这一成本，可以考虑对符合条件的外资实行股息税的减免政策。具体措施包括：（1）降低税率，即对境外投资者从中国上市公司获得的股息所得适用较低的税率。（2）设定免税额度，为境外投资者设定一定的免税额度，超过该额度的部分才需要缴税。（3）实施税收抵免，允许境外投资者在中国已缴纳的股息税在其本国进行税收抵免，避免双重征税。

第二，对境外投资者实施资本利得税优惠。资本利得税是对投资者出售证券资产所获得的收益征收的税。为了鼓励境外投资者长期持有中国资产，可以对资本利得税实行优惠政策：（1）长期持有优惠，即对于持有中国证券超过一定期限（如一年或两年）的境外投资者，可以减免其资本利得税；（2）实行分级税率，根据境外投资者持有资产的时间长度，实施分级税率制度，持有时间越长，税率越低；（3）特定区域优惠，在特定经济区域或自贸区内，对境外投资者的资本利得实行更加优惠的税率。

第三，与多国签订税收协定，避免双重征税。中国可以进一步与多个国家和地区签订避免双重征税的协定，为境外投资者提供税收上的保障。

包括：（1）扩大税收协定网络，与更多国家和地区签订税收协定，确保境外投资者在投资中国时能够享受税收优惠；（2）优化协定内容，在税收协定中明确股息税和资本利得税的优惠条款，为境外投资者提供清晰的税收预期。

第四，简化境外投资者税收申报流程。为了提高税收优惠政策的吸引力，可以简化境外投资者的税收申报流程。包括：（1）完善电子化申报系统，使境外投资者能够方便地进行税务申报和享受税收优惠；（2）在税务申报系统和相关税务咨询中提供多语种服务，降低语言障碍对境外投资者的影响；（3）定期为境外投资者提供税收政策的培训和指导，帮助他们更好地理解和遵守中国的税收法规。

（五）加强国际合作与交流

第一，加强与国际金融组织的合作。中国在加强与国际金融组织的合作中，可以采取多方面举措。参与国际货币基金组织（IMF）和世界银行等重要金融机构的活动，以获取最新的国际金融规则和最佳实践。这包括积极参与 IMF 和世界银行的各项研讨会、工作坊，以及与这些组织合作的项目，以期在金融监管、风险管理、市场建设等方面实现同步。推动与亚洲开发银行、欧洲复兴开发银行等区域金融机构的深度合作，分享经验，共同探讨资本市场开放问题。

第二，举办国际会议与论坛，增进了解与互信。举办和参与国际金融会议与论坛是增进国际合作的重要途径。中国可举办和参加全球金融合作论坛等大型活动，邀请全球金融专家、监管者和业界领袖进行深入对话。这些活动不仅能够提供一个讨论全球金融议题的平台，还有助于消除误解，增强国际投资者对中国资本市场的信心。通过设立双边或多边对话机制，推动政策协调，提升跨境投资的便利性。

第三，加强与国际监管机构的沟通协调。加强与国际监管机构的沟通协调是确保规则一致性和透明度的关键。这包括定期参加国际监管会议，分享最佳实践，以及在跨境调查和执法合作方面建立快速响应机制。通过与国际证券监管合作组织（如 IOSCO 等）的紧密联系，可以及时了解和采纳国际上认可的高标准和最佳实践。建立常态化的跨监管机构的信息共享和协作机制，可以预防和解决潜在的跨境违规行为，提高境外投资者对中国市场的信任度。

二、上市公司视角下的建议

中国上市公司要积极争取成为沪深港通标的公司，实现公司自身对外开放，同时完善公司治理机制，加强信息披露，便利境外投资者了解公司，以更好地吸引这些境外投资者投资，从而促进公司长远发展。对于上市公司，本书建议采取如下措施：

（一）提升信息披露的国际化程度

境外投资者倾向于投资信息透明度高、披露质量优的企业。上市公司若要吸引更多境外投资，需提升财务报告国际化程度。一是编制英文版财务报告。应遵循国际财务报告准则（IFRS）等公认准则，保证国际化水平，帮助国际投资者精准理解公司财务与经营状况，减少准则差异所致误解与风险。报告语言要精准、可读，规避复杂晦涩表达，合理设置章节，突出关键内容。二是搭建英文版官网专区。用于发布英文财务报告、公告、新闻稿等重要信息，便利国际投资者获取资讯，降低获取成本。专区应注重用户体验，界面简洁、分类清晰，提供多语言切换功能。三是强化非财务信息披露。除财务数据外，上市公司还应披露公司战略、治理架构、社会责任、环保等非财务信息。

（二）加强与境外投资者的互动沟通

上市公司强化与国际投资者的沟通交流，对融入国际市场、提升国际知名度与影响力、吸引国际资本流入意义重大。具体举措如下：一是定期举办境外投资者见面会，邀请其实地考察，面对面分享经营成果、发展战略与规划，借此消除信息不对称，提升透明度，增强投资者信心与认可度。二是具备条件的公司设立国际投资者关系部门，配强双语或多语专业人才，构建长期稳定沟通机制，洞察投资者偏好、风险承受及需求，为公司战略优化提供支撑，同时搭建英文版信息披露与沟通平台，如“投关易”IR小程序英文版。三是积极投身各类国际路演活动，向全球投资者展现核心竞争力与投资价值，借此接触潜在投资者，熟悉不同市场投资环境与规则，夯实国际化战略根基。

（三）争取沪深港通标的公司资格

上市公司应当抓住资本市场开放的机遇，争取沪深港通标的公司资格，实现公司价值提升。首先，加强自身能力建设，主动提升公司质量。公司应聚焦主业以增强核心竞争力，加大研发投入以提升创新能力，建立风险防范机制以提高抗风险能力，从而提升公司质量。此外，公司质量提升后，公司应当积极通过分红、股份回购等方式回报股东，提升投资者的获得感，从而进一步吸引境外投资者投资。其次，努力达到沪深港通标的公司要求，积极争取沪深港通标的公司资格。当上市公司的财务表现、市值、成交额及行业影响等达到沪深交易所的要求水平即可进入沪深港通标的范围。因此，上市公司要努力提高自身核心竞争力以获取更大的市场和更多的盈利，争取成为行业中的佼佼者和风向杆，并且遵守资本市场规则，做到不违纪不犯法，合理利用资本市场进行资源配置。

三、投资者视角下的建议

本书研究结论表明，资本市场开放引入了成熟的境外投资者，对中国投资者有着引领作用，规范了中国投资者的行为，从而提高了中国股票定价效率。而在中国资本市场的投资者仍然存在非理性行为，加剧了市场波动性。因此，国内投资者有必要向境外投资者学习，规范自身行为，提高自身职业能力和职业道德，进行理性投资，促进中国资本市场的健康可持续发展，为中国资本市场国际化提供良好环境基础。

（一）机构投资者应主动提升投资水平与职业道德

沪深港通为中国资本市场引入了更成熟的境外机构投资者，提高了中国公司的信息披露质量，降低了市场中噪音交易者的参与程度，从而使标的公司的股票流动性提升，股价同步性和股票错误定价水平降低。因此，投资者需要提高自身投资分析能力，规范自身行为。第一，国内机构投资者有必要向境外机构投资者学习，以提升自身职业能力。国内机构投资者可以学习境外投资者对信息获取、挖掘、对比分析的能力，充分利用得到的信息，作出科学、合理的投资决策，从而实现自身能力的提高，规范投资行为，进行理性投资。第二，机构投资者应该树立遵纪守法意识，提高自身职业道德。守土有责，机构投资者应当好看门人，把好入口关，切实对法律、公众和市场负责。随着各类资产管理产品进入市场，机构投资者更要懂规矩、守规矩，严守道德和良心的底线，忠实履行“诚实守信、勤勉尽责”的职业操守，强化守法合规意识，共同维护好、呵护好资本市场的良好秩序。如此一来，才能维护中国资本市场的稳定，促进中国资本市场健康发展，为资本市场开放提供稳定环境，加快中国资本市场国际化进程。

（二）个人投资者应不断学习提升专业素养

在中国股票市场上，机构投资者比例不断提升，但个人投资者投资比例仍然较高，且个人投资者缺乏专业知识，在投资时存在盲目自信和追涨杀跌等非理性行为，破坏了市场的稳定性，无法为沪深港通的实施提供良好的市场氛围。因此，个人投资者应该主动提高专业素养。第一，主动学习沪深港通的制度规则，提升对市场规律的认知，改善投资行为，进行理性投资。第二，学习与借鉴境外成功的个人投资者经验，或者通过上投资培训课，学习机构发布的研究报告，积累投资实践经验总结投资规律，寻求专业人士的帮助，与他们一起交流学习，以此，提高自身专业能力，从而避免专业知识匮乏带来的损失，这样不仅可以提高自身收益，还可以提高股票定价效率，进一步，促进中国资本市场良性发展，为资本市场开放，引入境外投资者提供稳定的市场环境。

四、分析师视角下的建议

本书研究结论表明，资本市场进一步开放能够吸引更多分析师对标的股票进行关注，畅通了公司的信息环境，并且分析师对标的公司具有外部监管作用，能够改善公司治理，从而提高标的股票流动性，缓解标的公司的融资约束。由此可见，在资本市场对外开放的进程中，证券分析师在上市公司和投资者之间发挥了积极的信息传递作用，有助于提升市场的活力和运行效率。随着中国资本市场进一步规范与开放，更多的境外投资者与资金涌入，国内外投资者对中国本土证券研究产生更广、更深的需求，因而对于分析师的专业能力和国际化水平也有更高的要求。因此，分析师应当抓住历史机遇，主动提升国际视野和专业能力，牢守职业伦理，培养职业使命，推动中国资本市场实现高水平对外开放和高质量发展。

（一）推动证券研究国际化

随着中国资本市场高水平双向开放走向纵深，证券分析师的客户群体也逐渐扩展到境外投资者。一方面，引进来的境外投资者需要高质量的研究报告以获取有效信息，进而快速了解目标公司状况，实现价值投资。另一方面，跟随企业和金融机构走出去的分析师处于国际市场，服务于更广泛的境外投资者群体，其行为和产品都必须符合国际标准。因此，证券分析师应当紧跟资本市场开放步伐，进一步贴合境外投资者需求，争取实现证券研究国际化。首先，主动与境外投资者沟通，满足其个性化投资需求。目前，国内的研究报告无法满足境外投资者的信息需求，若想抓住日渐扩大的境外投资者群体，分析师必须加强与境外投资者的交流沟通，撰写符合其个性化需求的研究报告。其次，学习国外研究报告撰写方法，借鉴国外分析师先进经验。国内分析师应当立足长远目标，不论是面向国内或国际的研究报告都需按照国际标准进行撰写，从而扩大其国际影响力，实现证券研究的国际化。

（二）加强与国际分析师和评级机构的合作

首先，应当建立常态化沟通机制，包括组织定期的国际分析师和评级机构交流会议，邀请国内外知名分析师、评级机构代表参加，就市场趋势、投资热点、政策变化等议题进行深入讨论，促进信息共享和观点交流；针对特定行业或领域，成立由国内外分析师和评级机构参与的联合工作组，共同开展市场研究、风险评估等工作，提升研究成果的权威性和影响力。其次，可以推动分析师资质互认，与主要国际分析师协会和评级机构签订资质互认协议，承认彼此的分析师和评级机构的专业资格，减少跨境执业的障碍，便利国际分析师和评级机构在中国市场的业务开展。其次，引入国际分析师和评级机构的培训课程和认证项目，为中国分析师提供与国际接轨的专业培训和认证机会，提升其专业能力和国际竞争力。最后，建立与国际分析师和评级机构的信息交换平台与合作研究项目：实现研究报告、数据资料、行业动态等信息的及时共享，提高信息获取效率和准确性；与国际分析师和评级机构共同开展合作研究项目，针对中国资本市场的热点问题、新兴领域等进行深入研究，为市场参与者提供高质量的研究成果和投资建议。

（三）提升专业分析能力

随着外资金融机构的落户，境外分析师也加入到中国资本市场之中，使得中国分析师行业竞争加剧，因此本土分析师需要加强自身专业素养以保持竞争力。并且，服务于跨境业务的分析师直接参与到国际市场，他们更加需要提升自身专业分析能力以提高竞争力。首先，巩固专业知识，加强继续教育。分析师需要广泛收集宏观、行业和公司特质信息，并且通过各类财务或事件报告分析得出合理、可靠的投资建议。因此，分析师不仅需要将会计学、经济学、管理学、金融学，乃至哲学、科技、数学等各种学科融会贯通，并且要熟悉证券市场的法律制度要求。对于分析师，需不断地学习、回顾，构建完整的知识框架才能适应不断发展、开放的市场。其次，投资理念转型，提升专业能力。境外投资者的价值型投资理念正在逐步影响内地市场，内地投资者投资理念开始向价值投资转换。因此，分析师要顺应市场趋势，提升专业分析能力，挖掘上市公司深层次信息，畅通信息传递渠道，发现公司内在价值，完成从传统的“股评家”到真正的证券分析人员的转变。

第三节 研究展望

本书以沪深港通制度的实施作为资本市场开放的准自然实验，在金融自由化理论、信息不对称理论、委托代理理论、信号传递理论、羊群行为理论等基础上，构建本书的理论分析框架并进行实证检验，探究了资本市场开放对市场参与主体行为、股票定价效率、实体企业发展的影响，在一定程度上深化补充了资本市场开放微观经济效应的相关研究。然而，本书在某些方面仍然存在不足之处，比如，资本市场开放的研究对象不够全面，关于沪深港通对港股市场影响的探究较少，未曾考虑沪深港通的宏观经济效应等。因此，本书对未来的研究提出以下展望：

一、考察中国其他资本市场开放政策的实施效果

继沪深港通之后，中国资本市场还相继推出债券通、沪伦通等制度，并且 MSCI、富时罗素、标普道琼斯国际三大指数也将 A 股部分股票纳入其指数体系。虽然上述制度对中国市场的影响还不及沪深港通，但是仍然具有一定的研究价值。本书只研究了沪深港通的微观经济效应，未将债券通和沪伦通纳入考察范围。因此，未来可以继续探究债券通、沪伦通、A 股纳入国际三大指数等其他资本市场开放政策的宏微观经济效应，为后续其他资本市场开放政策的实施提供更多可借鉴的经验。

二、检验沪深港通制度对香港市场的影响

本书主要研究了沪深港通制度的实施对 A 股市场的影响，对香港股市（港股通）的影响仅限于股价同步性方面内容。沪深港通实现了境内外资本市场的深度融合，香港市场会受到沪深港通制度的哪些影响？对于不同特征、背景的公司而言，受到的影响程度是否有所差异。因此，未来的研究可以进一步拓展至沪深港通对香港资本市场的影响，或是对比沪深港通对 A 股市场以及香港市场的差异。上述研究有助于未来政府部门在制定相关政策时，可以从双方的共同利益出发，实现境内外资本市场的协同发展。

三、从宏观层面探究沪深港通的经济效应

本书虽然研究了沪深港通的微观政策效应，但未探讨其宏观经济效应，比如沪深港通对整体市场稳定性、宏观经济增长的影响。而这些宏观经济效应可能通过微观层面进行传导。因此，可以将本书的研究内容作为中介变量，探讨沪深港通对宏观经济的影响，以充实资本市场开放的研究内容，丰富资本市场开放政策经济效应的相关文献。

参考文献

白贵玉，徐鹏．管理层权力、研发决策与企业成长——来自中国民营上市公司的经验证据［J］．科技进步与对策，2019，36（09）：110－117.

薄仙慧，吴联生．国有控股与机构投资者的治理效应：盈余管理视角［J］．经济研究，2009，44（02）：81－91.

毕茜，彭珏，左永彦．环境信息披露制度、公司治理和环境信息披露［J］．会计研究，2012（07）：39－47.

陈辉，顾乃康．新三板做市商制度、股票流动性与证券价值［J］．金融研究，2017（04）：176－190.

陈运森，黄健峤，韩慧云．股票市场开放提高现金股利水平了吗？——基于“沪港通”的准自然实验［J］．会计研究，2019（03）：55－62.

陈运森，黄健峤．股票市场开放与企业投资效率——基于“沪港通”的准自然实验［J］．金融研究，2019（08）：151－170.

褚剑，秦破，方军雄．中国式融资融券制度安排与分析师盈利预测乐观偏差［J］．管理世界，2019，35（01）：151－166.

崔学刚．公司治理机制对公司透明度的影响——来自中国上市公司的经验数据［J］．会计研究，2004（08）：72－80.

邓川，孙金金．QFII 持股、产权性质与企业融资约束［J］．管理世界，2014（05）：180－181.

邓敏，蓝发钦．金融开放条件的成熟度评估：基于综合效益的门槛模型分析［J］．经济研究，2013，48（12）：120－133.

戴鹏毅，杨胜刚，袁礼．资本市场开放与企业全要素生产率［J］．世界经济，2021，44（08）：154－178.

邓柏峻，李仲飞，梁权熙．境外股东持股与股票流动性［J］．金融研究，2016（11）：142－157.

董望，陈俊，陈汉文．内部控制质量影响了分析师行为吗？——来自中国证券市场的经验证据［J］. 金融研究，2017（12）：191－206.

董小红，刘向强. 经济政策不确定性会影响股票流动性吗？——基于中国上市公司的经验证据［J］. 商业经济与管理，2020（08）：57－69.

董秀良，张婷，关云鹏. 沪港通制度改善了我国股票市场定价效率吗？［J］. 上海财经大学学报，2018，20（04）：78－92.

杜建华，朱雨婷. 资本市场对外开放提高了企业全要素生产率吗？——基于陆港通制度的准自然实验证据［J］. 金融与经济，2022（02）：22－30.

高芳. 公司治理、管理者代理问题与财务重述研究［J］. 南开管理评论，2016，19（03）：168－177.

顾琪，王策. 融资融券制度与市场定价效率——基于卖空摩擦的视角［J］. 统计研究，2017（01）：80－90.

郭阳生，沈烈，汪平平. 沪港通降低了股价崩盘风险吗？——基于双重差分模型的实证研究［J］. 山西财经大学学报，2018，40（06）：30－44.

郭阳生，沈烈，郭枚香. 沪港通改善了上市公司信息环境吗？——基于分析师关注度的视角［J］. 证券市场导报，2018（10）：35－43.

郭阳生. 资本市场开放、信息环境及其经济后果研究［D］. 中南财经政法大学，2019.

何瑛，李塽爽. 资本市场开放与企业信息披露质量——来自深港通交易制度的经验证据［J］. 财务研究，2021（03）：56－69.

何瑛，于文蕾，杨棉之. CEO 复合型职业经历、企业风险承担与企业价值［J］. 中国工业经济，2019（09）：155－173.

胡李鹏，樊纲，王小鲁. 中国分省份市场化指数报告（2018）［M］. 北京：社会科学文献出版社，2019.

黄国良，刘圻松. 资本市场开放对企业债务融资成本的影响与机制研究——基于陆港通的准自然实验［J］. 工业技术经济，2021，40（03）：63－71.

黄霖华，曲晓辉，万鹏，朱朝晖. 公允价值计量、投资者情绪与会计信息决策有用性［J］. 当代财经，2017（10）：111－121.

江振华，李敏，汤大杰. 对外开放条件下的中国股市风险分析［J］. 经济研究，2004（03）：73－80.

纪彰波，臧日宏. 资本市场开放能够提高股票价格稳定性吗？基于沪港通的经验证据［J］. 世界经济研究，2019（05）：14－26.

蒋祥林. 公司治理对股市信息不对称性和流动性的影响［J］. 经济经

纬，2015，32（05）：138－143.

鞠晓生，卢荻，虞义华．融资约束、营运资本管理与企业创新可持续性［J］．经济研究，2013，48（01）：4－16.

林曙，叶海春．福兮祸之所伏：发展中国家股票市场开放的增长效应再探究［J］．金融研究，2014（11）：142－158.

雷倩华，柳建华，龚武明．机构投资者持股与流动性成本——来自中国上市公司的经验证据［J］．金融研究，2012（07）：182－195.

黎文靖，郑曼妮．实质性创新还是策略性创新？——宏观产业政策对微观企业创新的影响［J］．经济研究，2016，51（04）：60－73.

李春涛，刘贝贝，周鹏，张璇．它山之石：QFII与上市公司信息披露［J］．金融研究，2018（12）：138－156.

李惠璇，朱菲菲，唐涯，李宏泰．盈余公告、分析师推荐与伪羊群行为——基于高频数据的实证检验［J］．经济学（季刊），2019（03）：919－940.

李静，董秀良．资本市场开放对企业透明度的影响［J］．湖北社会科学，2021（01）：87－97.

李科，徐龙炳．融资约束、债务能力与公司业绩［J］．经济研究，2011，46（05）：61－73.

李蕾，韩立岩．价值投资还是价值创造？——基于境内外机构投资者比较的经验研究［J］．经济学（季刊），2014，13（01）：351－372.

李倩，吴昊，高宇妮．分析师评级、投资者情绪与资产误定价［J］．北京工商大学学报（社会科学版），2018，33（04）：96－106.

李沁洋，桂亚玲，杨敏，郭景昕．沪港通与分析师预测乐观偏差［J］．科学决策，2018（03）：16－42.

李沁洋，许年行．资本市场对外开放与股价崩盘风险——来自沪港通的证据［J］．管理科学学报，2019（08）：108－126.

李志生，陈晨，林秉旋．卖空机制提高了中国股票市场的定价效率吗？——基于自然实验的证据［J］．经济研究，2015，50（04）：165－177.

李志生，杜爽，林秉旋．卖空交易与股票价格稳定性——来自中国融资融券市场的自然实验［J］．金融研究，2015（06）：173－188.

连立帅，朱松，陈超．资本市场开放与股价对企业投资的引导作用：基于沪港通交易制度的经验证据［J］．中国工业经济，2019（03）：100－118.

连立帅，朱松，陈关亭．资本市场开放、非财务信息定价与企业投资——基于沪深港通交易制度的经验证据［J］. 管理世界，2019，35（08）：136－154.

连玉君，彭方平，苏治. 融资约束与流动性管理行为［J］. 金融研究，2010（10）：158－171.

林晚发，赵仲匡，刘颖斐，宋敏. 债券市场的评级信息能改善股票市场信息环境吗？——来自分析师预测的证据［J］. 金融研究，2020（04）：166－185.

林志帆，龙晓旋. 卖空威胁能否激励中国企业创新［J］. 世界经济，2019，42（09）：126－150.

刘柏，琚涛. "事前震慑"与"事后纠偏"：分析师关注对财务错报和重述的跨期监管研究［J］. 南开管理评论，2021，24（01）：50－61.

刘贝贝，赵磊. 合格境外机构投资者持股与中国资本市场有效性［J］. 中南财经政法大学学报，2021（02）：79－93.

刘程，王仁曾. 资本市场开放能够提高公司投资效率吗？——来自"沪港通"的经验证据［J］. 证券市场导报，2019（04）：52－61.

刘洋，臧日宏. 资本市场开放与企业创新——基于沪港通的经验数据［J］. 北京工商大学学报（社会科学版），2021，36（03）：79－90.

刘永泽，高嵩. 信息披露质量、分析师行业专长与预测准确性——来自我国深市 A 股的经验证据［J］. 会计研究，2014（12）：60－65.

龙小宁，易巍，林志帆. 知识产权保护的价值有多大？——来自中国上市公司专利数据的经验证据［J］. 金融研究，2018（08）：120－136.

罗宏，陈小运. 资本市场对外开放促进公司创新了吗？——基于"沪港通"交易制度的经验证据［J］. 当代财经，2020（08）：66－77.

罗进辉，彭逸菲，陈一林. 年报篇幅与公司的权益融资成本［J］. 管理评论，2020，32（01）：11.

吕大永，万孝园. 沪港通提高了沪市标的的"股价信息含量"了吗？［J］. 投资研究，2017，36（10）：91－105.

马勇，王芳. 金融开放、经济波动与金融波动［J］. 世界经济，2018，41（02）：20－44.

马亚明，马金娅，胡春阳. 资本市场开放可以提高上市公司治理质量吗？——基于沪港通的渐进双重差分模型检验［J］. 广东财经大学学报，2021，36（04）：81－95.

马妍妍，俞毛毛，程京京. 资本市场开放促进企业创新了吗？——基于陆港通样本的微观证据［J］. 财经论丛，2019（08）：39－52.

马妍妍，俞毛毛，王勇．资本市场开放能否提升出口企业全要素生产率——基于陆港通样本的微观证据［J］．国际商务（对外经济贸易大学学报），2021（04）：34－47.

潘慧峰，刘曦彤，周轩宇．资本市场对外开放促使价值投资回归了吗？——来自沪港通的证据［J］．国际金融研究，2018，379（11）：77－86.

潘越，戴亦一，林超群．信息不透明、分析师关注与个股暴跌风险［J］．金融研究，2011（09）：138－151.

潘越，宁博，纪翔阁，戴亦一．民营资本的宗族烙印：来自融资约束视角的证据［J］．经济研究，2019，54（07）：94－110.

庞家任，张鹤，张梦洁．资本市场开放与股权资本成本——基于沪港通、深港通的实证研究［J］．金融研究，2020（12）：169－188.

彭珏，陈红强．内部控制、市场化进程与企业社会责任［J］．现代财经（天津财经大学学报），2015，35（06）：43－54.

齐保垒，杜英，孙泽宇．资本市场开放与企业避税——基于“沪港通”和“深港通”交易制度的准自然实验［J］．财贸研究，2021（08）：82－98.

齐荻．“沪深港通”机制与企业创新研究——基于多期 DID 的实验证据［J］．当代财经，2020（02）：76－88.

钱雪松，彭颖．社会责任监管制度与企业环境信息披露：来自《社会责任指引》的经验证据［J］．改革，2018（10）：139－149.

权小锋，尹洪英．中国式卖空机制与公司创新——基于融资融券分步扩容的自然实验［J］．管理世界，2017（01）：128－144.

任灿灿，郭泽光，田智文．资本市场开放、股价信息含量与企业全要素生产率——基于“沪深港通”的准自然实验［J］．国际商务（对外经济贸易大学学报），2021（02）：141－156.

阮睿，孙宇辰，唐悦，聂辉华．资本市场开放能否提高企业信息披露质量？——基于“沪港通”和年报文本挖掘的分析［J］．金融研究，2021（02）：188－206.

申宇，黄昊，赵玲．地方政府“创新崇拜”与企业专利泡沫［J］．科研管理，2018，39（04）：83－91.

史永，张龙平．XBRL 财务报告实施效果研究——基于股价同步性的视角［J］．会计研究，2014（03）：3－10.

史永东，王谨乐．中国机构投资者真的稳定市场了吗？［J］．经济研究，2014，49（12）：100－112.

孙健，王百强，曹丰，刘向强．公司战略影响盈余管理吗？［J］．管理世界，2016（03）：160－169.

孙泽宇，齐保垒，崔晓玉．资本市场开放与大股东掏空——基于沪深港通交易制度的经验证据［J］．金融经济学研究，2020，35（04）：94－107.

孙泽宇，齐保垒．资本市场开放与高管在职消费——基于沪深港通交易制度的准自然实验［J］．会计研究，2021（04）：130－144.

孙泽宇，齐保垒．资本市场开放与企业创新——基于沪深港通交易制度的准自然实验［J］．科技进步与对策，2021，38（08）：109－117.

谭劲松，宋顺林，吴立扬．公司透明度的决定因素——基于代理理论和信号理论的经验研究［J］．会计研究，2010（04）：26－33.

谭松涛，甘顺利，阚铄．媒体报道能够降低分析师预测偏差吗？［J］．金融研究，2015（05）：192－206.

谭小芬，刘汉翔，曹倩倩．资本账户开放是否降低了AH股的溢价？——基于沪港通开通前后AH股面板数据的实证研究［J］．中国软科学，2017（11）：39－53.

谭跃，夏芳．股价与中国上市公司投资——盈余管理与投资者情绪的交叉研究［J］．会计研究，2011（08）：30－39.

唐建新，程利敏，陈冬．资本市场开放与自愿性信息披露——基于沪港通和深港通的实验检验［J］．经济理论与经济管理，2021（02）：85－97.

唐玮，夏晓雪，姜付秀．控股股东股权质押与公司融资约束［J］．会计研究，2019（06）：51－57.

唐逸舟，王婧文，王姝晶．资本市场开放与企业债券融资成本——来自沪深港通的经验证据［J］．证券市场导报，2020（07）：52－60.

陶晓慧，钱淑琼，林子昂．资本市场开放与企业金融化——基于“沪港通”的准自然实验［J］．财会通讯，2021（06）：19－23.

田利辉，叶瑶，张伟．两权分离与上市公司长期回报：利益侵占还是简政释权［J］．世界经济，2016，39（07）：49－72.

田轩，孟清扬．股权激励计划能促进企业创新吗？［J］．南开管理评论，2018，21（03）：176－190.

万寿桥，李小胜．中国资本市场与经济增长关系的脉冲响应分析［J］．财经研究，2004（06）：104－113.

汪炜，蒋高峰．信息披露、透明度与资本成本［J］．经济研究，2004（07）：107－114.

汪玉兰，周守华．股票错误定价对上市公司投资效率的影响——基于中国证券市场的实证研究［J］．当代财经，2018（06）：124－133.

王兵，李琳，武文杰．股票市场开放能缓解民营企业融资约束吗？——基于“深港通”开通的证据［J］．金融经济学研究，2021，36（03）：107－123.

王春峰，韩冬，蒋祥林．流动性与股票回报：基于上海股市的实证研究［J］．经济管理，2002（24）：58－67.

王典，薛宏刚．机构投资者信息竞争会引发羊群行为吗？——基于中国股票市场的证据［J］．当代财经，2018（12）：60－70.

王化成，高鹏，张修平．企业战略影响超额在职消费吗？［J］．会计研究，2019（03）：40－46.

王俊领，李海燕．战略差异度对股票错误定价的影响研究［J］．当代财经，2020（12）：125－136.

王立章，王咏梅，王志诚．控制权、现金流权与股价同步性［J］．金融研究，2016（05）：97－110.

王攀娜，徐博韬．社会责任信息、分析师关注度与公司股票流动性［J］．财经科学，2017（06）：47－57.

王艳艳，于李胜，安然．非财务信息披露是否能够改善资本市场信息环境？——基于社会责任报告披露的研究［J］．金融研究，2014（08）：178－191.

王勇，芦雪瑶．资本市场开放对企业避税的治理效应：基于“陆港通”开通的准自然实验证据［J］．世界经济研究，2022（01）：75－89.

王昱，成力为．缓解融资约束路径选择对创新投入的影响［J］．科学学与科学技术管理，2013，34（10）：142－151.

温军，冯根福．风险投资与企业创新：“增值”与“攫取”的权衡视角［J］．经济研究，2018，53（02）：185－199.

温忠麟，张雷，侯杰泰，刘红云．中介效应检验程序及其应用［J］．心理学报，2004（05）：614－620.

文雯，乔菲，陈胤默．控股股东股权质押与管理层业绩预告披露［J］．管理科学，2020（06）：145－159.

吴丹．融资约束对企业 R&D 投资影响的实证研究——基于产权与产业视角［J］．科技管理研究，2016，36（22）：102－108.

吴非，胡慧芷，林慧妍，任晓怡．企业数字化转型与资本市场表现——来自股票流动性的经验证据［J］．管理世界，2021，37（07）：130－144.

吴珊，邹梦琪，李四海．资本市场开放抑制了企业避税行为吗？——

基于沪深港通交易制度的实证检验［J］. 财经论丛，2022（01）：57－67.

吴偎立，张峥，乔坤元. 信息质量、市场评价与激励有效性——基于《新财富》最佳分析师评选的证据［J］. 经济学（季刊），2016，15（02）：723－744.

吴锡皓，周晓苏. 退市制度安排、过度减值与信息披露质量［J］. 山西财经大学学报，2014，36（08）：32－41.

夏立军，方轶强. 政府控制、治理环境与公司价值——来自中国证券市场的经验证据［J］. 经济研究，2005（05）：40－51.

鲜京宸，刘庆. 沪港通与深港通对标的股票定价效率影响研究——基于双重差分模型的实证分析［J］. 价格理论与实践，2019（06）：120－123.

肖涵，刘芳. 资本账户开放政策对公司融资行为的影响——基于沪港通政策的实证研究［J］. 经济经纬，2019，36（03）：58－65.

谢获宝，石佳，惠丽丽. 战略差异、信息透明度与财务分析师盈余预测质量——基于深市上市公司的经验证据［J］. 南京审计大学学报，2018，15（04）：28－35.

谢黎旭，张信东，张燕，王东. 融资融券扩容和流动性［J］. 管理科学，2018，31（06）：46－57.

谢志华，崔学刚，杜海霞，杜勇，柯剑，刘红晔，刘恋，刘婷，马建威，毛新述，穆林娟，牛红军，粟立钟，孙玥璠，王峰娟，王纪平，王简，王欣冬，杨有红，张宏亮，张继德，支春红. 会计的投资者保护功能及评价［J］. 会计研究，2014（04）：34－41.

熊家财，苏冬蔚. 股票流动性与代理成本——基于随机前沿模型的实证研究［J］. 南开管理评论，2016，19（01）：84－96.

徐寿福，陈百助. 资本市场开放与股票流动性——来自沪股通的证据［J］. 世界经济文汇，2021（01）：44－65.

徐寿福，邓鸣茂. 管理层股权激励与上市公司股票错误定价［J］. 南开经济研究，2020（02）：179－202.

徐晓光，廖文欣，郑尊信. 沪港通背景下行业间波动溢出效应及形成机理［J］. 数量经济技术经济研究，2017，34（03）：112－127.

徐玉德，杨晓璇，刘剑民. 信息化密度、社会信任与企业价值创造［J］. 中国软科学，2022（01）：98－110.

许从宝，刘晓星，石广平. 沪港通会降低上证 A 股价格波动性吗？——基于自然实验的证据［J］. 金融经济学研究，2016，31（06）：28－39.

许年行，洪涛，吴世农，徐信忠．信息传递模式、投资者心理偏差与股价“同涨同跌”现象［J］．经济研究，2011，46（04）：135－146.

许年行，于上尧，伊志宏．机构投资者羊群行为与股价崩盘风险［J］．管理世界，2013（07）：31－43.

许香存，陈志娟．沪港通对股票市场波动性和流动性影响的实证研究［J］．浙江工商大学学报，2016（06）：76－83.

薛刚，王储，赵西卜．谁更关心关键审计事项：管理层还是分析师［J］．审计研究，2020（02）：87－95.

鄢伟波，王小华，温军．分层制度提升新三板流动性了吗？——来自多维断点回归的经验证据［J］．金融研究，2019（05）：170－189.

闫红蕾，赵胜民．沪港通能否促进A股与香港股票市场一体化［J］．中国管理科学，2016（11）：1－10.

严佳佳，郭玮，黄文彬．“沪港通”公告效应比较研究［J］．经济学动态，2015（12）：69－77.

杨道广，陈汉文，刘启亮．媒体压力与企业创新［J］．经济研究，2017，52（08）：125－139.

杨海燕，韦德洪，孙健．机构投资者持股能提高上市公司会计信息质量吗？——兼论不同类型机构投资者的差异［J］．会计研究，2012（09）：16－23.

杨慧辉，刘伟．融券机制对上市公司信息披露违规行为存在治理效应吗［J］．财贸研究，2018，29（09）：98－110.

杨秋平，刘红忠．资本市场开放与股价同步性——基于沪港通的实证分析［J］．上海金融，2021（03）：25－36.

杨胜刚，钟先茜，姚彦铭．资本市场对外开放与企业融资约束——来自沪港通的证据［J］．财经理论与实践，2020，41（05）：36－43.

杨松令，王志华，刘亭立，牛登云．企业创新投入对行业成长性的影响——行业研发环境与企业市场势力的调节效应［J］．科技进步与对策，2019，36（02）：59－68.

杨兴全，吴昊旻．成长性、代理冲突与公司财务政策［J］．会计研究，2011，286（08）：40－45＋96.

杨雪峰．对外开放改变了中国股票市场运行特征吗?：基于双重开放架构的经验证据［J］．世界经济研究，2021（09）：15－24.

杨中环．研发投入对企业价值影响的相关性研究——基于我国上市公司实施新会计准则后的实证检验［J］．科技管理研究，2013，33（10）：

42 - 45.

杨竹清，刘少波．境外股东持股对中国股市风险的影响研究——来自 PSM 方法的经验证据［J］．软科学，2013，27（05）：75 - 79.

叶康涛，刘行．公司避税活动与内部代理成本［J］．金融研究，2014（09）：158 - 176.

叶勇，王思瑞．机构投资者调研对资产误定价的影响研究［J］．社会科学家，2021（07）：75 - 80.

伊志宏，李颖，江轩宇．女性分析师关注与股价同步性［J］．金融研究，2015（11）：175 - 189.

尹海员，吴兴颖．投资者日度情绪、订单流不均衡与股票流动性［J/OL］．中国管理科学：1 - 11［2022 - 04 - 09］.

游家兴，李斌．信息透明度与公司治理效率——来自中国上市公司总经理变更的经验证据［J］．南开管理评论，2007（04）：73 - 79.

游家兴，张俊生，江伟．制度建设、公司特质信息与股价波动的同步性——基于 R^2 研究的视角［J］．经济学（季刊），2006，6（01）：189 - 206.

游家兴，张哲远．财务分析师公司治理角色研究——文献综述与研究展望［J］．厦门大学学报（哲学社会科学版），2016（05）：128 - 136.

于博，吴菡虹．资本市场开放提高企业投资效率了吗？——基于“沪港通”政策的异质性影响分析［J］．财经论丛，2021（12）：70 - 80.

张立民，彭雯，钟凯．“沪港通”开通提升了审计独立性吗？——基于持续经营审计意见的分析［J］．审计与经济研究，2018，33（05）：35 - 45.

张璇，刘贝贝，汪婷，李春涛．信贷寻租、融资约束与企业创新［J］．经济研究，2017，52（05）：161 - 174.

张叶青，陆瑶，李乐芸．大数据应用对中国企业市场价值的影响——来自中国上市公司年报文本分析的证据［J］．经济研究，2021，56（12）：42 - 59.

赵东，王爱群，闫盼盼．资本市场开放与超额在职消费——基于“陆港通”的准自然实验［J］．证券市场导报，2020（10）：60 - 71.

赵东，王爱群．资本市场开放与归类变更盈余管理——基于互联互通机制的经验证据［J］．华东经济管理，2019，33（11）：114 - 123.

郑建明，李金甜，刘琳．新三板做市交易提高流动性了吗？——基于“流动性悖论”的视角［J］．金融研究，2018（04）：190 - 206.

支晓强，王瑶，侯德帅．资本市场开放能抑制企业避税吗？——基于沪港通的准自然实验［J］. 经济理论与经济管理，2021（02）：70－84.

钟凯，孙昌玲，王永妍，王化成. 资本市场对外开放与股价异质性波动——来自“沪港通”的经验证据［J］. 金融研究，2018（07）：174－192.

钟覃琳，陆正飞. 资本市场开放能提高股价信息含量吗？——基于“沪港通”效应的实证检验［J］. 管理世界，2018（01）：169－179.

周冬华，方瑄，黄文德. 境外投资者与高质量审计需求——来自沪港通政策实施的证据［J］. 审计研究，2018（06）：56－64.

周率，王子博，夏睿瞳. 资本市场开放对企业融资效率的影响研究——基于“沪港通”的准自然实验［J］. 海南大学学报（人文社会科学版），2021，39（05）：91－100.

周铭山，林靖，许年行. 分析师跟踪与股价同步性——基于过度反应视角的证据［J］. 管理科学学报，2016，19（06）：49－73.

诸竹君，黄先海，王毅. 外资进入与中国式创新双低困境破解［J］. 经济研究，2020，55（05）：99－115.

邹洋，张瑞君，孟庆斌，侯德帅. 资本市场开放能抑制上市公司违规吗？——来自“沪港通”的经验证据［J］. 中国软科学，2019（08）：120－134.

Aggarwal R, Erel I, Ferreira M, Pedro. Does governance travel around the world? Evidence from institutional investors［J］. Journal of Financial Economics, 2011, 100（1）: 154－181.

Akerlof G. The Marke for Lemons: Quality Uncertainly and the Market Mechanism［J］. Quartely Journal of Economics, 1970.

Almeida H, Campello M, Weisbach M S. The cash flow sensitivity of cash［J］. The Journal of Finance, 2004, 59（4）: 1777－1804.

Amihud Y, Mendelson H. Liquidity, Volatility, and Exchange Automation［J］. Journal of Accounting, Auditing & Finance, 1988, 3（4）: 369－395.

Amihud Y. Illiquidity and Stock Returns: Cross－Section and Time－Series Effects［J］. Journal of Financial Markets, 2002, 5（1）: 31－56.

Ang J S, Cole R A, Lin J W. Agency costs and ownership structure［J］. The Journal of Finance, 2000, 55（1）: 81－106.

Atanassov J V, Nanda K, Seru A. Finance and Innovation: The Case of Publicly Traded Firms［J］. Ross School of Business Paper, 2007（970）.

Badrinath S G, Kale J R, Ryan H E. Characteristics of common stock holdings of insurance companies [J]. Journal of Risk & Insurance, 1996, 63 (1): 49 –76.

Bae K H, Bailey W, Mao C X. Stock Market Liberalization and the Information Environment [J]. Journal of International Money and Finance, 2006, 25 (3): 404 –428.

Bae K H, Chan K, Ng A. Investibility and Return Volatility [J]. Journal of Financial Economics, 2004, 71 (2): 239 –263.

Bae K H, Ozoguz A, Tan H, Wirjanto T S. Do Foreigners Facilitate Information Transmission in Emerging Markets? [J]. Journal of Financial Economics, 2012, 105 (1): 209 –227.

Bagehot W. The only game in town [J]. Financial Analysts Journal, 1971, 27 (2): 12 –15.

Banerjee A V. A Simple Model of Herd Behavior [J]. The Quarterly Journal of Economics, 1992, 107 (3): 797 –817.

Barberis A, Shleifer A. Style investing [J]. Journal of Financial Economics, 2003, 68: 161 –199.

Bekaert G, Harvey C R, Lundblad C. Does Financial Liberalization Spur Growth? [J]. Journal of Financial Economics, 2005, 77 (1): 3 –55

Bekaert G, Harvey C R. Emerging markets finance [J]. Journal of empirical finance, 2003, 10 (1 –2): 3 –55.

Bekaert G, Harvey C R. Harvey. Foreign Speculators and Emerging Equity Markets [J]. The Journal of Finance, 2000, 55 (2): 565 –613.

Ben Rejeb A, Boughrara A. Financial liberalization and stock markets efficiency: New evidence from emerging economies [J]. Emerging Markets Review, 2013, 17: 186 –208.

Bena J, Ferreira M A, Matos P, et al. Are foreign investors locusts? The long – term effects of foreign institutional ownership [J]. Journal of Financial Economics, 2017, 126 (1): 122 –146.

Bennett J A, Sias R W, Starks L T. Greener Pastures and the Impact of Dynamic Institutional Preferences [J]. The Review of Financial Studies, 2003, 16 (4): 1203 –1238.

Berger P G, Ofek E. Diversification's effect on firm value [J]. Journal of Financial Economics, 1995, 37 (1): 39 –65.

Berkman H, Dimitrov V, Jain P C, Paul D, Tice S. Sell on the news:

Differences of opinion, short – sales constraints, and returns around earnings announcements [J]. Journal of Financial Economics, 2009, 92 (3): 376 – 399.

Bhattacharya U, Hsu P H, Tian X. What Affects Innovation More: Policy or Policy Uncertainty? [J]. Journal of Financial and Quantitative Analysis, 2017, 52 (5): 1869 – 1901.

Bley J, Saad M. The effect of financial liberalization on stock – return volatility in GCC markets [J]. Journal of International Financial Markets, Institutions and Money, 2011, 21 (5): 662 – 685.

Bond P. The Real Effects of Financial Markets [J]. Annual Review of Financial Economics, 2012, 4: 339 – 360.

Boubaker S, Mansali H, Rjiba H. Large controlling shareholders and stock price synchronicity [J]. Journal of Banking and Finance, 2014, 40: 80 – 96.

Brochet F, Miller G S, Naranjo P, Yu G. Managers' Cultural Background and Disclosure Attributes [J]. Accounting Review, 2018, 94 (3): 57 – 86.

Campbell J Y, Lettau M, Malkiel B G, Xu Y. Have Individual Stocks Become More Volatile? An Empirical Exploration of Idiosyncratic Risk [J]. The Journal of Finance, 2001, 56 (1): 1 – 43.

Campello M, Graham J R, Harvey C R. The Real Effects of Financial Constraints: Evidence from a Financial Crisis [J]. Journal of Financial Economics, 2010, 97 (3): 470 – 487.

Chan K, Hameed A. Stock price synchronicity and analyst coverage in emerging markets [J]. Journal of Financial Economics, 2006, 80 (1): 115 – 147.

Chan K, Menkveld A J, Yang Z. Information asymmetry and asset prices: evidence from the China foreign share discount [J]. The Journal of Finance, 2008, 63 (1): 159 – 196.

Chan M K, Kwok S. Risk – Sharing, Market Imperfections, Asset Prices: Evidence from China's Stock Market Liberalization [J]. Journal of Banking and Finance, 2017, 84 (11): 166 – 187.

Chang C. Herding and the role of foreign institutions in emerging equity markets [J]. Pacific – Basin Finance Journal, 2010, 18 (2): 175 – 185.

Chemmanur T J, Loutskina E, Tian X. Corporate Venture Capital, Value Creation, and Innovation [J]. The Review of Financial Studies, 2014, 27 (8): 2434 – 2473.

Chen Y Y, Ge R, Louis H, Zolotoy L. Stock Liquidity and Corporate Tax Avoidance [J]. Review of Accounting Studies, 2019, 24 (1): 309 - 340.

Chen Z, Du J, Li D. Does Foreign Institutional Ownership Increase Return Volatility? Evidence from China [J]. Journal of Banking and Finance, 2013, 37 (2): 660 - 669.

Chen Q, Goldstein I, Jiang W. Price Informativeness and Investment Sensitivity to Stock Price [J]. The Review of Financial Studies, 2006, 20 (3): 619 - 650.

Chen A Y. External Habit in a Production Economy: A Model of Asset Prices and Consumption Volatility Risk [J]. The Review of Financial Studies, 2017, 30 (8): 2890 - 2932.

Chiang R, Venkatesh P C. Insider Holdings and Perceptions of Information Asymmetry: A Note [J]. Journal of Finance, 1988, 43 (4): 1041 - 1048.

Choi N, Skiba H. Institutional herding in international market [J]. Journal of Banking & Finance, 2015, 55: 246 - 259.

Chow S C, Hui Y, Vieito J P, et al. Market liberalizations and efficiency in Latin America [J]. Studies in Economics and Finance, 2016.

Chuang W I, Lee B S. The Information Role of Institutional Investors and Financial Analysts in the Market [J]. Journal of Financial Markets, 2011, 14 (3): 465 - 493.

Davis G F, Kim E H. Business ties and proxy voting by mutual funds [J]. Journal of Financial Economics, 2007, 85 (2): 552 - 570.

Dechow P M, Sloan R G, Sweeney A P. Detecting Earnings Management [J]. The Accounting Review, 1995, 70 (2): 193 - 225.

Deng B, Li Z, Li Y. Foreign institutional ownership and liquidity commonality around the world [J]. Journal of Corporate Finance, 2018, 51: 20 - 49.

Deng Y W, Hope O - K, Wang C, Zhang M. Capital market liberalization and auditors' accounting adjustments: Evidence from a quasi - experiment [J]. Journal of Business Finance & Accounting, 2022, 49 (1 - 2): 215 - 248.

DiMaggio P J, Powell W W. The Iron Cage Revisited: Institutional Isomorphism and Collective Rationality in Organizational Fields [J]. American Sociological Review, 1983, 48 (1): 147 - 160.

Dodd O, Gilbert A. The Impact of Cross - Listing on the Home Market's Information Environment and Stock Price Efficiency [J]. Financial Review,

2016, 51 (3): 299 -328.

Domsetz H, Lehn K. The Structure of Corporate Ownership: Causes and Consequences [J]. Journal of Political Economy, 1985, 93 (6): 1155 -1177.

De la Torre A, Gozzi J C, Schmukler S L. Stock market development under globalization: whither the gains from reforms? [J]. Journal of Banking & Finance, 2007, 31 (6): 1731 -1754.

Durnev A, Morck R, Yeung B. Value - Enhancing Capital Budgeting and Firm - Specific Stock Return Variation [J]. The Journal of Finance, 2004, 59 (1): 65 -105.

Dyck A, Morse A, Zingales L. Who Blows the Whistle on Corporate Fraud? [J]. Journal of Finance, 2007, 65 (6): 2213 -2253.

Easley D, O'Hara M. Information and the cost of capital [J]. The Journal of Finance, 2004, 59 (4): 1553 -1583.

Edmans A. Blockholder Trading, Market Efficiency, and Managerial Myopia [J]. The Journal of Finance, 2009, 64 (6): 2481 -2513.

Errunza V R, Miller D P. Market Segmentation and the Cost of the Capital in International Equity Markets [J]. Journal of Financial and Quantitative Analysis, 2000, 35 (4): 577 -600.

Ertuna B, Tükel A. Do foreign institutional investors reward transparency and disclosure: Evidence from İstanbul stock exchange [J]. Journal of Emerging Market Finance, 2013, 12 (1): 31 -57.

Fama E F. Efficient market hypothesis: A review of theory and empirical work [J]. Journal of Finance, 1970, 25 (2): 28 -30.

Fama E F. The behavior of stock - market prices [J]. The Journal of Business, 1965, 38 (1): 34 -105.

Fan Q, Wang T. The Impact of Shanghai - Hong Kong Stock Connect Policy on AH Share Price Premium [J]. Finance Research Letters, 2017, 21: 222 -227.

Fang B, Hope O K. Analyst teams [J]. Review of Accounting Studies, 2021, 26 (2): 425 -467.

Fang V W, Huang A H, Karpoff J M. Short selling and earnings management: A controlled experiment [J]. Journal of Finance, 2016, 71 (3): 1251 -1294.

Fang V W, Tian X, Tice S. Does Stock Liquidity Enhance or Impede Firm Innovation? [J]. The Journal of Finance, 2014, 69 (5): 2085 -2125.

Fazzari S M, Hubbard R G, Petersen B C. Financing constrains and corporate investment [J]. Brookings Papers on Economic Activity, 1988, 1 (1): 141 -195.

Fernandes N, Ferreira M A. Does international cross - listing improve the information environment [J]. Journal of Financial Economics, 2007, 88 (2): 216 -244.

Ferreira M A, Matos P. The colors of investors' money: The role of institutional investors around the world [J]. Journal of Financial Economics, 2008, 88 (3): 499 -533.

Fowowe B. Financial Liberalization in Sub - Saharan Africa: What Do We Know? [J]. Journal of Economic Surveys, 2013, 27 (1): 1 -37.

Froot K A, Scharfstein D S, Stein J C. Herd on the Street: Informational Inefficiencies in a Market with Short—Term Speculation [J]. Journal of Finance, 1992, 47 (4): 1461 -1484.

Ghosh S. Did financial liberalization ease financing constraints? Evidence from Indian firm - level data [J]. Emerging Markets Review, 2006, 7 (2): 176 -190.

Gompers P A, Metrick A. Institutional investors and equity prices [J]. Quarterly Journal of Economics, 2001, 116: 229 -259.

Gormley T A, Kim B H, Martin X. Do Firms Adjust Their Timely Loss Recognition in Response to Changes in the Banking Industry? [J]. Journal of Accounting Research, 2012, 501: 159 -196.

Goyal V K, Yamada T. Asset Price Shocks, Financial Constraints, and Investment: Evidence from Japan [J]. The Journal of Business, 2004, 77 (1): 175 -199.

Gul F A, Kim J, Qiu A A. Ownership Concentration, Foreign Shareholding, Audit Quality and Stock Price Synchronicity: Evidence from China [J]. Journal of Financial Economics, 2010, 95 (3): 425 -442.

Gupta N, Yuan K. On the growth effect of stock market liberalizations [J]. The Review of Financial Studies, 2009, 22 (11): 4715 -4752.

Hadlock C J, Pierce J R. New Evidence on Measuring Financial Constraints: Moving Beyond the KZ Index [J]. Review of Financial Studies,

2010, 23 (5): 1909 - 1940.

Han Kim E, Singal V. Stock market openings: Experience of emerging economies [J]. The Journal of Business, 2000, 73 (1): 25 - 66.

Han L, Zheng Q, Li L, et al. Do foreign institutional investors stabilize the capital market? [J]. Economics Letters, 2015, 136: 73 - 75.

Hartzell J C, Starks L T. Institutional investors and executive compensation [J]. The Journal of Finance, 2003, 58 (6): 2351 - 2374.

He J J, Huang J, Zhao S. Internalizing governance externalities: The role of institutional cross - ownership [J]. Journal of Financial Economics, 2019, 134 (2): 400 - 418.

He W, Shen J. Do foreign investors improve informational efficiency of stock prices? Evidence from Japan [J]. Pacific - Basin Finance Journal, 2014, 27: 32 - 48.

Henry P B. Do stock market liberalizations cause investment booms? [J]. Journal of Financial Economics, 2000, 58 (1 - 2): 301 - 334.

Henry P B. Stock Market Liberalization, Economic Reform and Emerging Market Equity Prices [J]. The Journal of Finance, 2000, 55 (2): 529 - 564.

Holden C W, Subrahmanyam A. Long - Lived Private Information and Imperfect Competition [J]. The Journal of Finance, 1992, 47 (1): 247 - 270.

Hong H, Scheinkman J, Xiong W. Asset float and speculative bubbles [J]. The Journal of Finance, 2006, 61 (3): 1073 - 1117.

Hsu P H, Tian X, Xu Y. Financial Development and Innovation: Cross - country Evidence [J]. Journal of Financial Economics, 2014, 112 (1): 116 - 135.

Huang S X, Pereira R, Wang C. Analyst coverage and the likelihood of meeting or beating analyst earnings forecasts [J]. Contemporary Accounting Research, 2017, 34 (2): 871 - 899.

Huang Z, Gao W. Stock Market Liberalization and Firm Litigation Risk - A Quasi - Natural Experiment based on the Shanghai - Hong Kong Stock Connect Policy [J]. Applied Economics, 2021, 53 (48): 5619 - 5642.

Hudson Y, Yan M, Zhang D. Herd behaviour & investor sentiment: Evidence from UK mutual funds [J]. International Review of Financial Analysis, 2020, 71: 1 - 14.

Hutton A P, Marcus A J, Tehranian H. Opaque Financial Reports, R^2, and Crash Risk [J]. Journal of Financial Economics, 2009, 94 (1): 67 - 86.

James G A, Karoglou M. Financial liberalization and stock market volatility: the case of Indonesia [J]. Applied Financial Economics, 2010, 20 (6): 477 - 486.

Jensen M C, Meckling W H. Theory of firm: managerial behavior, agency costs and ownership structure [J]. Journal of Financial Economics, 1976, 3 (4): 305 - 360.

Jiang D, Li W, Shen Y, Yao Z. Market liberalization and tax avoidance: Evidence from the Shanghai - Hong Kong Stock Connect Program in China [J]. Economic Systems, 2020, 44 (3): 100811.

Jin L, Myers S C. R^2 around the world: New theory and new tests [J]. Journal of Financial Economics, 2006, 79 (2): 257 - 292.

Johnson S, La Porta R, Lopez - de - Silanes F, and Shleifer A. Tunneling [J]. American Economic review, 2000, 90 (2): 22 - 27.

Jones J J. Earnings management during import relief investigations [J]. Journal of Accounting Research, 1991, 29 (2): 193 - 228.

Kacperczyk M, Sundaresan S, Wang T. Do foreign institutional investors improve price efficiency? [J]. The Review of Financial Studies, 2021, 34 (3): 1317 - 1367.

Kassimatis K. Financial liberalization and stock market volatility in selected developing countries [J]. Applied Financial Economics, 2002, 12 (6): 389 - 394.

Kawakatsu H, Morey M R. An empirical examination of financial liberalization and the efficiency of emerging market stock prices [J]. Journal of Financial Research, 1999, 22 (4): 385 - 411.

Kim E H, Singal V. Stock Market Openings: Experience of Emerging Economies [J]. The Journal of Business, 2000, 73 (1): 25 - 66.

Kim I J, Eppler - Kim J, Kim W S, et al. Foreign investors and corporate governance in Korea [J]. Pacific - Basin Finance Journal, 2010, 18 (4): 390 - 402.

Kim I, Miller S, Wan H, Wang, B. Drivers behind the monitoring effectiveness of global institutional investors: Evidence from earnings management [J]. Journal of Corporate Finance, 2016, 40: 24 - 46.

Kim J B, Zhang L. Accounting conservatism and stock price crash risk:

Firm - level evidence [J]. Contemporary Accounting Research, 2016, 33 (1): 412 -441.

Kim K A, Nofsinger R. Institutional Herding, Business Groups, and Economic Regimes: Evidence from Japan [J]. The Journal of Business, 2005, 47 (1): 213 -242.

Kim O, Verrecchia R E. The Relation among Disclosure, Returns, and Trading Volume Information [J]. The Accounting Review, 2001, 76 (4): 633 -654.

Koo J, Maeng K. The effect of financial liberalization on firms' investments in Korea [J]. Journal of Asian Economics, 2005, 16 (2): 281 -297.

Kothari S P, Li X, Short J E. The Effect of Disclosures by Management, Analysts, and Business Press on Cost of Capital, Return Volatility, and Analyst Forecasts: A Study Using Content Analysis [J]. The Accounting Review, 2009, 84 (5): 1639 -1670.

Kremer S. , Nautz, D. Causes and consequences of short - term institutional herding [J]. Journal of Banking & Finance, 2013, 37 (5): 1676 -1686.

Kyle A S. Continuous Auctions and Insider Trading [J]. Econometrica: Journal of the Econometric Society, 1985, 53, (6): 1315 -1335.

Laeven L. Does financial liberalization reduce financing constraints? [J]. Financial Management, 2003: 5 -34.

Lagoarde - Segot T, Lucey B M. Efficiency in emerging markets—Evidence from the MENA region [J]. Journal of International Financial Markets, Institutions and Money, 2008, 18 (1): 94 -105.

Lakonishok J, Shleifer A, Vishny R W. The Impact of Institutional Trading on Stock Price [J]. Journal of Financial Economics, 1992, 32 (1): 23 -44.

Lang M H, Lundholm R J. Corporate disclosure policy and analyst behavior [J]. The Accounting Review, 1996: 467 -492.

Lang M, Lins K V, Maffett M. Transparency, Liquidity, and Valuation: International Evidence on When Transparency Matters Most [J]. Journal of Accounting Research, 2012, 50 (3): 729 -774.

Lee C H, Chou P I. Financial openness and market liquidity in emerging markets [J]. Finance Research Letters, 2018, 25: 124 -130.

Lehavy R, Li F, Merkley K. The effect of annual report readability on analyst following and the properties of their earnings forecasts [J]. The Accounting

Review, 2011, 86 (3): 1087 - 1115.

Lel U. The role of foreign institutional investors in restraining earnings management activities across countries [J]. Journal of International Business Studies, 2019, 50 (6): 895 - 922.

Li Q, Liu X, Chen J, et al. Does stock market liberalization reduce stock price synchronicity? —Evidence from the Shanghai - Hong Kong Stock Connect [J]. International Review of Economics & Finance, 2022, 77: 25 - 38.

Li Y, Liu J, Wang H, Wang P. Stock market liberalization, foreign institutional investors, and informational efficiency of stock prices: Evidence from an emerging market [J]. International Journal of Finance & Economics, 2020.

Lien D, Ming - Chung T, Soushan W. Foreign investors in Taiwan: Their roles and government perspectives [J]. Business Horizons, 2013, 56 (6): 749 - 756.

Lim K P, Kim J H. Trade openness and the informational efficiency of emerging stock markets [J]. Economic Modelling, 2011, 28 (5): 2228 - 2238.

Lin J C, Singh A K, Sun P W S, Yu W. Price delay premium and liquidity risk [J]. Journal of Financial Markets, 2014, 17: 150 - 173.

Lombardo D, Pagano M. Legal Determinants of the Return on Equity [J]. Social Science Electronic Publishing, 2000.

Luong H, Moshirian F, Nguyen L, Tian X, Zhang B H. How Do Foreign Institutional Investors Enhance Firm Innovation? [J]. Journal of Financial and Quantitative Analysis, 2017, 52 (4): 1449 - 1490.

Manconi A, Massa M, Yasuda A. The role of institutional investors in propagating the crisis of 2007 - 2008 [J]. Journal of Financial Economics, 2012, 104 (3): 491 - 518.

Manso G. Motivating Innovation [J]. The Journal of Finance, 2011, 66 (5): 1823 - 1860.

Mateus C, Hoang B T. Frontier Markets, Liberalization and Informational Efficiency: Evidence from Vietnam [J]. Asia - Pacific Financial Markets, 2021: 1 - 28.

Meyer J W, Rowan B. Institutionalized Organizations: Formal Structure as Myth and Ceremony [J]. American Journal of Sociology, 1977, 83 (2): 340 - 363.

Mitton T. Stock market liberalization and operating performance at the firm level [J]. Journal of Financial Economics, 2006, 81 (3): 625 -647.

Morck R, Shleifer A, Vishny R. Management ownership and market valuation: An empirical analysis [J]. Journal of Financial Economics, 1988, 20 (1): 293 -315.

Morck R, Yeung B, Yu W. The Information Content of Stock Markets: Why Do Emerging Markets Have Synchronous Stock Price Movements? [J]. Journal of Financial Economics, 2000, 58 (1): 215 -260.

Moshirian F, Tian X, Zhang B, et al. Stock market liberalization and innovation [J]. Journal of Financial Economics, 2021, 139 (3): 985 -1014.

Moyer R C, Chatfield R E, Sisneros P M. Security Analyst Monitoring Activity: Agency Costs and Information Demands [J]. Journal of Financial and Quantitative Analvsis, 1989, 24 (4): 503 -512.

Myers S C, Majluf N S. Corporate Financing and Investment Decisions When Firms Have Information that Investors Don't Have [J]. Journal of Financial Economics, 1984, 13 (2): 187 -221.

Narayanan M P. Managerial Incentives for Short - Term Results [J]. The Journal of Finance, 1985, 40 (5): 1469 -1484.

Pantzalis C, Park J C. Agency costs and equity mispricing [J]. Asia - Pacific Journal of Financial Studies, 2014, 43 (1): 89 -123.

Pinnuck M. Stock Preferences and Derivative Activities of Australian Fund Managers [J]. Accounting and Finance (Parkville), 2004, 44 (1): 97 - 120.

Rajan R, Zingales L. Financial Dependence and Growth [J]. Social Science Electronic Publishing, 1998, 88 (3): 559 -586.

Rejeb A B, Boughrara A. Financial liberalization and stock markets efficiency: New evidence from emerging economies [J]. Emerging Markets Review, 2013, 17: 186 -208.

Roll R. A Simple Implicit Measure of the Effective Bid - Ask Spread in an Efficient Market. Journal of Finance, 1984, 39 (4): 1127 -1139.

Ross S A. The determination of financial structure: the incentive - signalling approach [J]. The bell journal of economics, 1977: 23 -40.

Stiglitz J E. Capital market liberalization, economic growth, and instability [J]. World development, 2000, 28 (6): 1075 -1086.

Scharfstein D S, Stein J C. Herd behavior and investment [J]. American

Economic Review, 1990, 80 (3): 465 – 479.

Semmler W, Young B. Lost in Temptation of Risk: Financial Market Liberalization, Financial Market Meltdown and Regulatory Reforms [J]. Comparative European Politics, 2010, 8 (3): 327 – 353.

Shin H H, Stulz R M. Are internal capital markets efficient? [J]. The Quarterly Journal of Economics, 1998, 113 (2): 531 – 552.

Shleifer A, Vishny R W. A Survey of Corporate Governance [J]. Journal of Finance, 1997, 52 (2): 737 – 783.

Sias R W. Institutional Herding [J]. The Review of Financial Studies, 2004, 17 (1): 165 – 206.

Sloan R G. Do stock prices fully reflect information in accruals and cash flows about future earnings? [J]. Accounting review, 1996: 289 – 315.

Spence M. Job Market Signaling [J]. Quarterly Journal of Economics, 1973, 87 (3): 355 – 374.

Stickel S E. Reputation and Performance Among Security Analysts [J]. The Journal of Finance, 1992, 47 (5): 1811 – 1836.

Tobin J. A general equilibrium approach to monetary theory [J]. Journal of Money, Credit and Banking, 1969, 1 (1): 15 – 29.

Tsang A, Xie F, Xin X G. Foreign institutional investors and corporate voluntary disclosure around the world [J]. Accounting Review, 2019, 94 (5): 319 – 348.

Umutlu M, Akdeniz L, Altay – Salih A. The degree of financial liberalization and aggregated stock – return volatility in emerging markets [J]. Journal of banking & finance, 2010, 34 (3): 509 – 521.

Wang S. How does stock market liberalization influence corporate innovation? Evidence from Stock Connect scheme in China [J]. Emerging Markets Review, 2021, 47: 100762.

Wermers R. Mutual fund herding and the impact on stock prices [J]. Journal of Finance, 1999, 54 (2): 518 – 622.

Wruck K H. Equity Ownership Concentration and Firm Value: Evidence from Private Equity Financings [J]. Journal of Financial Economics, 1989, 23 (1): 3 – 28.

Xie H. The Mispricing of Abnormal Accruals [J]. Accounting Review, 2001, 76: 357 – 373.

Xiong L, Deng H, Xiao L. Does Stock Market Liberalization Mitigate Litigation Risk? Evidence from Stock Connect in China [J]. Economic Modelling, 2021: 105581.

Xu N, Chan K C, Jiang X, Yi Z. Do star analysts know more firm – specific information? Evidence from China [J]. Journal of Banking & Finance, 2013, 37 (1): 89 – 102.

Zhang P, Sha Y, Wang Y, Wang T. Capital Market Opening and Stock Price Crash Risk – Evidence from the Shanghai – Hong Kong Stock Connect and the Shenzhen – Hong Kong Stock Connect [J]. Pacific – Basin Finance Journal, 2022, 76: 101864.

图书在版编目（CIP）数据
“沪深港通”制度下资本市场开放的微观经济效应研究 / 李沁洋著. -- 北京 ： 中国财政经济出版社，2025. 6. -- ISBN 978-7-5223-3794-4
Ⅰ. F832.5
中国国家版本馆CIP数据核字第2025F91K63号

责任编辑：樊清玉　温彦君　　　责任校对：张　凡
封面设计：陈宇琰　　　　　　　责任印制：史大鹏

“沪深港通”制度下资本市场开放的微观经济效应研究

“HUSHENGANGTONG” ZHIDU XIA ZIBEN SHICHANG KAIFANG DE WEIGUAN JINGJI XIAOYING YANJIU

中国财政经济出版社 出版
URL：http：//www. cfeph. cn
E－mail：cfeph@ cfeph. cn

社址：北京市海淀区阜成路甲 28 号　邮政编码：100142
营销中心电话：010－88191522
天猫网店：中国财政经济出版社旗舰店
网址：https：//zgczjjcbs. tmall. com
涿州汇美亿浓印刷有限公司印刷　各地新华书店经销
成品尺寸：165mm×238mm　16 开　20. 00 印张　345 000 字
2025 年 6 月第 1 版　2025 年 6 月河北第 1 次印刷
定价：88. 00 元
ISBN 978－7－5223－3794－4
（图书出现印装问题，本社负责调换，电话：010－88190548）
本社质量投诉电话：010－88190744
打击盗版举报热线：010－88191661　QQ：2242791300